品牌感知价值

对有机食品顾客融入意愿的影响研究

丁　磊
余伟萍 ◉ 著
李雨轩

图书在版编目（CIP）数据

品牌感知价值对有机食品顾客融入意愿的影响研究 / 丁磊，余伟萍，李雨轩著. — 成都：四川大学出版社，2023.7

ISBN 978-7-5690-6208-3

Ⅰ.①品… Ⅱ.①丁… ②余… ③李… Ⅲ.①绿色食品—消费者—行为分析—研究 Ⅳ.①F713.55

中国国家版本馆CIP数据核字（2023）第126719号

书　　名：	品牌感知价值对有机食品顾客融入意愿的影响研究
	Pingpai Ganzhi Jiazhi dui Youji Shiping Guke Rongru Yiyuan de Yingxiang Yanjiu
著　　者：	丁　磊　余伟萍　李雨轩

选题策划：杨　果
责任编辑：梁　平
责任校对：杨　果
装帧设计：裴菊红
责任印制：王　炜

出版发行：四川大学出版社有限责任公司
　　　　　地　址：成都市一环路南一段24号（610065）
　　　　　电　话：（028）85408311（发行部）、85400276（总编室）
　　　　　电子邮箱：scupress@vip.163.com
　　　　　网　址：https://press.scu.edu.cn
印前制作：四川胜翔数码印务设计有限公司
印刷装订：成都金阳印务有限责任公司

成品尺寸：170 mm×240 mm
印　　张：15.5
字　　数：292千字
版　　次：2023年7月 第1版
印　　次：2023年7月 第1次印刷
定　　价：78.00元

本社图书如有印装质量问题，请联系发行部调换

版权所有 ◆ 侵权必究

扫码获取数字资源

四川大学出版社
微信公众号

内容简介

  本书整合管理学、心理学和社会学理论，以行为推理理论、顾客价值理论和顾客融入理论为基础，探讨品牌感知价值是否以及如何影响有机食品顾客融入意愿，并基于量化分析的实证结果，揭示其中的影响机理，提出激励策略建议。本书共8章，主要内容包括构建"品牌感知价值对有机食品顾客融入意愿的影响"模型，探索品牌感知价值对有机食品顾客的直接贡献意愿和间接贡献意愿的影响与机理，提出激励有机食品顾客融入意愿的"三层次十六项策略"体系。

  本书的创新之处体现为：基于行为推理理论的合理性观点，弥补了价值观、态度和意愿之间缺失的环节；将有机食品消费者行为研究从产品属性驱动发展到顾客价值驱动，从直接贡献意愿拓展到间接贡献意愿；以有机食品的经常性购买者为研究对象，分析了品牌感知价值对顾客融入意愿的差异化影响；揭示了品牌感知价值对顾客融入意愿的影响机理，提出了具有系统性、可行性与有效性的顾客融入意愿激励策略体系；深化了有机食品消费者行为研究，为顾客价值理论和顾客融入理论在有机食品消费情境下的发展与应用增加了实证依据。

  本书适合作为管理学、心理学和社会学专业师生学者的理论参考，也可用于绿色食品产业的实践研讨，对有机食品生产商、零售商、市场营销者、政策制定者和科学研究者具有学习与借鉴价值。

前　言

近年来，有机食品行业迎来巨大的发展机遇，政府也为有机农业提供了公共支持。然而，良好的市场前景和有力的政策扶持未能有效改变全球有机食品的消费量和市场份额相对较低的现状。

在有机食品消费者行为研究领域，学者们集中于发现和解释购买意愿的影响因素，对消费者行为决策的底层逻辑却鲜有涉及。有机食品品牌企业、市场营销和政策制定者唯有深刻洞察顾客的价值诉求，才能推动有机食品行业的可持续发展。理论研究表明，顾客从有机食品企业的产品和服务中感知的价值促使他们为企业贡献价值作为回报。顾客与企业的关系形成并建立情感纽带时，就会发展到"顾客融入"阶段。顾客融入具有为企业创造价值、改进绩效等潜力，受到营销学者和企业管理者的高度关注。由于有机食品具有典型的信任品特征，即使在购买之后，其特殊的自然属性和社会属性也难以被顾客识别或验证，品牌感知价值和品牌信任因而成为消费者行为决策的关键心理活动，企业环保形象也发挥了外部线索的作用。因此，如何提升有机食品顾客的品牌感知价值、增强品牌信任、优化企业形象，进而提升顾客融入意愿、推动企业可持续发展，成为有机食品品牌企业亟待解决的重要问题。

品牌感知价值是指顾客基于感知获得和感知付出对特定品牌的产品效用做出的总体评价。顾客融入意愿是指顾客通过直接或间接贡献为企业创造价值的意愿，可进一步划分为直接贡献意愿与间接贡献意愿。直接贡献意愿指顾客通过购买为企业直接贡献价值的意愿，间接贡献意愿指顾客"超越购买"为企业间接贡献价值的意愿。与其他领域丰富的研究成果相比，有机食品消费情境下顾客融入意愿的实证研究仍较缺乏，关于品牌感知价值与有机食品顾客融入意愿之间的关系也缺乏有意义的分析框架。这些研究局限启发我们思考：在有机食品消费情境下，品牌感知价值和顾客融入意愿的涵义是什么？品牌感知价值是否以及如何影响有机食品顾客融入意愿？有机食品品牌企业采取何种策略才能有效提升顾客融入意愿？

本书整合管理学、心理学和社会学理论，以行为推理理论、顾客价值理论和顾客融入理论为基础，探讨品牌感知价值是否以及如何影响有机食品顾客融入意愿，并基于量化分析的实证结果，揭示其中的影响机理。尽管传统的"价值观—态度—意愿"理论已被应用于理解有机食品消费者行为，但本书试图基于行为推理理论的合理性观点，弥补价值观、态度和意愿之间缺失的环节，从更现实的、多重价值维度的视角，为有机食品消费者行为研究提供新的见解。本书按照"文献研究—模型构建—实证检验—策略建议—总结展望"的逻辑结构，依次开展系列研究。全书各章主要内容如下：

第1章概论。本章通过对现实背景和理论背景的观察分析提出研究问题，阐明研究的理论和实践意义，说明研究结构与内容安排，介绍研究方法和技术路线并归纳研究创新点。

第2章理论基础与文献综述。本章介绍了行为推理理论、顾客价值理论和顾客融入理论的研究现状和趋势，从感知价值、顾客融入意愿、有机食品以及感知价值对有机食品顾客融入意愿的影响四个方面对文献进行梳理和总结，明确核心变量的概念，评述已有研究的局限性，并从研究视角、研究对象和研究内容三方面提出研究机会点。

第3章有机食品顾客融入意愿的内容分析与模型构建。本章基于顾客购买数据的聚类分析细分有机食品顾客类型，观察各类顾客直接贡献行为的变化。通过对四类顾客的深度访谈和内容分析，进一步讨论直接贡献意愿变化和间接贡献意愿发生的原因，并提出系列推论，构建"品牌感知价值对有机食品顾客融入意愿的影响"模型，为实证研究搭建理论框架。

第4章品牌感知价值对有机食品顾客直接贡献意愿的影响与机理。本章重点关注品牌感知价值对有机食品顾客直接贡献意愿的影响与机理，通过理论推演和统计分析解答两个问题：品牌感知价值是否以及如何影响有机食品顾客的直接贡献意愿？品牌信任在品牌感知价值对直接贡献意愿的影响中是否起到中介作用？

第5章品牌感知价值对有机食品顾客间接贡献意愿的影响。本章集中考察品牌感知价值对有机食品顾客间接贡献意愿的影响，主要检验和讨论两个问题：品牌感知价值是否以及如何影响有机食品顾客的间接贡献意愿？品牌感知价值对直接贡献意愿和间接贡献意愿的影响是否存在差异？

第6章品牌感知价值对有机食品顾客间接贡献意愿的影响机理。本章着重探索品牌感知价值对有机食品顾客间接贡献意愿的影响机理，主要检验和讨论两个问题：品牌信任和直接贡献意愿在品牌感知价值对间接贡献意愿的影响中是否起到链式中介作用？企业环保形象在品牌感知价值对顾客融入意愿的影响中是否起到调节作用？

第7章有机食品顾客融入意愿的激励策略体系。本章整合各项研究发现，提出有机食品顾客融入意愿的激励策略体系模型，运用多案例研究方法对比分析国内外有机食品品牌企业的商业实践，从顾客融入意愿细分、直接贡献意愿激励和间接贡献意愿激励三个层次提出策略建议，指导有机食品品牌企业解决激励顾客融入意愿"怎么办"的问题。

第8章研究结论与展望。本章汇总各章研究结论，阐明各项理论发现的内在联系，解答概论中提出的研究问题，总结理论贡献与管理启示，指出研究局限并展望未来。

本书得到四川财经职业学院高层次人才科研经费的资助，更受益于四川大学商学院余伟萍教授的悉心指导，在此表示由衷感谢。本书的研究和出版得到了很多宝贵的帮助。感谢四川大学商学院揭筱纹教授、陈维政教授、李蔚教授、李光金教授、朱欣民教授、肖进教授、牛永革教授、方正教授、谢晋宇教授、杨永忠教授、李珊教授以及西南财经大学朱敏教授等专家的指教，感谢余伟萍教授研究团队韩小云、何明莉、祖旭、程果、毛振福、李雨轩、周骏、司冬阳、崔发生等同学数年来的协同合作。

最后，再次对所有付诸心血和给予帮助的各界朋友表示诚挚的谢意，正是大家的帮助、支持和鼓励，才使本书得以付梓。

丁　磊
2022年12月

目　录

第1章　概　论 …………………………………………………（1）
　1.1　研究背景 …………………………………………………（1）
　1.2　研究意义 …………………………………………………（6）
　1.3　研究结构与内容安排 ……………………………………（9）
　1.4　研究方法与技术路线 ……………………………………（11）
　1.5　研究创新点 ………………………………………………（14）

第2章　理论基础与文献综述 …………………………………（16）
　2.1　理论基础 …………………………………………………（16）
　2.2　基本概念 …………………………………………………（28）
　2.3　感知价值相关研究 ………………………………………（30）
　2.4　顾客融入意愿相关研究 …………………………………（36）
　2.5　有机食品顾客相关研究 …………………………………（43）
　2.6　感知价值对有机食品顾客融入意愿的影响 ……………（59）
　2.7　研究述评与研究机会 ……………………………………（63）

第3章　有机食品顾客融入意愿的内容分析与模型构建 ……（67）
　3.1　研究问题与框架 …………………………………………（67）
　3.2　有机食品顾客行为特征的聚类分析 ……………………（69）
　3.3　有机食品顾客融入意愿的内容分析 ……………………（74）
　3.4　品牌感知价值对有机食品顾客融入意愿的影响模型 …（91）
　3.5　本章小结 …………………………………………………（93）

第4章　品牌感知价值对有机食品顾客直接贡献意愿的影响与机理 ……（95）
　4.1　研究目的 …………………………………………………（95）

4.2 假设推演 …………………………………………………… (96)
   4.3 研究设计 …………………………………………………… (100)
   4.4 假设检验 …………………………………………………… (103)
   4.5 分析与讨论 ………………………………………………… (115)
   4.6 本章小结 …………………………………………………… (121)

第5章 品牌感知价值对有机食品顾客间接贡献意愿的影响 ………… (123)
   5.1 研究目的 …………………………………………………… (123)
   5.2 假设推演 …………………………………………………… (124)
   5.3 研究设计 …………………………………………………… (127)
   5.4 假设检验 …………………………………………………… (130)
   5.5 分析与讨论 ………………………………………………… (137)
   5.6 本章小结 …………………………………………………… (144)

第6章 品牌感知价值对有机食品顾客间接贡献意愿的影响机理 …… (146)
   6.1 研究目的 …………………………………………………… (146)
   6.2 假设推演 …………………………………………………… (147)
   6.3 研究设计 …………………………………………………… (154)
   6.4 假设检验 …………………………………………………… (155)
   6.5 分析与讨论 ………………………………………………… (170)
   6.6 本章小结 …………………………………………………… (173)

第7章 有机食品顾客融入意愿的激励策略体系 ……………………… (175)
   7.1 研究目的 …………………………………………………… (175)
   7.2 体系模型 …………………………………………………… (176)
   7.3 研究设计 …………………………………………………… (177)
   7.4 案例分析与策略建议 ……………………………………… (180)
   7.5 本章小结 …………………………………………………… (197)

第8章 研究结论与展望 ………………………………………………… (199)
   8.1 研究结论 …………………………………………………… (199)
   8.2 理论贡献 …………………………………………………… (204)
   8.3 管理启示 …………………………………………………… (206)

8.4 研究局限与研究展望 …………………………………………（208）

参考文献……………………………………………………………（210）

附　录………………………………………………………………（228）
　　附录 1　"有机食品顾客融入意愿的内容分析与模型构建"访谈提纲
　　　　　　………………………………………………………（228）
　　附录 2　"品牌感知价值对有机食品顾客直接贡献意愿的影响与机理"
　　　　　　调查问卷 ……………………………………………（230）
　　附录 3　"品牌感知价值对有机食品顾客间接贡献意愿的影响与机理"
　　　　　　调查问卷 ……………………………………………（233）

第 1 章 概 论

1.1 研究背景

1.1.1 现实背景

近年来,层出不穷的全球性突发公共卫生事件、食品安全事件和环境污染事件引起了世界各国消费者对食品的质量、安全和环境友好性的关注(Liu et al.,2013),全球有机食品的消费量成倍增长(Rana,Paul,2017)。2020 年全球有机市场销售额达到 1206 亿欧元,而 2000 年的销售额仅为 151 亿欧元(Willer et al.,2022)。2020 年初,新冠肺炎疫情开始波及全球,其导致的变化和不确定性给健康、经济、社会、信息和环境等方面造成了威胁,影响了消费者的食物选择和消费行为(Hempel,Roosen,2022)。出于规避化肥滥用和农药毒性残留(Tandon et al.,2020;Truong et al.,2021),防范食品安全问题和隐患(Bryła,2016;Nguyen et al.,2019),追求健康生活和幸福和谐(Apaolaza et al.,2018),关切环境保护、社会健康(Willer,Lenoud,2019)和可持续发展(Azzurra et al.,2018;Kushwah et al.,2019)等目的,各国消费者对有机食品的关注度都显著提高,为有机食品品牌企业的发展带来了难得的机遇。

多国政府积极为有机农业提供公共支持(Willer,Lenoud,2018),使其成为环境问题解决方案的重要构成部分,从而具有全球性的战略意义(Willer et al.,2022)。我国党和政府也为促进绿色消费、推动食品行业的高质量发展而出台了诸多政策。2020 年,《中共中央关于制定国民经济和社会发展第十四个五年规划和二〇三五年远景目标的建议》明确提出,"以质量品牌为重点,促进消费向绿色、健康、安全发展""推动传统产业高端化、智能化、绿色化"。2021 年 2 月 21 日,中央一号文件做出了"加强农产品质量和食品安全监管，发展绿色农产品、有机农产品和地理标志农产品"的重要指示。2022年1月4日，中央一号文件再次强调农产品供给要"大力开展绿色高质高效行动"。品牌企业是有机食品行业最具活力的经济单位，也是实现有机食品多重维度价值的主体。在政策利好的背景下，我国有机食品品牌企业需要努力探索转型与发展的有效途径。

尽管有机食品行业具备良好的市场前景、获得有力的政策扶持，但是与非有机食品相比，当前全球有机食品的消费量和市场份额仍然相对较低（盛光华等，2019；Liu et al.，2021）。以亚洲最大的有机食品市场中国为例，2018年有机食品饮料的销售总额仅占全国食品消费支出总额的0.8%（国家统计局，2019①；Willer et al.，2020）。在生产者方面，各国有机食品企业共同面临着有机生产成本高昂（Taghikhah et al.，2021）、消费者群体规模小（Rödiger，Hamm，2015）、消费者信任缺失（袁晓辉等，2021）和集体声誉受损（莫家颖等，2016）等困境。在消费者方面，消费者的行为特征差异较大（Kushwah et al.，2019），人们基于价值观表达的积极态度与他们的实际购买行为并不一致，这种有机食品消费领域特有的"态度－行为"差距（Attitude-Behavior Gap，部分学者译为"态度－行为"缺口）（Hidalgo-Baz et al.，2017；Chekima et al.，2019）成为品牌企业必须面对的挑战。因此，深入理解有机食品消费者行为的底层逻辑，剖析其促进或阻碍因素，对有机食品品牌企业极具现实意义。

Peter Drucker（1954）曾经说过"顾客消费的不是产品而是价值"。任何可持续的商业首先是通过产品为顾客创造价值，再以利润的形式从顾客那里获得价值（Kumar，2017）。顾客价值被视为企业竞争优势的来源，却较少受到有机食品生产商、零售商、市场营销者和政策制定者的关注。从顾客价值的视角来看，为什么消费者购买或不购买有机食品？为什么部分消费者的价值观和态度并未持续转化为行动？为什么部分消费者购买行为活跃，却不愿意将有机食品的产品和品牌向他人推荐或分享？为什么部分消费者购买行为并不活跃，却乐于通过推荐、影响和反馈等方式为企业创造价值？这些问题在学术研究和商业实践中均未能得到系统的解答。有机食品消费者行为的影响因素众多、决策机制复杂，企业唯有回归到商业的价值本质，才能深刻理解顾客的价值诉求，提高精准营销的水平和资源配置的效率。

---

① 国家统计局：《2018年居民收入和消费支出情况》. http://www.gov.cn/xinwen/2019-01/21/content_5359647.htm.

有机食品行业的可持续发展需要顾客的经常性购买，更需要顾客超越购买的价值贡献（Banyte，Dovaliene，2014）。虽然有机食品品牌企业与顾客的互动越来越频繁（Yu et al.，2021），但诸多企业对顾客价值的理解仍停留在"顾客通过购买产品和服务为企业贡献价值"的单一路径上（Aschemann-Witzel，Zielke，2017；Hsu et al.，2019）。互联网时代，"新消费"为拉动内需和消费升级做出了巨大贡献，信息技术的迅猛发展、移动互联网的深度渗透赋予了顾客全新的能力。顾客能够依托数字技术和社交网络进行信息搜寻、与企业沟通互动、通过社交媒体分享观点等（Erdem et al.，2016）。顾客不仅通过购买为企业直接贡献价值，而且通过推荐、影响和反馈等间接贡献价值（Pansari，Kumar，2017），他们正在从价值的被动接受者向主动创造者转变（Galvagno，Dalli，2014）。顾客通过直接或间接贡献为企业创造价值的意愿被称为顾客融入意愿（Pansari，Kumar，2017），商业实践中也有许多激发顾客融入意愿的成功案例，例如小米、抖音、孩子王、故宫等（童文锋，杜义飞，2021），但有机食品消费领域关于顾客融入意愿的实证研究仍较缺乏。有机食品品牌企业迫切需要系统的理论指导，加深对顾客融入意愿的认知，向着与顾客共同创造价值的创新模式转移（王强等，2020）。

1.1.2 理论背景

有机食品消费者行为决策是从识别问题到解决问题的复杂过程，是顾客通过感知和对比之后做出的深刻决定（Heskett，1997）。顾客期望从有机食品的安全、健康和减少环境污染等自然属性中获得满足（Chekima et al.，2017；Gomiero，2018；袁晓辉等，2021），也从其关爱自身的生活方式、保护环境、促进可持续发展等社会属性得到认同（Olson，2017；Tandon et al.，2020）。已有研究集中于发现和解释有机食品顾客购买意愿的影响因素，对顾客层面的价值观、感知价值、态度、情感、个人规范、消费意识和长期导向等因素（Aertsens et al.，2009；关兵，范德成，2013；Rana，Paul，2017；Halder et al.，2020），以及企业层面的价格、有机认证、购买便利性、信任和零售商契合度等因素都进行了深入的分析与验证（莫家颖等，2016；李文瑛等，2018；Hwang，Chung，2019），形成了基于计划行为理论、S-O-R 理论等的实证主义范式（Janssen，2018；Chekima et al.，2019；Kushwah et al.，2019）以及基于价值观-信念-规范理论、态度-行为-情境理论等的建构主义范式（Bryła，2016；Azzurra et al.，2018；Taghikhah et al.，2021），取得了丰硕的研究成果。

价值观和态度对消费者行为意愿的影响已经得到充分证明，价值观和态度并未充分转化为实际行动的现象也开始受到学者们关注。本研究从顾客价值的视角出发，探究品牌感知价值对顾客融入意愿的促进与阻碍作用，加强对有机食品消费者行为的认知与解释。当前关于品牌感知价值与有机食品顾客融入意愿之间的关系还缺乏有意义的分析框架，研究不足主要体现在三方面：在研究对象方面，已有研究将有机食品消费者视为具有同等重要性、寻求同样利益的同质化群体，未能把握不同购买阶段顾客在价值诉求方面的显著差异（Papista, Krystallis, 2013），更加难以充分理解消费者行为决策的过程和机制（Mohsen, Dacko, 2013）。在研究视角方面，理性行为理论、计划行为理论、价值观－信念－规范理论等确认了有机食品消费者的价值观和态度对意愿的显著影响，却忽略了态度和意愿之间的合理性推理（Taghikhah et al., 2021），未能关注情境因素对价值观和态度的削弱作用，需要引入行为推理理论等新理论，提高对有机食品消费者行为的解释力。在研究内容方面，为什么有机食品多重价值维度的重要性对经常性购买者和偶然性购买者有所不同（Truong et al., 2021）？品牌感知价值对顾客融入意愿的影响，以及通过品牌信任的中介效应对顾客融入意愿的影响，两者是否存在差异？对新兴市场和成熟市场的有机食品消费者而言，环境保护等因素的作用为什么互不相同甚至相互矛盾（Tandon et al., 2020）？上述问题在已有研究中较少涉及。

与此同时，绝大多数有机食品消费者行为研究在"顾客购买意愿"问题上进行了细致的讨论（Aschemann-Witzel, Zielke, 2017；Hsu et al., 2019），而基于顾客价值理论和顾客融入理论、关注有机食品顾客融入意愿的研究则极为有限（Yu et al., 2021）。已有研究证实，充分融入的顾客能提升感知价值和品牌社区参与感（Vivek et al., 2012），获得乐趣、满足、社会认同和企业奖励并规避不确定性（荆宁宁，李德峰，2015），加强与企业之间的情感连接，还能获得价格优惠、产品选择以及决策判断能力等收益（朱翊敏，于洪彦，2014）。企业能从顾客融入行为中获得财务绩效、企业声誉、市场监督、竞争优势乃至雇员和产品创意（Van Doorn et al., 2010），提高顾客价值、吸引和维系新顾客，赢得品牌声誉、提高服务质量（朱翊敏，于洪彦，2014）等。互联网和信息技术的飞速发展促进了顾客与企业以及顾客与顾客之间更直接、更普遍的互动，也建立了企业、顾客与利益相关者之间的价值共创体系（Saarijärvi et al., 2013）。顾客会通过购买为企业直接贡献价值，也会通过推荐、影响和反馈等间接贡献价值（Kumar, 2017）。顾客融入理论框架下的直接贡献意愿与间接贡献意愿更好地囊括了顾客参与价值共创的双重路径。

在有机食品消费情境下，品牌感知价值对直接贡献意愿和间接贡献意愿的影响是否存在差异？假设此问题得到肯定回答，其作用机理和边界条件也有待进一步探索，本研究旨在为解答这些问题提供有价值的见解。同时，开展品牌感知价值对有机食品顾客融入意愿的影响研究，不仅能推动顾客价值理论和顾客融入理论在有机食品消费情境下的发展，还能为促进顾客融入行为、实现顾客与企业的价值共创提供系统的理论依据。

1.1.3 研究问题

尽管传统的"价值观-态度-意愿"理论已被应用于理解有机食品消费者行为，但本研究基于行为推理理论的合理性观点，试图弥补价值观、态度和意愿之间缺失的环节，从更现实的、多重价值维度的视角，为有机食品消费者行为研究提供新的见解。本书围绕"品牌感知价值对有机食品顾客融入意愿的影响"命题，逐层深入地研究三个核心问题。

1.1.3.1 在有机食品消费情境下，品牌感知价值和顾客融入意愿的涵义是什么？

探索品牌感知价值对有机食品顾客融入意愿的影响与机理，首要问题是清晰界定有机食品消费情境下品牌感知价值和顾客融入意愿两个核心概念的内涵要义。感知价值是顾客体验的结果，具有多重维度（Sheth et al., 1991），不同维度反映了顾客获取的不同利益（甘春梅，许嘉仪，2020）。鉴于有机食品特殊的自然属性和社会属性，已有研究对有机食品感知价值存在相似、交叉甚至矛盾的认知（徐昭君，胡海，2016；Khan, Mohsin, 2017；李黎, 2017；Watanabe et al., 2020），亟须厘清其内涵和维度，为实证研究奠定基础（Shields et al., 2006）。顾客融入意愿是被引入有机食品消费者行为研究的新变量，将顾客的购买、推荐、影响和反馈等价值贡献行为（Chekima et al., 2017；Ahmad, Zhang, 2020；Yu et al., 2021）纳入统一的顾客融入理论框架。明确有机食品消费情境下顾客融入意愿的内涵和操作化定义，是开展实证研究的必要前提。

1.1.3.2 品牌感知价值能否影响有机食品顾客融入意愿？

Kumar（2017）指出顾客通过购买为企业直接贡献价值，通过推荐、影响和反馈等间接贡献价值。在直接贡献意愿方面，已有研究验证了感知价值对有机食品顾客购买决策的作用（Shaharudin et al.，2010；Lim et al.，2014；薛永基等，2016），为明晰两者的关系提供了理论依据。但是大多数学者将感知价值作为整体概念引入模型，未能从多重价值维度细致地解释有机食品顾客的行为决策机制，也未能聚焦特定品牌检验感知价值对顾客行为意愿的作用效果（Ryan，Casidy，2018）。在间接贡献意愿方面，学者仅探讨了有机食品顾客动员意愿的影响因素（Yu et al.，2021），相关实证研究较为缺乏的状态可能阻碍营销学者和企业管理者对有机食品顾客融入意愿的全面认知。品牌感知价值能否影响有机食品顾客的直接贡献意愿与间接贡献意愿？品牌感知价值对两类意愿的影响是否存在差异？这些问题有待本研究加以验证与解释。

1.1.3.3 品牌感知价值如何影响有机食品顾客融入意愿？

有机食品消费情境下品牌感知价值对顾客融入意愿的影响属于全新的研究领域，学者们尚未就此过程中的作用机理开展讨论。有机食品具有信任品特征（Nuttavuthisit，Thøgersen，2015；王建华，李佳敏，2021），其特殊的自然属性和社会属性即使在购买之后也难以被顾客识别或验证（Truong et al.，2021）。感知价值和信任是有机食品顾客行为决策的关键心理活动（王建华，李佳敏，2021），而已有研究忽略了信任在此过程中潜在的中介效应（袁晓辉等，2021），未能区分中介效应存在与否的情况下，感知价值影响顾客行为意愿的差异并分析原因。因此，本研究将构建"品牌感知价值－品牌信任－顾客融入意愿"的理论模型，揭示有机食品顾客行为决策的内在机理。此外，本研究还将企业环保形象作为调节变量，探索品牌感知价值影响有机食品顾客融入意愿的边界条件。

围绕上述三个核心问题，本研究按照"文献研究—模型构建—实证检验—策略建议—总结展望"的逻辑结构，采用模型构建与实证检验相结合、质性方法与量化方法相结合、案例讨论与策略建议相结合的方式，依次开展系列研究。

1.2 研究意义

1.2.1 理论意义

本研究的理论意义主要体现在以下四方面：

（1）明确了有机食品消费情境下品牌感知价值和顾客融入意愿的内涵，丰富了顾客价值理论和顾客融入理论，为理解品牌感知价值对顾客融入意愿的促进或阻碍作用提供了新视角。已有研究普遍认同感知价值对顾客行为意愿的影响，但对感知价值概念与维度的认知却并不一致。与此同时，有机食品消费情境下的大多数研究聚焦于购买意愿，较少从顾客价值的视角认识到推荐、影响和反馈等行为同样具有价值贡献的本质，导致关于品牌感知价值与顾客融入意愿的系统研究较为滞后。本研究以行为推理理论、顾客价值理论与顾客融入理论为基础，厘清了品牌感知价值和顾客融入意愿的内涵，为深入探讨有机食品消费情境下品牌感知价值与顾客融入意愿的关系提供了全新的研究视角和理论框架。

（2）基于有机食品顾客的异质性特征，将行为推理理论引入有机食品消费情境，剖析顾客对"品牌感知价值二阶维度的促进或阻碍作用"的合理性推理，提高了传统的"价值观－态度－意愿"理论的解释力。已有研究通常将有机食品消费者视为具有同等重要性、寻求同样利益的同质化群体，未能把握不同购买阶段顾客价值诉求的显著差异，难以辨析各项研究结论之间的矛盾，对有机食品顾客特有的"态度－行为"差距也缺乏足够的解释力。本研究基于有机食品顾客的异质性特征，选择经常性购买有机食品的顾客为研究对象，发掘品牌感知价值二阶维度对顾客融入意愿的促进或阻碍作用，借鉴行为推理理论的合理性推理观点，弥补了传统的"价值观－态度－意愿"理论的不足，有助于充分理解有机食品顾客融入行为决策的过程和机制。

（3）深入验证品牌感知价值二阶维度对顾客融入意愿的影响，以及通过品牌信任对顾客融入意愿的影响，探究两条路径的差异，并对成因给予较为合理的理论解释。已有研究通常将感知价值作为整体概念引入模型，未能从多重价值维度细致地区分和解释有机食品顾客的行为决策机制。本研究根据理论推演将品牌感知价值二阶维度和品牌信任假设为有机食品顾客融入意愿的前因，验证了品牌感知价值对顾客融入意愿的直接影响，还探索了品牌感知价值通过品牌信任对顾客融入意愿的间接影响，区分并讨论了两条路径的差异，并对其成因给予了较为合理的理论解释，完善了有机食品顾客融入意愿影响因素的知识体系。

（4）揭示了企业环保形象在品牌感知价值影响有机食品顾客融入意愿过程中的作用机理，分析了有机食品顾客对环境保护因素的心理与行为反应，解释了已有研究相互矛盾的原因。本研究深入刻画了品牌感知价值二阶维度对顾客的直接贡献意愿和间接贡献意愿的作用机理，成为较早关注有机食品消费情境下顾客融入意愿的实证研究之一。研究揭示了企业环保形象通过社会价值对间接贡献意愿的影响,分析了有机食品顾客对环境保护因素的心理与行为反应。已有研究可能因研究情境和研究对象的不同,在环境保护因素对有机食品顾客行为意愿的影响方面得出了相互矛盾的结论,本研究以上述机理揭示了中国有机食品消费情境下环境保护因素作用强度较低的原因,丰富了顾客融入理论的实证研究成果。

1.2.2　实践意义

本研究的实践意义主要体现在以下三方面:

(1) 探明品牌感知价值对顾客融入意愿的影响与机理,有助于有机食品品牌企业明确顾客价值管理的目标,为激励顾客融入意愿提供了系统的理论依据。本研究在有机食品消费情境下探讨顾客融入意愿的主题,有助于有机食品品牌企业全面地了解这一学术研究与商业实践的热点问题,明确顾客融入在提升顾客价值、改善企业绩效方面的关键作用。本研究通过文献回顾、模型构建、实证检验和案例分析等,强调品牌感知价值是影响顾客融入意愿的重要前因,探索了品牌感知价值、品牌信任、企业环保形象与顾客融入意愿的关系,为品牌企业明确顾客价值管理的目标、制定顾客融入意愿的激励策略提供了系统的理论依据,推动企业向价值共创的创新模式转移。

(2) 有利于企业管理者和政策制定者理解顾客异质性的价值诉求,通过交易路径和关系路径制定差异化的精准营销策略,有效提升有机食品顾客融入意愿。已有研究通常将有机食品消费者视为同质化的群体,企业管理者和政策制定者难以据此充分理解消费者行为决策的过程和机制,也无法弥合其态度与行为的差距。本研究探明了品牌感知价值二阶维度通过交易路径和关系路径对有机食品顾客融入意愿产生的差异化影响,为有机食品品牌企业管理者和政策制定者深刻理解不同顾客群体独特的价值诉求提出了新建议,并启发他们针对不同顾客群体制定精准的营销策略,有效促进顾客的直接贡献意愿与间接贡献意愿,最终实现顾客价值提升的目标。

(3) 证实了提升品牌感知价值、增强品牌信任、优化企业环保形象等营销策略的可行性与适用性,有助于有机食品品牌企业提高顾客价值管理能力和市场营销效率。本研究构建了品牌感知价值对顾客融入意愿的影响模型,为解决有机食品消费情境下如何激励顾客融入意愿的问题提供了全新的思路。研究探讨了品牌感知价值影响顾客融入意愿的中介路径与边界条件,证实了提升品牌感知价值、增强品牌信任、优化企业环保形象等营销策略的可行性与适用性。有机食品品牌企业重视品牌感知价值对顾客融入意愿的影响与机理,才能制定并实施有针对性的激励策略,提高顾客价值管理能力和市场营销效率。

1.3 研究结构与内容安排

1.3.1 研究结构

本研究基于行为推理理论、顾客价值理论和顾客融入理论,按照"文献研究—模型构建—实证检验—策略建议—总结展望"的逻辑结构,围绕"品牌感知价值对有机食品顾客融入意愿的影响"的理论命题开展系列研究(图1.1)。

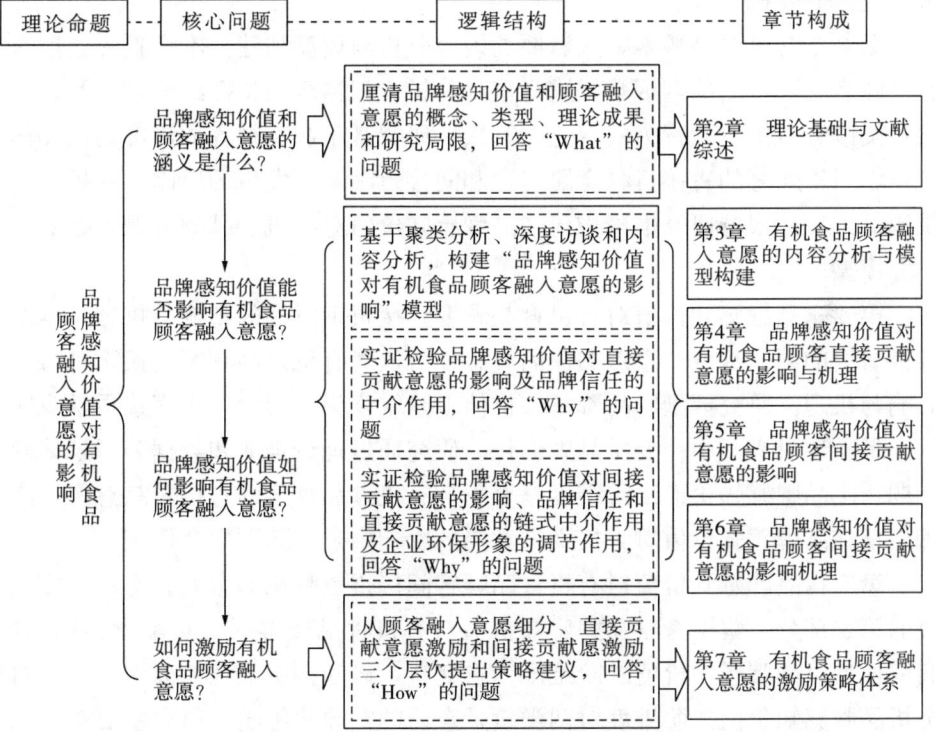

图 1.1 "品牌感知价值对有机食品顾客融入意愿的影响"研究结构

资料来源:作者根据研究思路绘制

1.3.2 内容安排

第1章概论。本章通过对现实背景的观察发现有机食品商业实践中存在的问题，通过对理论背景的分析阐述当前的研究局限，阐明本研究的理论和实践意义，说明研究结构与内容安排，介绍研究方法和技术路线并归纳研究创新点。

第2章理论基础与文献综述。本章首先介绍了行为推理理论、顾客价值理论和顾客融入理论的研究现状和趋势，搭建本研究的理论框架；其次从感知价值、顾客融入意愿、有机食品顾客以及感知价值对有机食品顾客融入意愿的影响四个方面对文献进行梳理和总结，明确核心变量的概念，分析其特征、维度和类型；最后评述已有研究的局限性，并从研究视角、研究对象和研究内容三方面提出研究机会点。

第3章有机食品顾客融入意愿的内容分析与模型构建。本章首先运用有机食品顾客购买行为的客观数据进行聚类分析，根据行为特征细分顾客类型并观察各类顾客直接贡献行为的变化。其次，研究基于四类顾客的深度访谈和内容分析，讨论顾客的直接贡献意愿变化和间接贡献意愿发生的原因，并提出系列推论。最后，根据研究推论构建"品牌感知价值对有机食品顾客融入意愿的影响"模型。

第4章品牌感知价值对有机食品顾客直接贡献意愿的影响与机理。本章是实证研究的第一部分，重点关注品牌感知价值对有机食品顾客直接贡献意愿的影响与机理。研究模型以品牌感知价值二阶维度为自变量，以直接贡献意愿为因变量，还引入了中介变量品牌信任。研究通过理论推演和数据分析解答两个问题：①品牌感知价值二阶维度是否影响有机食品顾客的直接贡献意愿。②品牌信任在品牌感知价值对直接贡献意愿的影响中是否起到中介作用。

第5章品牌感知价值对有机食品顾客间接贡献意愿的影响。本章是实证研究的第二部分，集中考察品牌感知价值对有机食品顾客间接贡献意愿的影响。研究模型以品牌感知价值二阶维度为自变量，以间接贡献意愿为因变量，对比分析品牌感知价值二阶维度对两类贡献意愿的差异化影响。研究主要验证和讨论两个问题：①品牌感知价值二阶维度是否影响有机食品顾客的间接贡献意愿。②品牌感知价值二阶维度对直接贡献意愿和间接贡献意愿的影响是否存在差异。

第6章品牌感知价值对有机食品顾客间接贡献意愿的影响机理。本章是实证研究的第三部分，着重探索品牌感知价值对有机食品顾客间接贡献意愿的影响机理。研究模型在品牌感知价值二阶维度与间接贡献意愿的关系中，引入中介变量品牌信任和调节变量企业环保形象，同步检验品牌信任与直接贡献意愿的链式中介作用。研究主要验证和讨论两个问题：①品牌信任和直接贡献意愿在品牌感知价值对间接贡献意愿的影响中是否起到链式中介作用。②企业环保形象在品牌感知价值对顾客融入意愿的影响中是否起到调节作用。

第 7 章有机食品顾客融入意愿的激励策略体系。本章整合各项研究发现，提出有机食品顾客融入意愿的激励策略体系模型，运用多案例研究方法对比分析国内外有机食品品牌企业的商业实践，从顾客融入意愿细分、直接贡献意愿激励和间接贡献意愿激励三个层次提出策略建议，指导有机食品品牌企业解决激励顾客融入意愿"怎么办"的问题。

第 8 章研究结论与展望。本章汇总各章研究结论，阐明各项理论发现的内在联系，解答概论中提出的研究问题，总结理论贡献与管理启示，指出研究局限并展望未来的研究方向。

1.4 研究方法与技术路线

1.4.1 研究方法

1.4.1.1 理论研究方法

本研究从中国知网、维普、万方、Sciencedirect、EBSCO 以及 Springer Link 等中外文献数据库中搜集以往的代表性文献和近五年的最新成果，回顾行为推理理论、顾客价值理论和顾客融入理论的研究现状与趋势，从感知价值、顾客融入意愿、有机食品顾客以及感知价值四个方面对有机食品顾客融入意愿的影响进行系统梳理，总结已有研究的局限性，找准研究机会点，为内容分析、模型构建、理论推演、实证检验以及分析讨论等提供理论依据。

1.4.1.2 实证研究方法

（1）专家访谈方法。

本研究邀请多名企业管理专业的教授、副教授、博士和硕士研究生以及有机食品品牌企业的管理人员组成专家团队，就内容分析、模型构建、量表调整、问卷设计、案例分析和策略建议等内容征求意见和建议。

（2）深度访谈方法。

本研究将深度访谈方法运用于有机食品顾客融入意愿的研究。访谈之前，根据品牌感知价值与顾客融入意愿的相关文献搭建理论框架并设计半结构化访谈提纲；访谈之中，与五类有机食品顾客代表深入讨论核心问题并完整记录访谈内容；访谈之后，整理访谈材料，为内容分析做好准备。

（3）内容分析方法。

本研究将近8万字的访谈记录整理为包含1542个独立语句的分析材料，根据文献研究和现实观察拟定内容分析思路，确定分析单位与类目，编制编码指南并开展编码员培训。在编码一致性达到信效度要求之后进行编码，根据编码结果分析有机食品顾客的直接贡献意愿与间接贡献意愿的影响因素，为实证研究构建理论模型。

（4）问卷调查方法。

本研究从已有文献中筛选成熟量表设计调查问卷，问卷经过专家讨论和预测试之后，通过线上线下渠道同步收集数据，测试有机食品顾客对品牌感知价值二阶维度、直接贡献意愿、间接贡献意愿、品牌信任和企业环保形象等相关概念的评价。调查对数据来源和收集过程进行过程控制，通过共同方法偏差检验等进行统计控制，确保问卷的信效度符合要求。

（5）案例研究方法。

本研究选取了美国、瑞士、日本以及中国的六家代表性有机食品品牌企业作为研究案例，运用公开出版物、学术文献、新闻报道、企业资料以及顾客访谈材料等形成证据链，整合前述各项研究发现，提出有机食品顾客融入意愿的激励策略体系，并印证策略的可行性和有效性。

1.4.1.3 统计分析方法

本研究还采用了多种统计分析方法，包括基于RFM模型的聚类分析、信度与效度检验、共同方法偏差检验、描述性统计与相关分析、结构方程模型、Bootstrap方法、回归分析以及系数乘积法与Process程序Johnson-Neyman技术相结合绘制调节变量线性函数等，使用的统计分析软件是SPSS 22.0和AMOS 26.0。

1.4.2 技术路线

本研究按照"文献研究—模型构建—实证检验—策略建议—总结展望"的逻辑结构开展系列研究,技术路线图如图1.2所示。

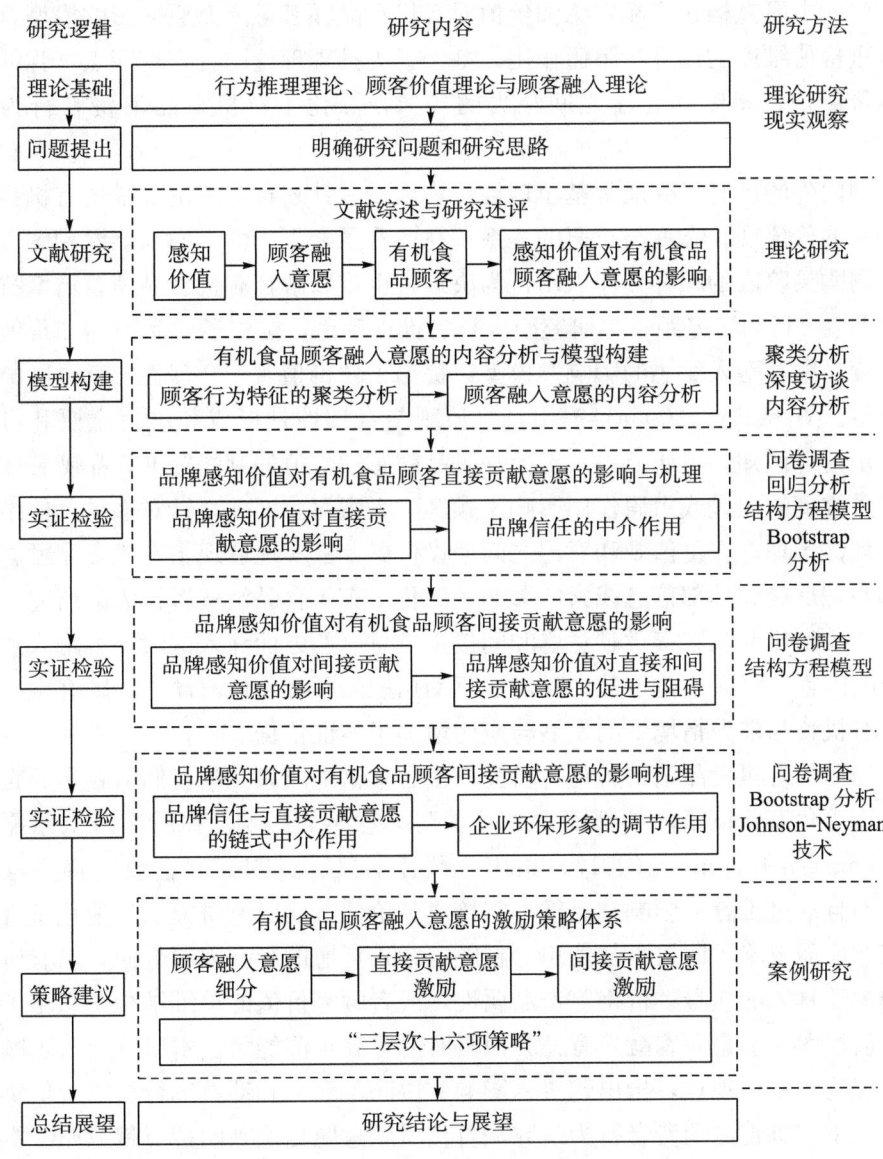

图1.2 技术路线图

资料来源:作者根据研究思路和方法绘制

1.5　研究创新点

本研究的创新点主要体现在以下四方面：

（1）本研究构建了品牌感知价值对有机食品顾客融入意愿的影响模型，挖掘多重价值维度的促进与阻碍作用，基于行为推理理论的合理性观点，弥补了顾客价值观、态度和意愿之间缺失的环节，深化了有机食品消费者行为的研究。

国内外的已有研究通常基于理性行为理论、计划行为理论等描述有机食品消费者的价值观、态度与意愿的关系。在此背景之下，学者们未能深刻解读处于不同购买阶段的顾客如何做出行为决策，也难以解释有机食品消费情境特有的"态度—行为"差距。本研究引入行为推理理论，构建了"品牌感知价值对有机食品顾客融入意愿的影响"模型，提出了"价值观—合理性—意愿"的研究框架。Westaby（2005a）提出，价值观与合理性是形成和维持意愿和行为的特定情境认知。本研究中，价值观是品牌感知价值的判断标准，品牌感知价值多重维度的促进或阻碍作用影响了顾客融入意愿。因此，针对多重价值维度的合理性推理，在价值观和意愿之间架设桥梁，真实地展现了有机食品顾客的内部心理反应和外部信息线索的影响，深化了有机食品消费者行为的研究。

（2）本研究从直接贡献意愿和间接贡献意愿两方面深入探索顾客融入意愿的影响因素，将研究范围从产品属性驱动拓展到顾客价值驱动，为顾客融入理论在有机食品消费情境下的发展与应用增加了实证依据。

当前的有机食品消费者行为研究产生了丰富的成果，学者们从顾客、企业和情境等角度验证了内外部因素对顾客购买意愿的影响。在顾客融入意愿方面，Pansari 和 Kumar（2017）指出，顾客不仅通过购买为企业直接贡献价值，而且通过推荐、影响和反馈等间接贡献价值，而已有研究明显偏重于直接贡献意愿而忽略了间接贡献意愿。在顾客融入意愿的影响因素方面，已有研究更加关注具体的质量、价格等产品属性，或者顾客价值的单维结构，忽略了多维价值视图在衡量顾客融入意愿方面具有的更高预测能力。本研究引入了顾客融入理论的整体观点，指出购买、影响、协同、增强和动员等行为的价值贡献本质，将有机食品消费者行为研究从直接贡献意愿拓展到间接贡献意愿。本研究还探索并验证了品牌感知价值对顾客融入意愿的驱动作用，回应了 Islam 和 Rahman 等（2016）、Harman 和 Porter（2021）等学者认为顾客融入意愿实证研究不足的问题，为顾客融入理论在有机食品消费情境下的发展与应用增加了实证依据。

（3）本研究以有机食品的经常性购买者为研究对象，分析了品牌感知价值对顾客融入意愿的差异化影响，发现在交易路径下特定维度发挥作用、在关系路径下全部维度通过品牌信任发挥作用的规律。

Papista等（2018）提出，随着有机食品行业的快速发展，企业管理者的关注点从偶然性购买者转向经常性购买者，而已有研究却未能把握顾客在不同购买阶段的显著差异。偶然性或意向性购买者的外显态度可能因其迎合不同社会期望的表达导致研究结果的偏差，因此本研究选择经常性购买者作为研究对象，重点观察那些正在消费有机食品的顾客而不是考虑购买的人。本研究分析了品牌感知价值二阶维度对直接贡献意愿和间接贡献意愿的差异化影响，区分了品牌感知价值影响顾客融入意愿的两条路径。研究发现，在交易路径下特定价值维度激发顾客融入意愿，在关系路径下全部价值维度通过品牌信任驱动顾客融入意愿。此发现并非对已有成果的否定，而是鉴于顾客融入意愿决策的复杂性和动态性，对有机食品消费者行为研究进行了有益的补充。

（4）本研究揭示了品牌感知价值对顾客融入意愿的影响机理，验证了企业环保形象在社会价值通过品牌信任影响顾客融入意愿的关系中的调节作用，整合各项发现提出了有机食品顾客融入意愿的激励策略体系。

有机食品消费情境下的顾客融入意愿是全新的研究领域，本研究揭示了品牌感知价值对顾客融入意愿的影响机理，尝试打开两者关系的"黑箱"。研究提出并验证了品牌信任在品牌感知价值与顾客融入意愿之间的中介效应，确定了信任纽带的关键作用。研究还验证了企业环保形象在社会价值通过品牌信任影响顾客融入意愿的关系中起到调节作用，此发现与已有研究将环保因素视为有机食品顾客重要动机的观点形成对比。顾客基于多重价值维度的合理性推理可能削弱企业环保形象对顾客融入意愿的影响，本研究对此现象给予了合理的理论解释。最后，本研究整合各项发现提出了顾客融入意愿的激励策略体系，为有机食品品牌企业激励顾客融入意愿提供了更具系统性、可行性与有效性的理论依据。

第 2 章 理论基础与文献综述

2.1 理论基础

2.1.1 行为推理理论

2.1.1.1 行为推理理论的核心观点

在消费者行为研究领域，学者们以理性行为理论（Fishbein，Ajzen，1975）和计划行为理论（Ajzen，1985）等为基础构建了考察个体行为决策机制的行为意向模型，证实了信念概念（行为信念、规范信念、控制信念）对全局动机（行为态度、主观规范和感知控制）的预测作用，全局动机对意愿以及意愿对行为的预测作用也得到证明（Westaby，2005a）（图 2.1）。

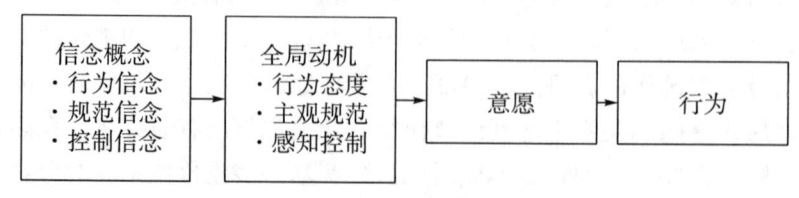

图 2.1　行为意向模型

资料来源：Westaby（2005a：98）

虽然行为意向模型已广泛应用于社会心理学领域，但是信念、动机等概念对行为的预测力和解释力并未得到充分验证（庄晓萍等，2014；Claudy et al.，2015），原因在于这些理论未能在概念框架中考虑行为障碍（Ryan，Casidy，2018）。有学者开始关注"合理性"变量（Reasoning，部分学者译为"推理"）（庄晓萍等，2014），期望探究消费者对行为合理性的解释，弥补信念、动机与行为之间缺失的环节（Tandon et al.，2020）。为了验证"合理性"概念在行为决策机制中的作用，Westaby（2005a）发展和检验了"行为推理理论"(Behavioral Reasoning Theory),阐述了价值观、合理性、全局动机、意愿和行为之间的内在联系(图2.2)。

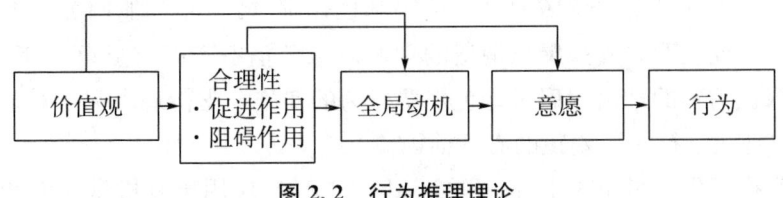

图 2.2　行为推理理论

资料来源:Westaby(2005a:99)

价值观是指个体对客观事物的意义和重要性的总体评价,既反映了个体的价值目标,又体现了个体判断事物价值的标准(庄晓萍等,2014)。个体的价值观与价值诉求有着密切的联系。合理性是指个体用于解释预期行为的特定主观因素,理论化为行为的支持理由和反对理由两个子维度,不仅代表个体对利益和成本的解释,也代表个体对其行为的促进和阻碍作用的解释。价值观以及合理性是形成和维持全局动机、意愿和行为的特定情境认知,价值观被假定为合理性和全局动机的心理前因(Westaby,2005a)。Westaby(2005a)的研究进一步验证了合理性是价值观加工的结果,对全局动机和意愿产生显著影响,因为合理性能使个体证明和正当化自己的行为。研究还发现,消费者的合理性推理不需要对全局动机进行完整的信息加工,而是直接提升特定意愿(Westaby et al.,2010),这可能是因为个体在决策过程中选择了心理捷径的机制(王建国,杜伟强,2016)。

2.1.1.2　行为推理理论的应用

在解释消费者行为方面,与行为意向模型相比,行为推理理论具备独特的优势。首先,行为推理理论允许研究者识别消费者支持或反对购买特定产品或服务的理由,因为支持和反对的理由对消费者行为的影响是相互独立、截然不同的(Claudy et al.,2015)。其次,行为推理理论能够解释消费者在特定情境下对某产品的合理性推理而不是普遍信念。最后,行为推理理论通过支持理由和反对理由帮助研究者检验消费者行为决策中的不同路径(Ryan,Casidy,2018)。正是由于上述优势,行为推理理论作为全新的理论框架被应用于不同情境下的个体行为研究,例如领导决策(Westaby et al.,2010)、新技术应用(Claudy et al.,2015)、慈善捐赠(Chatzidakis et al.,2016)、绿色消费(王建国,杜伟强,2016)、员工变革支持(许苗苗,郑文智,2016)和有机食品消费(Ryan,Casidy,2018;Tandon et al.,2020)等。

行为推理理论由庄晓萍等（2014）引入我国的学术研究。他们全面介绍了该理论的起源和核心观点，指出其优势、适用性和研究不足。国内较早将行为推理理论引入绿色消费领域的是王建国和杜伟强（2016）。他们关于新能源汽车的实证研究表明，支持绿色消费的理由对绿色消费态度有显著的正向影响，而反对绿色消费的理由阻碍了绿色消费行为的实施，支持理由和反对理由的失调成为"态度－行为"差距的心理前因。

行为推理理论最早由 Ryan 和 Casidy（2018）应用于有机食品消费的实证研究。他们率先从品牌视角考察价值观影响消费者购买有机食品的态度和意愿的机制，研究发现，合理性在消费者价值观和有机食品态度之间起到中介作用。在此基础上，Tandon 等（2020）对比了印度有机食品市场的消费者和非消费者数据，调查了价值观、合理性、态度和购买意愿之间的关联。其中，合理性的支持理由包括营养成分、生态、动物福利以及自然性，反对理由包括使用障碍和风险障碍，研究模型中关于"价值观－合理性－意愿"的假设得到验证。由此，行为推理理论在有机食品消费情境下的应用获得支持（Ryan，Casidy，2018）。

2.1.2 顾客价值理论

2.1.2.1 顾客价值的概念

价值研究盛行于当今各个社会科学领域，而准确界定"价值"的概念是开展研究的前提。本研究从营销学视角将"价值"和"顾客价值"定义的代表性观点整理为表 2.1。

表 2.1 营销学视角的"价值"与"顾客价值"定义

概念	文献来源	观点
价值	Kotler（1972）	价值不局限于产品、服务和金钱，还包括时间、精力和感情等资源。
	Zeithaml（1988）	价值是顾客基于感知获得和感知付出对产品效用做出的总体评价。
	白长虹（2001）	价值是在获得、拥有、使用的总体成本最低情况下顾客要求的满意与满足。
	童文锋，杜义飞（2021）	价值属于哲学概念，是指客体能够满足主体需要的效益关系。

续表

概念	文献来源	观点
顾客价值	Butz et al.（1996）	顾客价值是顾客使用供应商生产的突出产品或服务并发现其附加价值后，与生产者建立的情感纽带。
	Woodruff（1997）	顾客在特定使用情况下对有助于（有碍于）实现目标和用途的产品属性、属性功效及使用结果的感知偏好和评价。
	王锡秋（2005）	顾客价值作为顾客感知到的价值包括经济、功能和心理价值三方面。经济价值是在实现同等功能时费用的节省为顾客带来的价值，功能价值是顾客从产品功能中获得的价值，心理价值则是顾客的心理满足。
	吴永强（2013）	第一种观点认为顾客价值是"为顾客创造的价值"（Value for Customer），第二种观点认为顾客价值是"顾客自身的价值"（Value of Customer）。
	Kumar（2017）	从经济角度，顾客价值是客户关系对企业的经济价值。从资产角度，顾客价值是指顾客在一生中所产生的未来利润的现值。从品牌角度，顾客价值是指顾客通过对品牌的长期体验而赋予品牌的总价值。

从表 2.1 可知，营销学视角下"价值"的本质源自交换的效用或利益，"价值"追求者为了获得这种效用或利益需要付出一定的代价。顾客价值源于顾客与企业为获得和交付价值所扮演的二元性角色，顾客从企业获得效用与满足，又为企业付出资源；企业为顾客提供产品或服务，又从顾客那里获得收益。这从价值角度最好地概括了企业－顾客关系（Kumar，2017）。顾客和企业都是价值最大化的追求者，Kumar（2017）提出了基于经济原理的顾客价值理论（Customer Valuation Theory，CVT），探讨顾客价值的衡量、管理和最大化。

2.1.2.2 顾客价值的特征

顾客价值最重要的特征表现为层次性、动态性和主观性（白长虹，2001；Papista，Krystallis，2013；李黎，2017）。对层次性的代表性研究是 Woodruff（1997）提出的顾客价值层次模型，将顾客价值分为产品属性、期望结果以及目标和意图三个层次。顾客购买和使用产品时对产品属性及其功效形成期望，这些产品达成期望结果的能力反映为使用中感知的价值。顾客基于期望结果进一步追求目标和意图的实现。该模型表明顾客价值可以划分为不同的层次，各层次的重要性根据使用情况不同而产生差异。

顾客价值的层次性还体现为对顾客价值维度的研究，其中 Kotler（1994）的顾客让渡价值理论和 Sheth 等（1991）的顾客价值维度理论最具影响力。Kotler（1994）将顾客让渡价值定义为顾客总价值和总成本之间的差额，总价值包含产品、服务、人际关系和形象等，而总成本包含金钱、时间和精力等。Sheth 等（1991）率先指出顾客选择行为受到多重价值维度的影响，包括功能价值、情感价值、社会价值、认知价值和条件价值。与顾客价值层次模型"产品属性—期望结果—目标和意图"的递进层次不同，顾客价值各维度为并列关系。后续关于顾客价值维度的研究大多受到上述理论的影响或启发（李黎，2017）。

顾客价值的动态性指顾客的价值评价会随着时间而变化。这种变化主要表现为三方面：①价值评价随着使用产品的时间变化（白长虹，2001），例如初期促使顾客购买某种产品的价值因素在后期作用会减弱甚至消失。②价值评价随着顾客与企业互动的时间变化，例如顾客从偶然性购买转变为经常性购买之后的价值评价会更全面和更抽象（Parasuraman，1997）。③特殊的触发事件会改变顾客的价值感知（白长虹，2001），例如一次超出期望的购买经历会提升顾客的体验价值。

顾客价值的主观性是指顾客基于感知的总体评价因顾客而异（Zeithaml，1988；Parasuraman，1997），不同的顾客所做的评价可能不同，它是主观评价的结果，而主观评价又是各种促成价值实现的因素的总和。正是由于其层次性、动态性和主观性的特征，在解释不同顾客的概况以及不同情境和品牌产品下的消费者行为方面，顾客价值被认为是有意义的理论框架（Papista，Krystallis，2013）。

2.1.2.3 顾客价值理论演化

自 20 世纪 80 年代以来，顾客价值理论经历了 30 余年的发展，演化成为复杂而成熟的理论体系。李黎（2017）运用科学知识图谱方法分析了中国研究顾客价值的文献中具有较高网络中心性的关键词。2000 年至 2009 年间的关键词包括顾客价值、顾客感知价值、顾客让渡价值、价值内涵、价值创新和价值动态性等，2009 年之后的关键词则转变为顾客参与、商业模式、价值生态系统等与顾客价值创造有关的概念。本小节梳理了顾客价值理论演化各时期的代表性观点（图 2.3）。

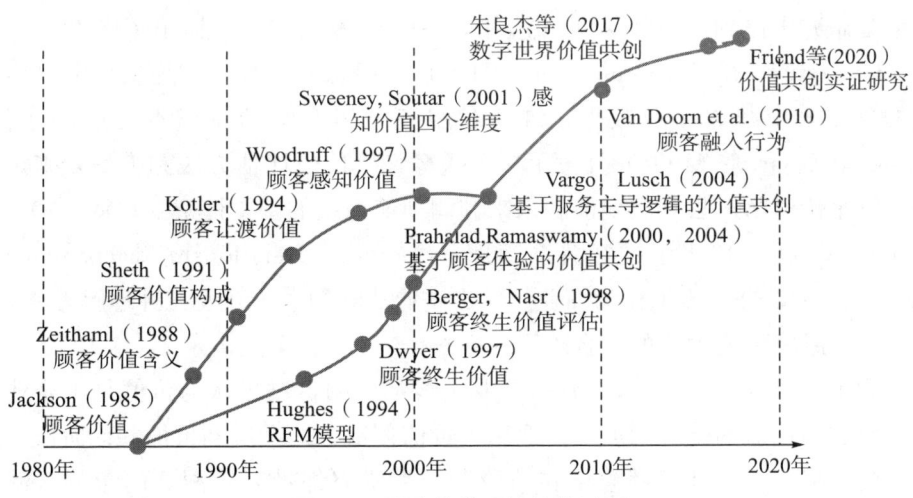

图 2.3　顾客价值理论演化过程

资料来源：作者参考文献资料绘制

（1）顾客价值理论的萌生阶段。

顾客价值理论萌生于 1985 年，Jackson 发表于《哈佛商业评论》上关于建立持久顾客关系的文章首次提出了顾客价值的概念。顾客价值逐渐成为营销学术研究和商业实践关注的焦点（马特等，2011），被称为企业竞争优势的新来源（Woodruff，1997）。

（2）顾客价值理论的分化阶段。

随着研究的深入，顾客价值理论分化为顾客和企业两个视角。顾客视角的研究主要站在顾客的立场探讨企业为顾客创造的价值，吴永强（2013）将其界定为"Value for Customer"（为顾客创造的价值）。这些研究指出价值的决定者是顾客而不是企业，顾客价值的本质是顾客感知的价值（Customer Perceived Value，CPV）。Zeithaml（1988）归纳了顾客价值的四层涵义，将其总结为顾客基于感知获得和感知付出对产品效用做出的总体评价。Kotler（1994）提出顾客让渡价值概念，并将其定义为顾客总价值和总成本之间的差额，顾客会选择能够提供最高让渡价值的企业购买产品。Woodruff（1997）从顾客感知角度将顾客价值定义为顾客在特定使用情况下对有助于（或有碍于）实现目标和用途的产品属性、属性功效及使用结果的感知偏好和评价。

企业视角的研究主要站在企业的立场探讨顾客为企业带来的价值，吴永强（2013）将其界定为"Value of Customer"（顾客自身的价值）。这些研究在顾客终生价值的概念内涵、测度和应用方面获得了丰富的成果（马特，2011；吴永强，2013）。Hughes（1994）提出了评估顾客价值的 RFM 模型，在顾客价值细分研究中得到广泛的认可和应用。Dwyer 等（1997）提出了顾客终生价值（Customer Lifetime Valuation，CLV）的概念，将其定义为从顾客终生产生的总收入中减去企业吸引、维持和服务顾客发生的总成本之后的净值。Berger 和 Nasr 等（1998）开发了多种顾客终生价值评估方法和模型，确定了顾客终生价值由过去利润现值和未来利润现值构成的基本框架（马特，2011）。Rich 等（2000）提出了顾客关系管理（Customer Relationship Management，CRM）理论，进一步细化为商业哲学、企业战略和系统开发三种理解思路。

（3）顾客价值理论的融合阶段。

到了 21 世纪初，学术研究和商业实践都表明，过去认为价值是由企业或顾客单方面创造的传统观点不再适用，价值创造方式发展到价值共创阶段，对企业制定战略、设计营销策略和消费者行为研究都带来了深远的影响（武文珍，陈启杰，2012）。Prahalad 和 Ramaswamy（2000，2004）提出了基于顾客体验的价值共创理论。他们认为顾客与企业价值共创的核心是顾客体验，通过价值网络成员之间互动的基本方式实现。Vargo 和 Lusch（2004）提出了基于服务主导逻辑的价值共创理论。他们认为所有经济交换的本质都是服务，服务是企业与顾客互动的产物，企业通过互动影响顾客，而顾客是价值的共同创造者。价值共创作为全新的价值创造模式备受关注（武文珍，陈启杰，2012），成为学术研究和商业实践的热点领域。

2.1.3 顾客融入理论

2.1.3.1 顾客价值管理目标的演变

顾客价值理论在 21 世纪初发展到融合阶段，企业为顾客营造互动和体验的场景（Prahalad，Ramaswamy，2000），顾客作为主角引导价值共创的进程（武文珍，陈启杰，2012）。在此基础上，Van Doorn 等（2010）提出了顾客融入（Customer Engagement，CE）的概念，将其定义为顾客出于激励驱动因素而对一个品牌或组织（超越购买）的行为表现。Pansari 和 Kumar（2017）认为顾客融入是指顾客通过直接或间接贡献为企业创造价值的机制。顾客融入概念与价值共创理论紧密联系，顾客与企业以及其他利益相关者之间通过互动开展合作、分享经验并共同创造价值（朱翊敏，于洪彦，2014）。

随着时代的进步，顾客价值管理的目标不断发展，从不同阶段营销焦点的度量标准可见一斑（图 2.4）。20 世纪 90 年代之前，顾客价值管理专注于交易

(Transaction)，企业通过过去的顾客价值、钱包份额（Share-of-wallet）、最近购买时间（Recency）、购买频率（Frequency）和购买金额（Monetary）等指标衡量交易对企业盈利能力的影响。到了 21 世纪初，顾客价值管理目标从交易向关系（Relationship）演变，以顾客的信任与承诺为基础，企业致力于通过更好的产品与服务与顾客建立良好的关系。然而，企业管理者和学者们发现，仅仅满足顾客需求来谋求顾客忠诚和可盈利能力远远不够，企业还需要以满意和情感为原则，以各种可能的方式从关系向融入转变（Engagement），才能实现期望的差异化和可持续的竞争优势（Pansari，Kumar，2017），这就导致了术语"顾客融入"在学术界和从业者中的兴起。

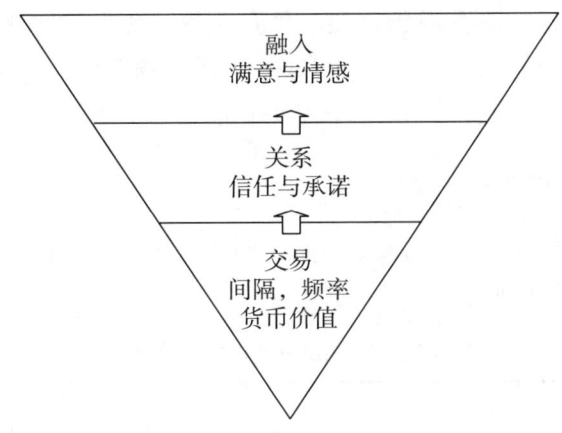

图 2.4　顾客价值管理目标的演变

资料来源：Pansari，Kumar（2017：295）

企业与顾客的关系最初局限于两者之间的交易，随着技术进步和企业能力的提升，企业开始注重与顾客之间的关系质量，以及顾客能够为企业提供的、除购买之外的最大产出。根据相互依赖理论（Thibaut，Kelly，1959），顾客与企业之间建立关系后，双方会更频繁地交流，顾客会为企业做出贡献（Kumar，2013），带来直接和间接的利益（Kumar，Pansari，2015）。换句话说，顾客融入的过程在逻辑上是关系形成的下一步，顾客与企业的关系形成并建立起情感纽带时，就会从交易阶段、关系阶段发展到融入阶段（Pansari，Kumar，2017）。由此可知，交易、关系和融入是企业在不同营销阶段的顾客价值管理目标，三者之间存在一定的关联。

在理论探索方面，原欣伟等（2018）基于 2000 年至 2017 年之间的 SSCI 来源期刊论文提取了频数快速增长的高强度突现词，前三名分别为"社交媒体""顾客融入"和"价值共创"，表明顾客融入成为学术研究高度关注的主题。朱翊敏和于洪彦（2014）指出顾客融入理论以价值共创为起源，顾客融入本身就具有价值共创的涵义。

在实证研究方面，顾客融入的趋势使企业和顾客之间的界限日益模糊（Jaakkola, Alexander, 2014），数字化商业模式、社交媒体等为企业与顾客之间的互动创造了条件，也使顾客融入的重要性更加突出（Roy et al., 2018）。多项研究证明了顾客融入对企业的积极影响，包括顾客购买意愿提升（Hamilton et al., 2016）、情感感受和忠诚意愿提高（Bergel et al., 2019）、企业收入与净利润增加（Kumar, Pansari, 2016）等。研究还发现，充分融入的顾客在经济利益、可盈利能力、收入和关系增长等方面要比普通顾客平均高出23%，且此特征不受限于行业，具有在各行业推广的普适性（Pansari, Kumar, 2017）。Harman和Porter（2021）指出顾客融入可能通过战略性培养，为营销人员提供重要的洞察力，从而提高公司及其产品的价值。

2.1.3.2 顾客融入的概念

国内外学者对顾客融入的概念持有不同的看法，本研究从心理视角和行为视角将代表性观点整理为表2.2。

表2.2 顾客融入概念的代表性观点

视角	文献来源	观点
心理视角	Hollebeek（2011）	顾客与品牌互动过程中在认知、情感和行为活动方面的心理状态通常受到动机驱使，与品牌相关联并且随情境而变化。
	Brodie et al.（2011）	与企业存在服务关系的顾客发生在特定环境下的心理状态。
	张新圣等（2013）	顾客在特定服务关系中与企业通过互动和体验共创产生的心理状态。
行为视角	Van Doorn et al.（2010）	顾客出于激励驱动因素而对一个品牌或组织（超越购买）的行为表现。
	Vivek et al.（2012）	顾客对企业产品或那些由顾客或企业所发起活动的参与和联系强度。
	Pansari, Kumar（2017）	顾客通过直接或间接贡献为企业创造价值的机制，概念化为顾客影响企业绩效的不同行为。
	邵景波等（2017）	顾客受激励因素驱动对某一品牌或者企业产生的非购买行为。

续表

视角	文献来源	观点
行为视角	高鹏等（2020）	顾客融入是顾客基于直接或间接贡献为企业增值的行为。
	童文锋，杜义飞（2021）	在价值共创过程中，每个参与者都快速变化、影响其他参与者甚至扮演多种角色，躬身入局（engagement）的概念特别重要。

为了深入理解顾客融入的内涵，本研究从顾客融入（Customer Engagement）的词义着手，选择最恰当的定义和翻译。《牛津英语词典》将"engagement"解释为约定（arrangement）、战斗（fighting）、雇佣（employing）以及卷入状态（being involved），其中与营销学相关性最高的释义应为"卷入状态"。虽然大部分学者认同顾客融入是包含"认知、情感和行为"的多维度概念（Hollebeek，2011；Vivek et al.，2012；朱翊敏，于洪彦，2014），但企业与顾客相互的"卷入状态"意味着行为才是顾客融入的焦点（Van Doorn et al.，2010）。顾客融入的本质是价值共创，离不开对外显的、易感知的顾客融入行为的测量（王云翠等，2019），Roy等（2014）、Itani等（2019）、Harman和Porter（2021）以及Ho等（2022）也侧重于顾客融入的行为维度。Pansari和Kumar（2017）认为顾客融入是指顾客通过直接或间接贡献为企业创造价值的机制，概念化为顾客影响企业绩效的不同行为。本研究采纳Pansari和Kumar（2017）对顾客融入的定义。已有研究普遍认可消费者的意愿是其行为最强大的预测因子和直接决定因素（Westaby，2005a；Ajzen，2005），本研究将"顾客融入意愿"作为"顾客融入行为"的代理变量。

2.1.3.3 顾客融入的翻译

顾客融入最早于2013年为中国学者所关注（张新圣等，2013），部分学者将其翻译为"顾客契合"（韩小芸等，2016；夏洪胜，肖淑兰，2017；李晓明，张辉，2019）。《现代汉语词典》中"契合"的涵义为"合得来"，因适用于描述关系双方的状态而在心理学和社会学等领域得到一定的认同与应用（魏闯等，2017）。但从翻译的角度来看，"契合"与营销学领域的另一个变量"契合度"（Fit）在汉语涵义上高度相似，而英语涵义上截然不同。本研究则重点探讨顾客与企业如何共创价值，"契合"的翻译并非最优选择。

魏闯等（2017）提出顾客融入行为受到心理状态的影响，同时也会对心理感知产生影响，心理和行为维度之间并非互相割裂而是相互作用。"顾客融入"

的翻译具有描述心理和行为"融为一体"以及描述状态"融洽和谐"的双重涵义，更适用于本研究。此翻译在汉语和英语的涵义上能够与"顾客参与""顾客卷入"等变量显著区分，得到朱翊敏和于洪彦（2014，2017）、陈静（2017）、吴文秀等（2019）以及高鹏等（2020）等学者的采纳。但本研究的文献综述中仍将整合与"顾客契合"相关的内容。

2.1.3.4 顾客融入相关概念辨析

营销学研究中存在一些容易与"顾客融入"相混淆的概念，例如顾客参与、顾客卷入、顾客共同生产和顾客公民行为等。表2.3从定义出发，辨析了顾客融入与相关概念的区别。

表 2.3 顾客融入相关概念的辨析

概念	英文	定义	与顾客融入的区别
顾客融入	customer engagement	顾客通过直接或间接贡献为企业创造价值的机制，概念化为顾客影响企业绩效的不同行为（Pansari, Kumar, 2017）。	顾客通过购买直接贡献价值，通过推荐、影响和反馈间接贡献价值，企业和顾客是共同行为主体。
顾客参与	customer participation	顾客在精神与物质方面为产品和服务的生产及传递而付出的行为（朱翊敏，于洪彦，2014）。	与产品或服务的生产、传递和购买有关，顾客是行为主体。
顾客卷入	customer involvement	顾客在与特定品牌互动的过程中，在认知、情感和行为等方面的投入水平（卡哈曼，张月莉，2021）。	与产品或服务对顾客的重要性和购买行为有关，顾客是行为主体。
顾客共同生产	customer co-production	顾客参与到企业的产品生产或服务提供的过程中与企业共同创造价值（魏想明，袁晴，2019）。	与产品或服务的生产和购买行为有关，企业和顾客是共同行为主体。
顾客公民行为	customer citizenship behavior	顾客在角色外自愿为企业做出贡献的利他行为（Gong, Yi, 2021）。	与购买行为无关但对企业有价值，顾客是行为主体。

表2.3表明，顾客融入与相关概念的内涵有着本质区别，主要体现在三方面：①顾客融入被概念化为顾客影响企业绩效的不同行为，顾客融入与产品或服务的购买行为有关，也与超越购买、为企业贡献价值的其他行为有关。②企业和顾客是融入行为的共同主体，企业通过产品与服务为顾客创造价值，顾客直接或间接为企业贡献价值。③顾客融入不仅能使企业获利，而且能使顾客获得多重收益。

2.1.4 研究理论框架

行为推理理论表明，顾客的价值观通过合理性与全局动机影响意愿（Westaby，2005a）。价值观既是顾客追寻的价值目标，又是顾客评估价值的标尺（庄晓萍等，2014），与感知价值有着密切的联系。价值观还会影响合理性推理（Lockie et al.，2002；Ryan，Casidy，2018）、态度（Tandon et al.，2020）以及主观规范和感知控制（Westaby，2005a）。合理性也会成为意愿的强大驱动力，不需要对全局动机进行完整的信息加工而直接提升特定意愿（Westaby et al.，2010），因为个体有充分的理由为自身的行为解释和辩护时，他们会感到更加舒服。

合理性是有机食品顾客购买行为的基本维度（Ryan，Casidy，2018），能够从促进和阻碍两方面对顾客行为决策背后的推理产生深入的理解（Tandon et al.，2020）。价值观会影响顾客的全局动机、推理过程以及预期行为（Westaby，2005），还会影响其对有机食品的判断（Ryan，Casidy，2018）。本研究旨在考察顾客在价值观引领之下，通过合理性推理影响其意愿的过程，弥补传统的"价值观－态度－意愿"理论中缺失的环节。根据顾客价值理论，顾客是依赖社会价值观和规范的个体，价值观会影响顾客会对有机食品品牌的价值感知，促使人们做出相应行为（Huber et al.，2001；Sukati，2016）。感知价值多重维度的评估是顾客选择有机食品的先决条件（Papista et al.，2018）和关键心理活动（王建华，李佳敏，2021）。品牌感知价值能够在有机食品顾客的价值观与意愿之间架设桥梁，因此本研究将品牌感知价值作为合理性推理的核心，重点考察品牌感知价值二阶维度对顾客融入意愿的影响与机理，并据此构建了研究理论框架（图2.5）。

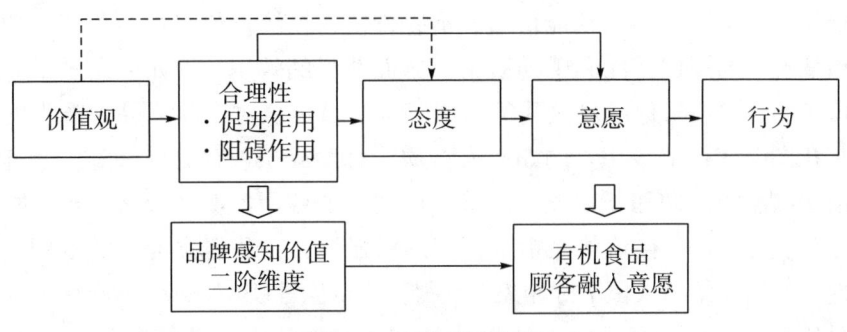

图 2.5 研究理论框架

资料来源：作者参考文献资料绘制

本研究推测，顾客的价值观会对有机食品态度产生显著的影响（Tandon et al.，2020），也作用于合理性推理（Lockie et al.，2002；Ryan，Casidy，2018）。顾客在经常性购买有机食品的过程中可能有追求心理捷径的原因（王建国，杜伟强，2016），合理性直接为顾客融入意愿提供理由，并促进行为发生（Westaby，2005a）。在合理性推理过程中，品牌感知价值与顾客融入意愿之间会建立关联，顾客从有机食品企业的产品和服务中感知的价值，会促使他们为企业贡献价值作为回报（Itani et al.，2019），具体方式包括通过购买直接贡献价值，以及通过推荐、影响和反馈等间接贡献价值（Pansari，Kumar，2017）。

2.2 基本概念

2.2.1 品牌感知价值

本研究参照感知价值的定义（Zeithaml，1988），将品牌感知价值界定为顾客基于感知获得和感知付出对特定品牌的产品效用做出的总体评价。品牌感知价值受到价值观的影响（Huber et al.，2001；Sukati，2016），对顾客的直接贡献意愿（Parasuraman，Grewal，2000）和间接贡献意愿均产生显著作用（Van Doorn，2010；Roy et al.，2017），在价值观与意愿之间架设桥梁。因此本研究将品牌感知价值作为合理性推理的核心。

2.2.2 品牌感知价值二阶维度

本研究借鉴 Sweeney 和 Soutar（2001）及 Koller 等（2011）的观点，将品牌感知价值二阶维度命名为功能价值、情感价值、经济价值与社会价值。功能价值是指从产品的预期性能和感知质量等方面获得的效用，例如产品质量保持一致、做工精良、质量标准可接受等；情感价值是指从对产品或品牌产生的感觉或情感状态中获得的效用，例如使人喜欢、有助放松、感觉良好等；经济价值是指由于产品的短期和长期成本的减少而产生的效用，例如价格合理、物有所值、经济实惠等；社会价值是指来自产品增强社会自我概念能力的效用，例如改善他人看法、给他人留下好印象、获得社会认同等（Sweeney，Soutar，2001）。

品牌感知价值的多重维度比单一的"物有所值"更能解释消费者的选择（Sweeney，Soutar，2001），对顾客意愿具有更高的预测力（Gonlves et al.，

2016)。品牌感知价值多重维度的评估是顾客选择有机食品的先决条件（Papista et al.，2018）和关键心理活动（王建华，李佳敏，2021）。本研究将品牌感知价值二阶维度设定为研究模型的自变量。

2.2.3　顾客融入意愿

顾客融入意愿是指顾客通过直接或间接贡献为企业创造价值的意愿（Pansari，Kumar，2017）。传统分类方式将顾客为企业创造价值的形式分为购买（McLean et al.，2020）、口碑营销（Itani et al.，2019）、推荐（Newman et al.，2018）、反馈（Wang，2020）、协同（Yu et al.，2021）、增强（Roy et al.，2018）以及跨数字平台互动（Itani et al.，2019；Wang，2020）等。这种不完整和模糊的分类方式会阻碍研究进展和商业实践（Ho et al.，2022）。"顾客融入意愿"的整体观点使这些行为意愿得以纳入统一的理论框架加以考量（Van Doorn et al.，2010）。

2.2.4　直接贡献意愿与间接贡献意愿

顾客融入意愿细分为顾客影响企业绩效的直接贡献意愿与间接贡献意愿（Pansari，Kumar，2017）。直接贡献意愿是指顾客通过购买为企业直接贡献价值的意愿（Kumar et al.，2010）。间接贡献意愿是指顾客"超越购买"为企业间接贡献价值的意愿（Van Doorn et al.，2010）。国内外关于顾客融入意愿的研究尚未达到成熟阶段，直接贡献意愿与间接贡献意愿的关系以及两者影响因素之间的关系未能得到足够关注。本研究将直接贡献意愿与间接贡献意愿设定为研究模型的因变量。

2.2.5　品牌信任

品牌信任是指顾客在风险情境下基于对品牌质量、行为意向及履行承诺能力的正面预期而产生的认可该品牌的意愿（袁登华等，2008）。有机食品具有信任品特征（Nuttavuthisit，Thøgersen，2015；王建华，李佳敏，2021），其特殊的自然属性和社会属性即使在购买之后也难以被顾客识别或验证（Truong et al.，2021），因此品牌信任成为有机食品顾客行为决策的关键心理活动（王建华，李佳敏，2021）。同时，品牌信任是顾客-品牌关系质量的重要组成部分,在该关系的激励因素与顾客行为意愿之间起到中介作用(Palmatier et al., 2006; Papista, Krystallis, 2013)。本研究将品牌信任作为中介变量引入研究模型。

2.2.6 企业环保形象

本研究基于企业形象的概念(Brown, 1998),将企业环保形象定义为顾客对品牌或企业在减少环境污染、改善生态环境、推动可持续发展方面的评价(Follows, Jobber, 1999; 杨晓燕, 周懿瑾, 2006; 汤峰等, 2021)。有机食品顾客不仅需要丰富的有机知识作为内部线索,而且需要可靠的企业信息作为外部线索,才能通过认知指导行为决策(孙彦等, 2007)。环境保护因素是解释有机食品消费者行为的重要驱动(Magistris, 2008),不同水平的企业环保形象可能作为情境因素影响品牌感知价值与顾客融入意愿的关系(Papista, Krystallis, 2013)。本研究将企业环保形象作为调节变量引入研究模型。

2.3 感知价值相关研究

2.3.1 感知价值的涵义与二阶维度

2.3.1.1 感知价值的涵义

根据顾客价值理论,价值由顾客与企业共同创造,但最终由顾客决定(Ramaswamy, Chopra, 2014),企业是合作方,顾客才是真正的主导力量(卜庆娟, 2017)。感知价值是基于顾客视角研究顾客价值的核心概念。Zeithaml(1988)将价值定义为消费者基于感知获得和感知付出对产品效用做出的总体评价,此概念包含四层涵义:价值是低价,价值是"我"想要的产品,价值是"我"付出代价换来的质量,价值是"我"付出后的所得。他的定义强调顾客价值由顾客的感知决定,还将顾客的感知获得和感知付出作为定义的关键组件。这一核心观点得到学者们的普遍认同(白长虹, 2001),广泛应用于后续研究。

已有对感知价值的对象的研究集中于产品或品类,而聚焦于特定品牌的研究较少。关于品牌感知价值的文献中,Reichheld(2001)针对餐馆行业的实证研究发现，特定的餐馆品牌能够为顾客带来其他竞争者无法提供的积极情感，并将这种独特的价值命名为品牌感知价值。陶鹏德等（2009）、Li 等（2012）和 Fazal-E-Hasan 等（2018）分别关注了零售商、奢侈品和网络零售商的品牌感知价值，验证了多重价值维度对顾客购买意愿的影响，但并未对品牌因素与独特的研究对象、研究情境或研究发现做关联性研究。李佳敏和张晓飞（2020）探讨了品牌感知价值、顾客情绪和重复购买意愿的关系，强调了特定品牌的顾客具有重复购买的行为特征；研究还确定了功能价值、经济价值和感知风险对顾客的重复购买意愿影响显著。结合上述研究，本研究参照 Zeithaml（1988）关于感知价值的定义，将品牌感知价值界定为顾客基于感知获得和感知付出对特定品牌的产品效用做出的总体评价，并基于此开启各项研究。

2.3.1.2 感知价值二阶维度

Sheth 等（1991）的研究认为感知价值包括功能价值、情感价值、社会价值、认知价值和条件价值，顾客选择行为受到其中部分或全部价值维度的影响。功能价值是指从功能、实用或物理功效中获得的感知效用，情感价值是指从唤起的情感状态中获得的感知效用，社会价值是指从与一个或多个特定社会群体的联系中获得的感知效用，认知价值是指从激发好奇心、提供新奇和满足知识渴望中获得的感知效用，条件价值是指决策者从面临特定情况或环境而做出的选择中获得的感知效用。他们还指出，感知价值五个维度的作用在不同情境下会产生差异。品牌、产品类型乃至"购买或不购买"的决策可能是由完全不同的价值维度所驱动。此项研究为扩展感知价值的构成提供了最好的基础（Sweeney，Soutar，2001），在同类型研究中最受关注（杨晓燕，周懿瑾，2006）。

Sweeney 和 Soutar（2001）基于 Sheth 等（1991）的观点，整合了感知价值二阶维度并开发了测量量表。他们认为功能价值中所包含的质量和价格因素彼此独立存在甚至作用相反，并将这两个因素称为功能性价值（价格）和功能性价值（质量）。他们还发现没有题项被判断为反映认知价值和条件价值，因为认知价值与度假、冒险或者购物旅行等情境相关性更高，条件价值可描述为其他类型价值的特例。因此，他们的感知价值量表中包含质量价值（quality value）、情感价值（emotional value）、价格价值（price value）和社会价值（social value）四个维度。

Koller 等（2011）进一步优化了 Sweeney 和 Soutar（2001）的理论，将"质量价值"调整为"功能价值"，突出了预期性能、感知质量和实用功效的效用。他们还将"价格价值"调整为"经济价值",将"货币价格"的影响拓展为顾客所获总效用与总成本的权衡。此种翻译得到诸多中国学者的采纳(刘敬严,2008;陶鹏德等,2009;李佳敏,张晓飞,2020),与中国的有机食品消费情境更匹配。本研究借鉴此观点,将感知价值二阶维度命名为功能价值、情感价值、经济价值与社会价值。

2.3.2 感知价值的影响因素与作用效果

2.3.2.1 感知价值的影响因素

在 Zeithaml(1988)的定义中,感知价值源自对产品效用的感知获得和感知付出的权衡,产品效用是影响感知价值的首要因素。在最初的产品主导逻辑之下,服务作为为实物商品增加附加价值的附属品存在(王潇等,2014),而服务主导逻辑的诞生重新将服务定义为所有经济交换的本质,价值由顾客和企业共同创造,因此服务对感知价值的影响同样重要。

除了产品和服务,感知价值还源于企业和顾客为维持良好关系付出的努力(Ravald,Grönroos,1996)。白琳和陈圻(2006)在 Parasuraman(1997)研究的基础上构建了感知价值影响因素研究框架,根据德国食品工业的研究将感知价值的影响因素划分为产品、服务以及促进三类。其中产品因素涉及产品的特征、品类、一致性和便利性等,服务因素涉及创新、迅捷响应、技术支持、信息提供等,促进因素涉及品牌形象与声誉、公共关系、资源整合以及可靠性等。此外,还有研究分别验证了顾客情感和社会认知(刘敬严,2008)、店铺形象(杨宜苗,2009)、营销策略(郑文清,李玮玮,2012)、产品的质量和价格(李雪欣,钟凯,2013)、品牌声望(Kim et al.,2019)、产品质量和自有标签信任(Konuk,2018)以及在线评论的数量、质量与效价(李红柳,王兴元,2018)等对感知价值的显著影响。

2.3.2.2 感知价值二阶维度的影响因素

探讨感知价值二阶维度影响因素的研究并不多见,较为常见的是针对感知价值部分维度的实证研究。白琳和陈圻(2006)构建的感知价值影响因素研究框架中,产品、服务、品牌和关系的作用均得到验证,本研究基于此将感知价值二阶维度的影响因素划分为四类,并将与功能价值、情感价值、经济价值和社会价值相关的代表性成果呈现于表 2.4。

表 2.4 感知价值二阶维度的影响因素

感知价值二阶维度	影响因素	观点与文献来源
功能价值	产品	产品质量和种类（白琳，陈圻，2006；Ko et al.，2010） 款式设计（郑文清，李玮玮，2012）
	服务	服务创新（崔海云，施建军，2013） 线上易获性（单娟，崔晨虹，2020）
	品牌	品牌声望（Kim et al.，2019） 社会责任的经济和社会维度（Currás–Pérez et al.，2018）
	关系	产品相关互动（申光龙等，2016）
情感价值	产品	环境（刘敬严，2008）
	服务	服务质量和广告支出（郑文清，李玮玮，2012） 服务敏捷性（白琳，陈圻，2006） 服务创新（崔海云，施建军，2013）
	品牌	社会责任的经济、社会和环境维度（Currás–Pérez et al.，2018） 设计风格维度和用户洞察维度（赖红波，2019）
	关系	顾客–员工互惠关系（马颖杰，杨德锋，2014） 产品相关互动和人际相关互动（申光龙等，2016）
经济价值	产品	价格（白琳，陈圻，2006） 促销（欧霞，陆定光，2016）
	服务	耦合服务和集成服务（刘林艳，2019）
	品牌	品牌声望（Kim et al.，2019）
	关系	—
社会价值	产品	产品质量（Ko et al.，2010） 广告支出（郑文清，李玮玮，2012）
	服务	线上易获性（单娟，崔晨虹，2020）
	品牌	品牌形象与信誉（白琳，陈圻，2006） 品牌、交往和认知（刘敬严，2008） 品牌声望（Kim et al.，2019） 社会责任的社会维度（Currás–Pérez et al.，2018）
	关系	企业–顾客关系（Graf，Maas，2008） 产品相关互动和人际相关互动（申光龙等，2016）

从表 2.4 可知，在与产品相关的因素中，产品的质量和种类会影响功能价值，展示产品的环境对情感价值有影响，产品的价格和促销是经济价值的影响因素，同时产品质量和企业广告支出对社会价值发挥积极的作用。在与服务相关的因素中，服务不仅与功能价值正相关，服务质量、广告支出及服务敏捷性对顾客的情感价值也有促进效应。在与品牌相关的因素中，品牌声望对功能价值、经济价值和社会价值均产生显著影响，与品牌相关的形象、信誉、交往和认知则影响着社会价值。在与关系相关的因素中，企业与顾客通过互动建立的关系对社会价值影响显著，互动可以与产品或人际交往相关。此外，单娟和崔晨虹（2020）指出线上产品的易获性对功能价值和社会价值产生显著影响。Currás-Pérez 等（2018）认为企业社会责任的不同维度对功能价值、情感价值和社会价值有显著的正向影响。这些具有时代特征的发现也是影响感知价值二阶维度的因素。

2.3.2.3 感知价值的作用效果

已有研究对感知价值在营销领域的作用效果进行了充分探讨。本小节梳理了近年来以感知价值为自变量的代表性文献（图 2.6）。已有研究大多将感知价值作为整体概念纳入研究模型。从直接影响来看，感知价值的作用效果偏向于顾客购买意愿或行为、顾客融入行为（狭义）和顾客忠诚等。从间接影响来看，感知价值主要通过信任、满意、态度等关系质量变量间接作用于顾客的意愿或行为。

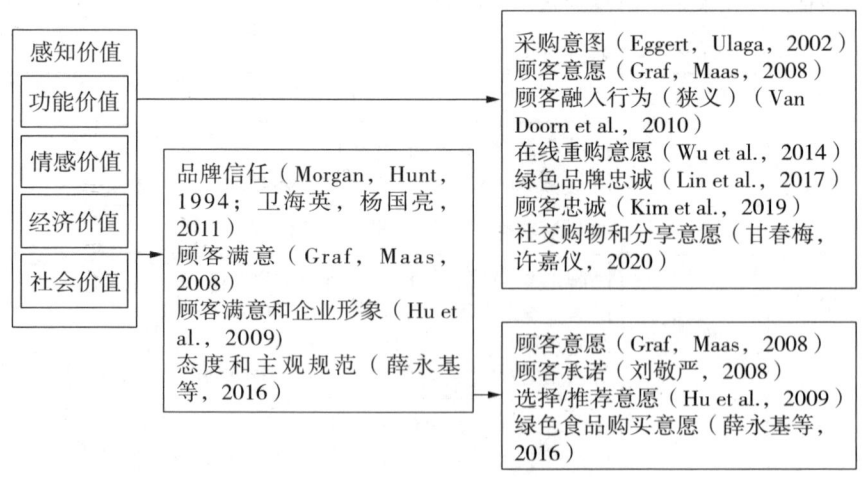

图 2.6 感知价值的作用效果

资料来源：作者参考文献资料绘制

2.3.2.4 感知价值二阶维度的作用效果

关注感知价值二阶维度作用效果的研究较为有限，尤其是在社交商务领域，以往研究较少验证不同维度的差异化影响并剖析原因（Gan, Wang, 2017），导致不同文献的研究结论相互矛盾的现象。例如，在功能价值方面，刘敬严（2008）发现功能价值直接影响顾客信任并通过顾客信任进一步影响顾客承诺，而 Khan 和 Mohsin（2017）针对巴基斯坦消费者的绿色产品选择行为的研究则否定了功能价值的作用。在经济价值方面，Kim 等（2018）证实了品牌声望通过经济价值影响顾客忠诚，而 Watanabe 等（2020）对巴西有机食品消费者的调查发现，只有情感价值才能激发顾客的购买意愿。

这些现象表明，在研究涉及的国家、行业和对象不同的情况下，感知价值二阶维度对顾客的关系质量、意愿或行为的影响并不完全一致，且影响显著的维度也有所不同。因此，深入剖析感知价值二阶维度的差异化影响，剖析不同顾客群体行为反应截然不同的原因，具有理论意义和实践意义。

2.3.3 感知价值研究小结

2.3.3.1 已有研究较少关注顾客的价值感知与价值贡献之间的关系

顾客价值理论发展至今，众多学者取得了丰硕的成果。然而，无论是从顾客或企业视角讨论顾客价值的影响因素，还是探索顾客参与价值创造的决策过程，已有研究通常聚焦于价值链条上的局部片段，较少关注顾客从价值感知到价值贡献的完整过程。从理论探索的角度来看，企业和顾客共同创造价值的过程不是单向或碎片化的：企业提供产品或服务为顾客创造价值，顾客感知的价值促使其通过购买为企业直接贡献价值，通过推荐、影响与反馈等间接贡献价值，进而形成良性的价值循环。从实证研究的角度来看，感知价值对顾客为企业贡献价值的融入意愿是否存在影响，其影响机理又是怎样，这些问题需要通过理论探索构建模型，并通过实证研究加以验证。

2.3.3.2 基于顾客价值理论的有机食品消费者行为研究较为缺乏

国内外学者将顾客价值理论应用于手机（张新安等，2010）、家具（郑文清，李玮玮，2012）、酒店（Jaakkola, Alexander, 2014）、纺织和乳制品（Currás-Pérez et al., 2018）等行业以及虚拟品牌社区（卜庆娟等，2016）、社交媒体平台（Singaraju et al.，2016）、社会化商务行为（甘春梅，许嘉仪，2020）等研究情境，但基于顾客价值理论的有机食品消费者行为研究则较为缺乏（Jolink，Niesten，2015；Seegebarth et al.，2016；Watanabe et al.，2020）。近年来有机食品行业在世界范围内迅速发展，未来仍会保持良好的增长态势（Willer，Lenoud，2017）。有机食品品牌企业如何与顾客形成良性的价值互动并实现可持续发展，亟待系统研究提供理论依据。

2.3.3.3 感知价值二阶维度对顾客融入意愿的差异化影响有待深入分析

当前关于感知价值影响因素和作用效果的研究较为丰富，但感知价值二阶维度对顾客行为意愿的影响需要进一步讨论和验证。顾客行为决策是受到多种因素影响的复杂过程，多重价值维度比单一的"物有所值"更能解释消费者的选择（Sweeney，Soutar，2001）。顾客价值的层次性、动态性和主观性决定了感知价值二阶维度的作用因研究情境不同而不同，并且会随着时间推移而变化。尤其是在有机食品消费情境下，功能价值、情感价值、经济价值和社会价值对顾客融入意愿的影响是否存在差异？感知价值二阶维度的重要性有何不同？其影响是否会随着时间推移而变化？已有研究未能为这些问题提供答案。

此外，学者们探讨了感知价值及二阶维度对顾客的直接贡献意愿的影响，但只有有限的文献提出了感知价值与间接贡献意愿之间的理论关系（Hu et al.，2009；Van Doorn，2010），相关领域的实证研究仍然缺乏。

2.4 顾客融入意愿相关研究

2.4.1 顾客融入意愿的特征

2.4.1.1 顾客融入意愿的互联网时代特征

顾客融入的概念最早由 Van Doorn 等（2010）提出，其背景与企业通过维持和培养顾客基础、获得长期和可持续竞争优势的趋势有关，还与运用信任和承诺、服务质量感知、品牌体验等以顾客体验为基础的指标衡量企业绩效的趋势有关。顾客融入具有为企业产生有利价值和财务结果的潜力（Kumar et al.，2019），因而成为许多企业衡量营销效能和绩效的重要指标（Kumar，

Reinartz，2016），受到营销学者和企业管理者的高度关注（Islam，Rahman，2016）。

顾客融入理论的兴起与互联网的迅猛发展密切相关，顾客融入意愿在互联网时代的特征体现为消费者自身的转变。随着技术、经济和社会的进步，消费文化发生了巨大的变化（朱翊敏，于洪彦，2014）。顾客从通过效用或利益的交换获取企业提供的产品和服务转变为在生产和消费进程中与企业互动与协同，从价值的消耗者转变为共同创造者（武文珍，陈启杰，2012）。顾客关心的不仅是产品的质量和价格，而且是在消费过程中体验和收获的价值（Roy et al.，2017）。顾客希望投入有限的时间、精力和金钱获取满意的产品和服务，或者在搜索、获取和交易方面增强便利性；顾客追求融入行为过程的情感愉悦、体验利益乃至趣味性，也关心融入行为的象征意义，包括社会关系、身份和自我的创造（Wongkitrungrueng et al.，2020），市场的力量越来越多地向顾客转移（Itani et al.，2019）。

顾客融入意愿的互联网时代特征还体现为数字环境的改变。互联网和信息技术的巨大飞跃为企业与顾客的互动赋予了全新的内涵。一方面，互联网和信息技术使企业和顾客拥有更强的互动能力。企业能够将互联网打造为信息展示窗口和互动渠道，运用社交媒体、品牌社群等与顾客近距离地接触。顾客能够依托互联网搜寻信息、与企业沟通互动，并通过社交媒体分享观点（Erdem et al.，2016）。另一方面，社交媒体和品牌社群等提供了重要的企业－顾客互动平台（朱良杰等，2017）。社交网络增加了商业功能（Wongkitrungrueng et al.，2020），放大了顾客在推荐特定品牌方面对他人态度和行为产生的影响（Itani et al.，2019），促进了顾客与品牌之间建立积极关系、推动长期承诺（Fazal－E－Hasan et al.，2018）等。互联网和信息技术的发展促进了顾客与顾客、顾客与企业之间更直接、更普遍的互动与沟通，建立了企业、顾客与利益相关者共同创造价值的体系（Saarijärvi et al.，2013）。

2.4.1.2 顾客融入意愿的品牌关系特征

品牌是顾客识别和认可企业的重要方式，品牌对顾客信念和行为的影响得到广泛认可（Keller，Lehmann，2006），给顾客带来功能、情感和自我表达的益处（Aaker，1997），品牌对特定产品感知质量的影响甚至大于其物理特性（Vranešević，Stančec，2003）。品牌关系质量对消费者行为具有重大的影响，顾客－品牌的情感连接、长期品牌关系、积极评价等会导致品牌忠诚、口碑推荐和对品牌负面信息的抵抗（Batra et al.，2012）。

Schroeder 和 Salzer（2006）将品牌的价值创造理解为需要综合思考并从管理战略、组织理论和消费者行为中提取的理论工作。互联网和信息技术使互动成为品牌价值提升轨迹，也使得体验成为品牌创新和价值创造的基础（Ramaswamy，Ozcan，2015）。顾客从产品的接受者转变为价值的共同创造者，对市场的理解也从基于产品和服务的效用或利益的交换，发展为共同创造的体验（Prahalad，Ramaswamy，2004）。这种变化与发展对顾客融入意愿与品牌的关系产生极大的影响。

Ramaswamy 和 Ozcan（2015）通过苹果和耐克的案例研究发现，在顾客和企业都被赋予全新能力的数字化世界，品牌和品牌建设必须被视为企业能力、融入与体验的集合。顾客的价值共创是基于动态的、过程的融入概念，因为他们身处其中，会从价值创造者的角度看待世界。品牌企业与顾客之间发展和维持良好的关系质量将为顾客融入意愿带来积极的结果（Itani et al.，2019）。因此，以特定品牌为对象开展顾客融入意愿研究，具有积极的理论和实践价值。

2.4.2 顾客融入意愿的整体观点与本质

2.4.2.1 顾客融入意愿的整体观点

顾客融入意愿有广义和狭义之分，两种观点最大的区别体现为顾客融入意愿与顾客购买意愿的关系。广义观之下的顾客融入意愿包含顾客购买意愿，而狭义观之下的顾客融入意愿与顾客购买意愿相互独立。本研究采纳了顾客融入意愿的广义涵义，即顾客通过直接或间接贡献为企业创造价值的意愿（Pansari，Kumar，2017）。顾客在满意与情感两项重要前因的驱动下，通过购买直接贡献价值，通过推荐、影响与反馈等间接贡献价值，带来企业绩效的有形收益，以及顾客主动选择参与营销活动、私人信息共享、进行相关营销等无形收益（图 2.7）。这种观点与 Cambra-Fierro 等（2013）、Kumar（2017）、高鹏等（2020）、Ho 等（2022）学者相一致。

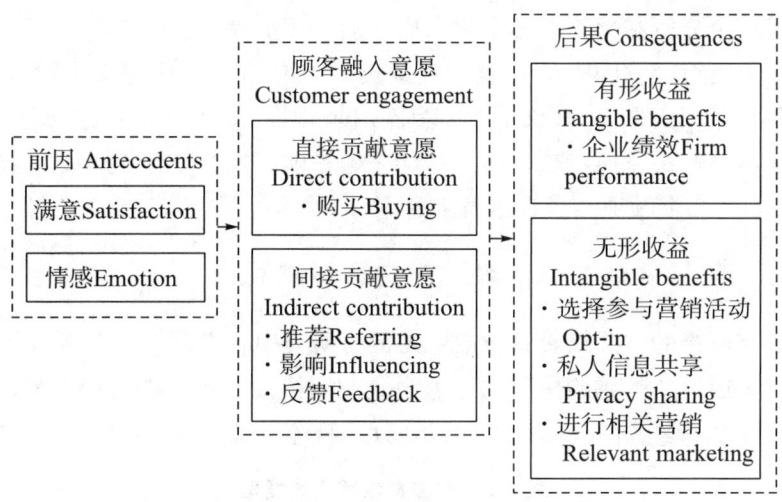

图 2.7 顾客融入意愿的前因、类型与后果

资料来源：Pansari，Kumar（2017：300）

2.4.2.2 顾客融入意愿的本质

Van Doorn 等（2010）将顾客融入行为界定为顾客源于动机驱动、对品牌或企业超越购买的行为，强调其"超越购买"的特征，部分学者认同这种狭义观点（韩小芸，余策政，2013；Jaakkola，Alexander，2014；邵景波等，2017）。本研究认为顾客融入意愿的广义和狭义涵义虽然存在差异，但两者不是完全对立，而是辩证统一。它们均认可顾客融入具有"价值共创"的本质，都可以抽象地概括为顾客为企业创造价值的意愿（Pansari，Kumar，2017）。这种解读打破了已有研究中顾客融入行为类型"碎片化"的局面，回归到价值本质实现概念层面的统一，避免了行为类型层面的争议。

2.4.3 顾客融入意愿的操作化定义与测量

2.4.3.1 直接贡献意愿的操作化定义与测量

顾客融入意愿细分为顾客影响企业绩效的直接贡献意愿与间接贡献意愿（Pansari，Kumar，2017）。直接贡献意愿是指顾客通过购买为企业直接贡献价值的意愿（Kumar et al.，2010），此观点是企业管理者和学者的共识（Gupta et al. 2004）。已有研究提出了顾客终生价值（Dwyer et al.，1997）、RFM 模型（Hughes，1994）、货币价值与非货币价值（董晓舟，陈信康，

2017) 等理论分析和预测顾客全生命周期的直接贡献。

从行为决策影响因素的角度,直接贡献意愿的操作化定义为顾客购买意愿。本研究运用田阳等(2009)参考 Zeithaml 等(1996)的观点调整并应用于中国情境的购买意愿量表,通过"优先考虑购买""大部分购买"以及"以后继续购买"3 个题项测量直接贡献意愿。

2.4.3.2 间接贡献意愿的操作化定义与测量

本研究所指的"间接贡献意愿"与已有研究中狭义观的顾客融入意愿相对应,即顾客通过"超越购买"的行为为企业间接贡献价值的意愿(Van Doorn et al., 2010),学者们根据表现形式划分了具体类型(表 2.5)。

表 2.5 间接贡献行为的类型

文献来源	类型
Van Doorn et al.(2010)	口碑推荐,帮助其他顾客,撰写博客和评论,参与法律行动或慈善活动等
Jaakkola, Alexander(2014)	影响其他参与者企业感知、偏好或知识的影响行为(Influencing behavior),超越交易、直接增强企业产品的增强行为(Augmenting behavior),帮助企业发展产品的协同行为(Co-developing behavior),动员其他利益相关者对企业行动的动员行为(Mobilizing behavior)。
朱翊敏,于洪彦(2014)	推荐,口碑,收集和传播信息,赞助,慈善募捐,为产品开发和改进提建议等
于洪彦,尤明宣(2015)	顾客促进企业绩效的促进行为(Promotion),顾客与顾客之间交流与品牌或企业相关信息的交流行为(Communication),顾客与企业协同工作的协作行为(Collaboration),顾客运用品牌或产品的自我表达(Self-expression)。
荆宁宁,李德峰(2015)	口碑传播,通过互动影响其他顾客,推荐新顾客,提供反馈、创意和信息,参与企业活动和品牌社区,帮助产品或服务的设计、开发和改进。
魏闯等(2017)	顾客在虚拟社区中与企业或其他社区成员互动,参与企业发布的品牌内容讨论,帮助企业品牌口碑传播,在社交媒体中点赞、评论或分享等。
Pansari, Kumar(2017)	"间接贡献行为"与已有研究中狭义观的顾客融入行为相对应,分为顾客推荐、影响与反馈行为。
吴文秀等(2019)	顾客融入行为从行为性质的角度可以划分为消费性、贡献性、社交性和交易性的类型。

Pansari 和 Kumar（2017）关于顾客融入行为的文献综述将间接贡献行为操作化定义为顾客的推荐、影响和反馈。推荐（Referring）是指顾客能够帮助企业吸引那些无法通过传统营销策略吸引的顾客。影响（Influencing）是指顾客通过人际互动或者社交媒体影响他人的态度与行为。反馈（Feedback）是指顾客通过提供反馈或建议帮助企业改进产品或服务。这些行为都会间接改善企业绩效。

Pansari 和 Kumar（2017）并未同步开发间接贡献意愿的测量量表，其他学者则进行了相关研究。Jaakkola 和 Alexander（2014）通过案例分析和深度访谈识别了间接贡献行为的四种类型，其中影响其他参与者企业感知、偏好或知识的影响行为（Influencing behavior）与 Pansari 和 Kumar（2017）研究中的"影响"涵义相近，帮助企业发展产品的协同行为（Co-developing behavior）与"反馈"涵义相近，超越交易、直接增强企业产品的增强行为（Augmenting behavior）以及动员其他利益相关者对企业行动的动员行为（Mobilizing behavior）与"推荐"的部分涵义相近。但是此项研究同样未能基于理论发现开发测量量表。于洪彦和尤明宣（2015）开发了中国情境下的顾客融入量表（狭义观），但其中的"自我表达"维度倾向于顾客的心理意图，与间接贡献意愿的行为属性匹配程度有限，同时量表中缺少对互联网时代社交媒体这一重要载体的考察，所以本研究并未采用此量表。

Roy 等（2017）基于 Jaakkola 和 Alexander（2014）的理论探索开发了间接贡献意愿的测量量表并应用于实证研究（表 2.6），较好地弥补了上述研究的不足。其重点关注影响、增强、协同和动员四类行为意愿的测量且兼顾了社交媒体的影响。基于此，本研究将间接贡献意愿的操作化定义为顾客影响、增强、协同和动员的意愿，采用 Roy 等（2017）的量表，通过 15 个题项测量间接贡献意愿。

表 2.6　间接贡献意愿的操作化定义与测量

类型	操作化定义	测量量表
影响	顾客的贡献影响或改变其他顾客的看法或行为，例如顾客在线上或线下推荐企业产品。	我会把与该品牌有关的积极事件告诉他人 我会向他人推荐该品牌及企业服务人员 我鼓励亲戚朋友购买该品牌的产品

续表

类型	操作化定义	测量量表
增强	顾客的贡献增强了企业的产品,例如顾客在社交媒体上创建支持企业产品的内容。	我会在社交媒体上晒该品牌或产品的照片 我会把对该品牌的积极体验发布在社交媒体 我会利用企业创造的机会在社交媒体分享 我会将该品牌的促销活动转发给他人
协同	顾客的贡献有助于企业开发产品,例如顾客为企业提供新的产品或服务理念。	我会主动与该品牌沟通潜在的问题 我会为该品牌如何改进提出建设性的建议 我会告知该品牌更好地满足我需求的方法
动员	顾客的贡献调动了其他利益相关者对组织的行为,例如顾客说服其他顾客购买产品。	如果其他顾客需要帮助,我会帮助他们 我会就该品牌给其他顾客提建议 我会教其他顾客正确使用该品牌的服务 我会维护该品牌的声誉 我会澄清其他顾客或外界对该品牌的误解

2.4.4 顾客融入意愿研究小结

2.4.4.1 基于广义概念探讨顾客融入意愿的实证研究较为有限

当前国内外关于顾客融入意愿的研究尚未达到成熟阶段,仅集中于顾客融入的涵义、维度和类型等质性研究,实证研究较为有限。已有的实证研究通常基于狭义概念探讨顾客融入意愿的影响因素和作用效果,证实了顾客融入对企业的价值,但对顾客融入意愿的影响机理却了解很少(Harman, Porter, 2021),鲜有研究基于广义概念论证顾客的价值感知与价值贡献之间的关系,探讨感知价值二阶维度影响顾客融入意愿的研究还存在知识缺口,值得以此为切入点深入探索(宁连举等,2019)。

2.4.4.2 尚未对比分析直接贡献意愿与间接贡献意愿影响因素的关系

已有研究往往针对顾客的购买、推荐、影响或反馈等特定意愿,较少基于顾客融入意愿的整体观点将这些特征相似又形式各异的行为纳入统一的理论框架加以考量。这种现状决定直接贡献意愿与间接贡献意愿的关系难以得到足够关注,两者的影响因素之间存在何种关系也无从对比分析,学术研究和商业实践都无法从顾客价值管理的视角看待顾客融入意愿。此外,顾客融入理论的应用已经延伸至金融理财、汽车（邵景波等，2017）、餐厅（Itani et al.，2019）、在线直播（Wongkitrung rueng et al.，2020）、零售手机应用程序（Ho et al.，2022）等行业或领域，有机食品消费情境下的顾客融入意愿研究亟待开展。当前关于顾客融入意愿的大多数实证文献都来自发达国家（Islam，Rahman et al.，2016），立足于中国等新兴市场的研究也需要补充。

2.5 有机食品顾客相关研究

2.5.1 有机食品与非有机食品的区别

2.5.1.1 有机食品的标准

有机食品（organic food）是世界各国对无污染天然食品的统一称谓，全球范围内尚未形成普遍认可的有机标准（organic standard）。现行的有机农业发展和有机农产品生产标准分为联合国、国际非政府组织以及国家（地区）三个层面，这些标准分别界定了有机、有机农业和有机产品的概念。

(1) 联合国层面的有机标准。

联合国层面的有机标准为联合国粮食及农业组织（Food and Agriculture Organization，FAO）和世界卫生组织（World Health Organization，WHO）共同制定的《有机食品生产、加工、标识及销售准则》。该准则指出"有机"是标识词语，表明产品是根据有机标准生产，并经过正式确立的机构或部门认证。有机农业的基础是尽量减少外部投入品的使用，避免使用化肥和农药，有机食品生产者、加工者和销售者均遵循此标准。

(2) 国际非政府组织层面的有机标准。

国际非政府组织的有机标准主要是指国际有机农业运动联盟（International Federal of Organic Agriculture Movement，IFOAM）制定的《IFOAM有机生产和加工基本标准》（IFOAM Basic Standard for Organic Production and Processing，IBS）。IFOAM是有机农业领域最具权威性、民主性和代表性的全球性组织，IBS是其指导和规范全球有机农业运动的基础和指南，对联合国、各国官方和民间机构标准的制定影响深远。IBS将有机农业定义为维持土壤、生态系统和人类健康的生产系统，系统运行依靠适应当地条件的生态过程、生物多样性和循环而不是具有负面影响的投入。

(3) 国家（地区）层面的有机标准。

国家（地区）层面的有机标准以美国、日本和欧盟标准最具代表性。这些国家（地区）是全球最重要的有机市场，其有机标准对全球有机农业和有机食品发展具有强大的影响力。中国现行的有机标准为《中华人民共和国国家标准：有机产品》（GB/T 19630.1－19630.4—2011），其将有机农业定义为"遵照特定的农业生产原则，在生产中不采用基因工程获得的生物及其产物，不使用化学合成的农药、化肥、生长调节剂、饲料添加剂等物质，遵循自然规律和生态学原理，协调种植业和养殖业的平衡，采用一系列可持续发展的农业技术以维持持续稳定的农业生产体系的一种农业生产方式"。本研究根据我国有机产品标准将有机食品定义为"按照有机产品标准生产、加工、销售的供人类消费的食品"。

1990 年开始，中国农业部结合中国国情和国际先进经验，将我国的绿色食品分为 AA 级和 A 级两个技术等级。AA 级绿色食品的生产禁止使用化学合成的农药、肥料、食品添加剂等对环境和人类健康有害的生产资料，通过使用有机肥、种植绿肥、作物轮作、生物或物理方法等确保农产品达到绿色标准，与国标有机食品标准接轨。绿色食品是中国大力推广的农产品认证品牌，是我国在农业生产、组织方式和食品安全管理方面的创新[①]。

2.5.1.2 自然属性的区别

食品具有自然属性和社会属性的双重属性特征，有机食品因其安全、健康、减少污染等自然属性受到消费者青睐（Chekima et al.，2017；Gomiero，2018；袁晓辉等，2021）。

(1) 食品特征的区别。

有机食品在安全、健康和营养方面的特征是市场和消费者选择有机食品的根本原因（Ryan, Casidy, 2018）。安全是有机食品最突出的特征，不同的研究报告了有机食品比非有机食品受农药污染更少、残留毒性更低、更安全的结论（Gomiero, 2018）。接连发生的食品安全事件使得社会公众高度关注食品安全问题，也促使有机食品逐渐为中国消费者所接受（Sirieix et al.，2011）。健康是有机食品的另一项特征。以健康为导向的人会权衡食物的健康程度，他们对健康效益的重视程度高于感官知觉，例如更偏好低脂乳制品、水果和蔬

---

① 中国绿色食品发展中心：《农业部关于加快绿色食品发展的意见》，http://www.green－food.org.cn/ztzl/zcfg/200701/t20070125_5910241.htm。

菜，而不喜欢甜食和肉类，而有机食品恰好符合这一诉求（Chekima et al.，2017）。营养也是有机食品的特征。研究表明，有机蔬果含有更多具有抗癌、抗菌、抗氧化和抗高血压等功效的酚类化合物，有利于降低过敏性疾病风险，还有益于解决肥胖问题（Popa et al.，2018）。这些食品特征及其带来的益处会促使消费者选择有机食品。

（2）生产方式的区别。

有机食品的自然属性源自"维持土壤、生态系统和人类健康"的有机生产方式。《2022 年世界有机农业概况与趋势预测》报告显示，2020 年全球有机农地总面积为 7490 万公顷，其中大洋洲几乎占其中的一半（3590 万公顷），欧洲占比也达到 22.8%（1710 万公顷）。中国以 240 万公顷的有机农地面积位居亚洲第二，但有机农业的发展尚未达到与中国社会公众的食品消费结构相匹配的水平（卢成仁，2020）。中国有机农业面临着土壤亟待改良、单品种植面积小、作物产量低、生长速度慢、人力成本高、有机种植技术有待提高等难题。工业社会的食品生产方式与有机农业的原则和价值之间的冲突，成为我国有机食品众多生产问题的内在原因（卢成仁，郭锐，2020）。当前关于有机食品生产的研究聚焦于有机生产技术和方式，基于产业、市场和品牌等视角的研究较少，对有机食品生产与消费之间的缺口也缺乏合理的解释。

2.5.1.3 社会属性的区别

有机食品除了自然属性的优势之外，还因关爱自身的生活方式、保护环境和推动可持续发展等社会属性得到认同（Olson，2017；Tandon et al.，2020）。

（1）社会效益的区别。

有机食品的社会属性源自有机生产方式的社会效益，这种生产方式比普通农业生产方式更加环保（Mondelaers，2009；关兵，范德成，2013；Rana，Paul，2017），有机食品的环境友好性有利于可持续发展（Aertsens et al.，2009）。消费者对有机食品社会效益与自身社会身份的认知会相互作用（Du et al.，2017），进而推动有机食品消费。但有机食品的社会效益在中国情境下具有独特性，解芳等（2019）研究证实，他人或群体的偏好与认同等并未显著影响顾客的绿色购买意愿，原因在于中国消费者群体的绿色消费文化和社会规范尚未成为主流，而且因受儒家文化影响，中国消费者会抑制对他人的褒贬评价，参照群体对有机食品等绿色消费难以发挥作用。此发现与在发达国家有机食品消费情境下取得的研究结论并不一致。

(2) 有机认证的区别。

有机食品的社会属性也体现在有机认证。有机食品基于健康、环保等无形特征的差异化（Massey et al.，2018），具有信任品的特征（王建华，李佳敏，2021；Truong et al.，2021）。除了有机生产者的自律和有机认证机构的鉴证之外，消费者缺乏确认有机食品利益的有效手段。国内外有机食品市场均发生过监管力度不足、信息不对称和有机标签欺诈等事件，降低了有机食品行业的集体声誉（莫家颖等，2016），导致消费者信任缺失，也阻碍了顾客购买（尹世久等，2013；Nuttavuthisit，Thøgersen，2015）。这种情况下，消费者倾向于接收专家、媒体和网络口碑等外部信息，意见领袖和参照群体也产生一定的影响力，企业的口碑营销和顾客之间的互动对有机食品品牌企业具有积极的意义（Rana，Paul，2017）。

(3) 市场发展的区别。

有机食品的社会属性还体现为市场发展的困境。《中国有机农业报告（2020）》的数据表明，有机生产者认为制约市场发展的最大问题是产品销售困难（受访者提及频数282次），人力成本高（263次）、政府扶持不足（256次）、缺少技术指导（114次）以及交通运输难（94次）等也对市场发展有负面影响。市场发展困境的主要成因包括有机生产方式的生产成本导致价格高昂、自然风险高产量难稳定、市场不成熟、生产者缺乏品牌意识、消费者存在信任危机以及分销渠道缺乏等（Zhang et al.，2020）。

(4) 社会认知的区别。

中国的有机食品行业面临着话语权的竞争与争夺。政府部门从产业框架重视有机农业与生态现代化等议题，主流媒体反思有机工业化和小农利益主题，专家学者从科学审视角度进行批判和检视，传统农业与有机农业之间的竞争与对抗（黄彪文，吴帮乐，2020），还有消费者对有机行业和认证监管的信任危机（莫家颖等，2016）等，这些话语框架让有机食品生产者面临更加复杂的环境。要帮助中国有机食品生产者走出困境，需要在行业发展和生态文明建设的进程中进一步探讨解决之道，更需要从有机食品市场的消费端寻找理论依据。

综上所述，有机食品与非有机食品的区别体现为有机食品在自然属性和社会属性方面独具特征。鉴于此，有机食品顾客的直接贡献意愿与间接贡献意愿的影响因素可能不同于非有机食品，有必要开展专题研究。

2.5.2　有机食品顾客的品牌感知价值

2.5.2.1　有机食品的品牌

鉴于有机食品特殊的自然属性和社会属性，有机食品市场存在明显的信息不对称。相对有机食品生产者和销售者而言，消费者处于信息劣势的状态降低了购买意愿（徐文成等，2017）。只有在信息不对称带来的感知风险得到有效控制之后，消费者的购买意愿才会提升。降低感知风险的策略包含搜寻信息、提升零售店和品牌形象、口碑传播以及认证检验等（陆娟等，2011）。在缺乏内部线索的情况下，打造品牌声誉是帮助消费者选择有机食品的有效方式（Román，Sanchez-Siles，2018）。

品牌对食品消费的重要作用得到学术界的广泛认同，但基于有机食品品牌视角的研究文献却极为有限（Richetin et al.，2016），与之相关的讨论应在有机食品的营销与零售领域开展（Rana，Paul，2017）。品牌是消费者判断有机食品质量的重要信号，对企业具有提升顾客的品牌信任、降低感知风险（尹世久等，2017）、增强品牌依附和重复购买意愿、传播积极口碑以及动员他人购买产品（陆娟等，2011）等作用。在生产者方面，在中国情境下重塑消费者和社会公众对有机食品的信任极为关键（卢成仁，郭锐，2020），而常规的品牌打造和市场营销策略对有机生产者是难以承受的成本。他们意识到有机产品所承载的品牌价值决定了顾客购买意愿（Ghosh et al.，2020），但已有研究却缺乏指导有机食品品牌打造的理论成果。

在消费者方面，有机食品的品牌知名度对感知质量和安全影响显著，但对购买可能性并无显著影响（董平，2014）。还有研究发现，消费者频繁选择与自身配对的品牌以及更高层次的品牌识别，其原因在于自我参照的操控导致了消费者更积极的内隐态度和外显态度（Richetin et al.，2016）。关于有机食品品牌有限的实证研究中，学者们分别验证了品牌信任、品牌声誉、品牌形象等因素对有机食品顾客的态度和意愿的影响（尹世久等，2017；Ryan，Casidy，2018；Hwang，Chung，2019）。前述成果以有机食品品牌或其知名度、声誉、匹配度为切入点开展研究，但未能基于有机食品品牌的视角得出系统性的研究结论。

2.5.2.2　有机食品顾客的感知价值

已有研究主要围绕顾客对有机食品品类的感知价值开展讨论，验证了感知价值作为整体概念对顾客购买意愿的影响（Shaharudin et al.，2010；Lim et al.，2014；薛永基等，2016）。然而，进一步的研究发现，感知价值二阶维度和感知价值对有机食品顾客购买意愿的影响并不完全一致。例如，肖慧和刘凤豹（2017）通过定性研究表明顾客感知的物质价值和情感价值有助于认同建构并促进有机食品购买意愿。Khan和Mohsin（2017）证实顾客感知的经济价值、社会价值和环境价值通过情感价值正向作用于绿色产品选择意愿。Watanabe等（2020）针对巴西有机食品消费者的研究发现，只有情感价值才能激发购买意愿。前述研究表明，感知价值二阶维度在影响有机食品顾客意愿的过程中并非同步、均衡地发挥作用，功能价值、情感价值、经济价值和社会价值在不同的国家、对不同研究对象的影响存在差异性（France et al.，2018；Van Doorn et al.，2010）。

2.5.2.3 有机食品顾客的感知价值二阶维度

已有研究通常沿用Sweeney和Soutar（2001）及Koller等（2011）的观点将感知价值划分为功能、情感、经济和社会四个二阶维度（Khan，Mohsin，2017；Watanabe et al.，2020）。部分学者运用多样化的研究方法探讨了中国情境下的感知价值维度，但这些研究结论尚未得到学术界的普遍认可（李黎，2017）。

还有部分学者针对中国情境特有的"绿色产品"或"绿色食品"开展相关研究。有机食品独特的自然属性和社会属性使得顾客购买有机食品的行为具有"通过购买和消费行为表达环境保护倾向"的绿色消费特征（Halder et al.，2020）。杨晓燕和周懿瑾（2006）以绿色化妆品为研究对象，通过探索性因子分析发现顾客对绿色产品的感知价值包含功能价值、情感价值、社会价值、感知付出和绿色价值五个维度，部分国内学者据此将绿色价值作为绿色产品感知价值的特殊维度（徐昭君，胡海，2016；郭萍，2016）。本研究未将绿色价值纳入感知价值二阶维度，主要原因有三方面。

（1）绿色价值与感知价值其他维度的关系存在较大争议。

杨晓燕和周懿瑾（2006）认为绿色价值与感知价值其他维度是并列关系，将绿色价值定义为顾客从减少环境污染、提高环境意识等获得的效用，与功能价值、情感价值等同属感知价值二阶维度。徐昭君和胡海（2016）也持相同观点。Koller等（2011）认为绿色价值是感知价值其他维度的前因变量，对功能、情感、经济和社会四个价值维度产生显著影响。Hartmenn（2006）指出绿色价值包含感知价值，还会带来情感收益。劳可夫和贺祎（2012）认为绿色价值是高阶构念，可以解构为安全价值、环境价值、审美价值和社交价值四个维度。高键（2018）则发现，顾客的环境态度对感知价值并无显著影响，只有在顾客感知到社会压力的前提下才会发挥作用。上述研究结论各不相同，由此可知学者们对绿色价值与感知价值其他维度的关系尚未达成共识。

（2）绿色价值测量量表的适用性尚未得到充分验证。

已有研究中使用的绿色价值测量量表曾经应用于绿色化妆品（杨晓燕，周懿瑾，2006）、非有机食品（徐昭君，胡海，2016）以及家用汽车（王宗水等，2016）等品类。由于有机食品特殊的自然属性和社会属性，品牌对非有机食品的影响可能无法推广到有机食品背景下（Ryan，Casidy，2018），因此绿色价值测量量表需要在样本量充足的情况下通过探索性因子分析验证后使用，才符合学术研究的严谨性和规范性。

（3）顾客的自我表达和绿色价值的实际影响可能存在偏差。

有机食品的绿色价值在满足顾客健康和安全需求的同时还能带来环境友好、生态意义乃至社会责任感等额外收益（劳可夫，贺祎，2012），选择有机食品成为消费者个性、理想和生活方式的表达（Sierra et al.，2015），接受调查的受访者或许会表现出较强的购买意愿。然而，顾客在有机食品消费情境下可能面临自身短期利益与社会长远利益之间的两难选择（杜伟强，曹花蕊，2013），普遍存在"言行不一"的现象（邓新明等，2011；Chekima et al.，2017；Hidalgo-Baz et al.，2017），从而导致顾客的自我表达和绿色价值的实际影响出现偏差。

正因如此，本研究采用由 Sheth 等（1991）提出、Sweeney 和 Soutar（2001）以及 Koller 等（2011）优化，并经过 Watanabe 等（2020）在有机食品消费情境下实证检验的方法，将顾客对有机食品的感知价值划分为功能、情感、经济和社会四个二阶维度。

2.5.2.4 有机食品品牌感知价值的概念

本研究将有机食品的品牌感知价值界定为"顾客基于感知获得和感知付出对特定有机食品品牌的产品效用做出的总体评价"。品牌感知价值是影响顾客与品牌关系的关键因素，当两种产品具有相同的市场刺激和产品属性时，顾客对品牌和非品牌产品的反应差异就是品牌价值（Li et al.，2012）。品牌知名度对有机食品感知质量和安全的显著影响得到证实（董平，2014），有机食品品牌感知价值和信任度对顾客购买意愿的促进作用在土耳其和西爪哇岛的消费者调查中获得支持（Konuk，2018；Alamsyah，Syarifuddin，2018）。但这些研究中的品牌感知价值都是作为整体概念存在的，有待后续研究深入品牌感知价值二阶维度加以验证。

2.5.3 有机食品顾客的品牌信任与环保动机

2.5.3.1 有机食品顾客的品牌信任

Pansari 和 Kumar（2017）认为顾客融入的过程在逻辑上是关系形成的下一步，而企业与顾客建立长期关系需要以信任和承诺为基础（Morgan，Hunt，1994），因此需要考虑信任和承诺对顾客融入意愿的影响。信任是有机食品等信任品市场的重要前提（王永钦等，2014；Nuttavuthisit，Thøgersen，2015），其特殊的自然属性和社会属性即使在购买之后也难以被顾客识别或验证（Truong et al.，2021），因此品牌信任成为有机食品顾客行为决策的关键心理活动（王建华，李佳敏，2021）。已有研究普遍认可品牌信任对有机食品顾客直接贡献意愿的影响（袁晓辉等，2021）。品牌信任对间接贡献意愿的影响获得了理论支持（Van Doorn et al.，2010；Brodie et al.，2011），且经过实证检验（Roy et al.，2017），品牌信任还在顾客满意和间接贡献意愿之间发挥中介作用（邵景波等，2017）。已有研究还证实了品牌信任与协同行为（Ritter，Walter，2003）、增强行为（Pansari，Kumar，2017）之间存在关系。综上所述，本研究重点关注品牌信任对直接贡献意愿和间接贡献意愿的影响，承诺的作用留待后续研究深入探讨。

2.5.3.2 有机食品顾客的环保动机

由于有机食品独特的自然属性和社会属性，环境意识（Lee，Yun，2015）、环境利益（Massey et al.，2018）、环境友好性（Janssen，2018）和环境影响（Aitken et al.，2020）等因素成为消费者购买有机食品的重要动机（Magistris，2008；陈默等，2015；Janssen，2018）。环境保护因素对直接贡献意愿的影响得到广泛认可，但对间接贡献意愿的影响尚未得到实证研究支持。即使是最具环保意识的消费者也不会仅凭对品牌的信任感和环境保护评价进行选择（Papista，Krystallis，2013），消费者在多重价值维度之中的权衡过程还需深入挖掘。从企业形象的角度来看，企业声誉和品牌资产对间接贡献意愿的影响显著，而企业形象又是品牌资产的重要构成（卢泰宏，黄胜兵，2000）。鉴于此，许多企业努力通过向公众展示他们在环境保护方面的努力来改善其环境地位（Szabol，Webster，2021），这种对环境保护的承诺是对利益相关者期望的回应（Wu et al.，2021）。企业环保形象与直接贡献意愿和间接贡献意愿的关系，值得在有机食品消费情境下观察和讨论。

2.5.4 有机食品顾客的意愿

2.5.4.1 有机食品顾客意愿的特征

食品质量和安全、健康、环境与伦理问题是导致消费者对有机食品态度演变的共同主线（Rana，Paul，2017），诸多研究探索了健康益处、营养价值、质量安全、环境影响、可获得性等因素对有机食品顾客意愿的影响（Massey et al.，2018）。中国有机食品市场目前处于起步阶段。《中国有机农业报告（2020）》指出，与发达国家成熟市场的顾客相比，中国有机食品顾客具有以年轻群体为主力（26~35岁）、收入较高、相对集中在一线城市等特征，顾客以追求健康和安全为主要动机，对有机标识认知度不高，仅有中高端超市、电商和专卖店等有限的购买渠道，购买品类中有机蔬菜占比最高（Zhang et al.，2020）。

有机食品顾客的意愿具有不同于非有机食品顾客的特征，其中之一就是"态度-行为"差距。有机食品因其自然属性和社会属性而具有伦理消费（邓新明，2014）和绿色购买（薛永基等，2016）等内涵。先前研究提供了有机食品购买动机和消费者侧写的重要知识，但大多数研究都将态度作为结果，而不是实际行为（Truong et al.，2021）。有机食品消费者的态度与实际行为不一致的现象得到学者们的认同（Chekima et al.，2017；Hidalgo-Baz et al.，2017），积极的态度不一定转化为实际购买（Truong et al.，2021）。调查发现，44%的消费者表达出伦理消费意愿，但只有12%的消费者真正发生过伦理消费行为，有32%的消费者"言行不一"（邓新明等，2011）。那些自我陈述关注环境友好和社会责任产品的受访者，也仅有10%~17%的比例采取行动（赵爱武等，2015）。

有机食品顾客的"态度-行为"差距可能导致严重的负面效应，例如测量消费者对有机食品的外显态度造成学术研究结果的偏差（王晓红等，2018），有机食品品牌企业的营销投入无法有效促进真实的产品销售（Gupta，Ogden，2009），企业营销人员出现管理决策失误（Kushwah et al.，2019），政策制定者忽略消费者抵制有机食品的原因（Tandon et al.，2020）等，这些负面效应给有机食品的企业管理者和政策制定者带来严峻的挑战（王晓红等，2018）。

2.5.4.2 有机食品顾客"态度-行为"差距的成因

王建国等（2017）、王晓红等（2018）全面回顾了当前的研究文献，将"态度-行为"差距的成因归结为研究方法和影响机理两方面。研究方法是指已有研究大量采用量表测量和量化分析的方式，测量消费者对有机食品的外显态度，对消费者的内隐态度缺乏深入的研究（吴波，李东进，2014）。消费者可能通过选择与消费食物进行自我表达、阐述和支撑自我概念（Sierra et al.，2015），也有可能受到面子意识（施卓敏等，2014）、社会声誉（Antonetti，Maklan，2015）、社交手段和载体需要（袁晓辉等，2021）等因素驱使，在调查中给出经过加工和编辑、迎合调查期望的回答（Shaw et al.，2016）。因此，减少测量外显态度可能导致的偏差，需要借助更加多元的研究方法，深入挖掘消费者的真实动机。

"态度-行为"差距的成因还有顾客意愿的影响因素及其作用机理。王晓红等（2018）分别根据计划行为理论、态度-行为-情境模型、调节聚焦理论对此现象加以解释，不同理论解释的共同之处体现为阻碍因素（陈凯，赵占波，2015）、情境因素（Stern，2000）或防御聚焦（Higgins，1997）等抑制了积极态度向实际行为的转化（王晓红等，2018）。在有机食品消费情境下，顾客的"态度-行为"差距尤为突出。通过人们对有机食品的态度并不一定能预测他们的行为（Sierra et al.，2015；Shamsi et al.，2020），而这种令人困惑的现象仅有有限的研究进行了探索（Tandon et al.，2021）。鉴于此，将行为推理理论引入有机食品顾客意愿的研究，剖析有机食品顾客通过价值感知支持或者反对有机食品，进而促进或阻碍直接贡献意愿和间接贡献意愿的机制，对学术研究和商业实践都具有重要意义。

2.5.4.3 有机食品的经常性购买者

为了减少测量外显态度导致的偏差、弥合有机食品顾客的"态度-行为"差距，本研究重点考虑那些正在购买有机食品的顾客而不是考虑消费有机食品的人（Chekima et al.，2017）。已有研究发现，不同顾客购买有机食品的行为特征有所不同。从购买频率来看，即使在真实的购买场景中，绝大部分的有机食品销售额是由一小部分顾客购买产生的（Willer，Lenoud，2017）。众多顾客因自身短期利益与社会长远利益之间的两难选择，在购买行为发生一次或数次后便终止（杜伟强，曹花蕊，2013）。从购买金额来看，尹世久等（2013）

按照月均购买金额将有机食品顾客分为试用型（<100 元）、偶尔型（101~500元）、轻度型（501~1000 元）、中度型（1001~2000 元）和重度型（>2000元）。在调查的受访者之中，绝大多数都是试用型（48%）或偶尔型（25%），其他三类经常性购买的顾客占比之和仅为 27%。对有机食品持积极态度的顾客经常性购买的比例仍然很低（Tarkiainen，Sundqvist，2005），学者们因而将有机食品顾客划分为偶然性（occasional）购买和经常性（regular）购买两类（Aertsens et al.，2009）。

当前研究通常将有机食品顾客视为具有同等重要性、寻求同样利益的同质化群体，这种研究方法难以充分理解消费者行为决策的过程和机制（Mohsen，Dacko，2013）。已有研究指出，有机食品购买动机和障碍的重要性对经常性购买者、偶然性购买者和意向性购买者有所不同（Truong et al.，2021），因此本研究选择经常性购买有机食品的顾客作为研究对象，旨在通过观察和分析真实的顾客意愿，对有机食品顾客的行为动机和决策机制产生更深层次的理解。

2.5.4.4 有机食品品牌的会员顾客

为了促进顾客的经常性购买，有机食品品牌企业往往采用会员制的营销模式，这种模式也是中国消费者购买有机食品的主要渠道之一。会员顾客在融入意愿方面与非会员顾客具有显著的差异。从直接贡献意愿来看，会员顾客与有机食品企业或品牌之间有更多的联系（Bruneau et al.，2018），其固定消费和配额相对较高，合作关系稳定，也更有利于建立信任关系（Zhang et al.，2020），便于观察其真实的经常性购买行为。

从间接贡献意愿来看，确立和维护顾客与品牌之间的关系是品牌资产管理的核心，而会员制度（Liao et al.，2017）和品牌社区管理（Luo et al.，2015）是增加品牌资产的有效手段，可以增加企业收益、促进顾客与品牌之间的价值共创（Veloutsou，Black，2020）。随着互联网和信息技术的发展，有机食品的品牌社区管理更加便捷，会员顾客之间的互动更加丰富（Ahmad，Zhang，2020）。有机食品品牌企业为顾客创造更多价值，顾客也会自发地分享、帮助其他顾客、为企业提供建议（Ahmad，Zhang，2020；Yu et al.，2021）。正因如此，本研究重点关注有机食品品牌企业的会员顾客，有利于观察和分析品牌感知价值对顾客融入意愿的影响与机理。

2.5.5 有机食品顾客的直接贡献意愿

2.5.5.1 直接贡献意愿的影响因素

关于有机食品消费者行为的绝大部分研究都与顾客的购买意愿或购买行为有关。Massey 等（2018）梳理了 1991 至 2016 年间发表的关于有机食品购买意愿影响因素的 235 项研究，足以证明此类研究的丰富程度。顾客层面的价值观、信任、态度、情感、感知价值、个人规范、卷入度、消费意识和社会人口等因素已得到深入的分析与验证（Aertsens et al.，2009；关兵，范德成，2013；Rana，Paul，2017；Truong et al.，2021），对企业层面的价格、有机标签和产品信息、促销信任程度和购买便利程度、可追溯信息、会员计划、集体声誉和认证制度、品牌声誉等（Kihlberg，Risvik，2007；莫家颖等，2016；李文瑛等，2018；Ryan，Casidy，2018）也有翔实的检验与讨论。

有机食品顾客购买意愿的影响因素研究通常采用实证主义或建构主义两种研究范式。基于实证主义范式的研究根据计划行为理论、S-O-R 理论等，运用结构化问卷和统计分析等量化方法，从有机食品顾客的人口和社会经济特征、动机、态度和行为等视角验证各种因素的影响。基于建构主义范式的研究以价值观-信念-规范理论、态度-行为-情境理论等为基础，运用深度访谈和案例研究等质性方法，从顾客的经历、价值观和信仰等视角探索购买行为的影响因素。表 2.7 为两种研究范式下的代表性观点。

表 2.7 直接贡献意愿影响因素的代表性观点

研究范式	文献来源	研究情境	观点
实证主义范式理论基础：计划行为理论、S-O-R 理论等	尹世久等（2013）	中国	年龄、价格和认证必要性对购买体验影响显著，家庭结构、健康意识对购买强度影响显著，而收入、食品安全意识、信任度和购买便利性对两者都有显著影响。
	Yazdanpanah, Forouzani（2015）	伊朗	态度是有机食品购买意愿的预测因素，感知行为控制和主观规范却不是。道德规范和自我认同增加了模型的解释力。
	Teng，Lu（2016）	中国台湾地区	消费者有机食品卷入度在健康意识和生态动机对有机食品购买意愿的影响中发挥中介作用，但不适用于食品安全。不确定性的调节作用显著。

续表

研究范式	文献来源	研究情境	观点
实证主义范式理论基础：计划行为理论、S—O—R理论等	Muhammad et al., (2018)	巴基斯坦、土耳其等	消费者态度和健康关注显著影响有机食品购买意愿，消费者意识存在调节作用。
	Janssen (2018)	德国	自然健康和环境保护是最具影响力的因素，其次是本地食物偏爱和享用优质食物的渴望，价格意识和方便导向都有显著的负面影响。
	Chekima et al., (2019)	马来西亚	产品特异性态度、支付意愿和感知可获得性对有机食品购买有显著影响，环境态度和主观规范影响不显著。未来取向的调节作用显著。
建构主义范式理论基础：价值观—信念—规范理论、态度—行为—情境理论等	Zepeda, Deal (2010)	美国	提出"VBN—ABC—D—K—IS—H"理论，指出价值观、信仰和规范构成态度并影响行为，知识、信息搜寻和习惯也很重要。
	Bryła (2016)	波兰	购买动机包括健康、产品生态特性、食品安全、口味和质量保证，关键障碍是价格高、可获得性低、保质期短、店铺知名度低和消费意识不足。
	Azzurra et al., (2018)	意大利	高购买强度的有机消费者对食品可持续性关注更高，生活方式可持续性也高，其中女性和年轻人的有机食品购买强度较高。
	Truong et al., (2021)	越南	通过深度访谈数据的定性分析发现，信任和感知价值的不同维度对经常性购买者和偶然性购买者的影响存在差异。

表2.7表明，无论是实证主义范式还是建构主义范式，已有研究中的影响因素类型多样且彼此独立，既有品质、健康、环保等自然属性因素，也有生态、可持续性、主观规范等社会属性因素，还有年龄、收入、性别等人口因素，各项因素难以纳入统一的理论框架进行分析，直接贡献意愿和间接贡献意愿的影响因素也缺乏横向对比的基础。因此，本研究基于顾客价值理论，将品牌感知价值引入研究理论框架，为顾客融入意愿影响因素的深入挖掘奠定基础。

2.5.5.2 直接贡献意愿的作用效果

国内外学者通常将顾客购买意愿（行为）作为最终的结果变量，极少进一步探讨其作用效果。已有研究仅能查询到关于顾客购买意愿对购买的中心结构和卷入度（Jeffrey et al., 2005）、消费者满意度（石小玉, 2014）以及购买行为的影响（张蓓等, 2014）。顾客购买行为在绝大多数研究中是关系路径的终点，但顾客融入理论表明，顾客在价值获取和价值贡献的过程中扮演了二元性角色（Kumar, 2017），在通过购买直接贡献价值之后，还有可能通过其他行为间接贡献价值。忠诚感水平高的顾客不但会经常性购买产品，而且会更愿意参与影响、协同、增强和动员等间接贡献行为（Isla et al., 2018）。基于此，本研究将关注直接贡献意愿对间接贡献意愿的影响。

2.5.6 有机食品顾客的间接贡献意愿

2.5.6.1 间接贡献意愿的研究现状

在学术研究方面，以"organic food"与"engagement""refer""influence""feedback"等词汇分别组合为关键词在ScienceDirect、EBSCO等英文数据库中检索，仅有Anderson（2016）关于有机食品市场融入的论文与之相关。Yu等（2021）验证了有机食品企业的能力形象和社会责任形象会提升消费者信任，进而促进顾客的购买行为和协同行为。除此以外，未能查到与组合关键词直接相关的研究。以"有机食品"与"融入""契合""推荐""影响""反馈"等关键词组合在中国知网、万方等中文数据库中检索，仅查得魏胜等（2020）关于有机食品感知属性与顾客融入的研究，但其"顾客融入"的定义为新顾客的重复购买与老顾客的忠诚，与本研究中顾客融入的内涵并不完全相同。

在商业实践方面，有机食品品牌企业共同面临着消费者群体规模小（Rödiger, Hamm, 2015）、消费行为特征差异较大（Kushwah et al., 2019）等难题。规模庞大的普通消费者或许出于价格高昂、可获得性低等原因（Bryła, 2016），暂时未能经常性购买有机食品。但通过激活其价值观和合理性推理，有可能提升顾客对有机食品的积极态度、促进他们的间接贡献意愿，更有可能在阻碍因素减弱或消除的情况下促使他们转化为经常性购买者（Ryan, Casidy, 2018），增加有机食品的市场份额（Honkanen et al., 2006）。关于有机食品顾客间接贡献意愿的系统研究亟待推进。

2.5.6.2 间接贡献意愿的影响因素

鉴于有机食品消费情境下间接贡献意愿研究的相对匮乏，本研究参考了其他情境下的相关研究。Van Doorn 等（2010）基于顾客、企业和情境三个视角区分了间接贡献意愿的影响因素，其他学者基于此开展了深入探讨。基于顾客视角的因素包含满意、信任与承诺（Van Doorn et al.，2010；朱翊敏，于洪彦，2014）、感知成本与收益（Van Doorn et al.，2010）、体验价值（Roy et al.，2017）、顾客卷入和参与（Vivek et al.，2012）、服务体验与消费情感（陈静等，2017）、社交需求与自我提升（邵景波等，2017）等。基于企业视角的因素包含品牌特征、企业声誉、企业规模和多元化、企业信息使用和流程以及行业（Van Doorn et al.，2010），还有社会化程度、组织支持、声誉和品牌资产认知（朱翊敏，于洪彦，2014）、品牌支持和品牌社群（李晓明，张辉，2017）、移动应用程序的交互性和生动性（Ho et al.，2022）等。基于情境视角的因素则包含政治、经济、技术、社会等外部环境（Van Doorn et al.，2010）、技术进步、竞争行为与文化（朱翊敏，于洪彦，2014）以及获取服务过程中的高峰事件（Harman，Porter，2021）等。

已有研究表明，感知价值对顾客购买有影响，对购后满意、推荐和再购买也有影响（Parasuraman，Grewal，2000），感知价值作为整体概念对特定类型的间接贡献意愿的影响得到已有研究验证（Van Doorn et al.，2010；Roy et al.，2017）。学者们还发现感知价值二阶维度对不同类型间接贡献意愿的影响存在差异。已有研究普遍认同情感对间接贡献意愿的作用，情感价值对影响行为（孙乃娟等，2016）、协同行为以及与其内涵相似的参与行为（贾薇等，2011）、增强行为以及与其内涵相似的推荐（Pansari，Kumar，2017）、动员行为以及与其内涵相似的帮助（孙乃娟等，2016）等均有影响。与经济价值有关的计算性承诺仅对推荐和帮助影响显著（孙乃娟，郭国庆，2016）。社会价值的作用在关于协同（纪淑娴，2014）、增强（铁翠香，2015）以及影响（Pansari，Kumar，2017）等意愿的研究中得到证实。

2.5.6.3 间接贡献意愿的作用效果

已有研究发现，间接贡献意愿在受到感知价值、满意、信任、顾客体验和品牌等影响的同时，也会影响这些因素。本研究从顾客和企业两个视角进行分析。

从顾客视角，顾客从间接贡献行为中提升感知价值和品牌社区参与感（Vivek et al.，2012），获得乐趣、满足、社会认同和企业奖励并规避不确定性（荆宁宁，李德峰，2015），加强与企业之间的情感连接，获得价格优惠、产品选择及决策判断能力等利益（朱翊敏，于洪彦，2014）。这还会提升顾客满意度和忠诚度（吴文秀等，2019）。

　　从企业视角，企业通过顾客的间接贡献行为获得财务绩效、企业声誉、市场监督、竞争优势乃至雇员和产品创意（Van Doorn et al.，2010），提高顾客价值，吸引新顾客和维系老顾客，赢得品牌声誉，提高服务质量（朱翊敏，于洪彦，2014），改善顾客满意、信任与承诺（荆宁宁，李德峰，2015）。顾客推荐的新顾客、发挥的社会影响以及给予企业的反馈和知识分享等帮助企业提高绩效（Pansari，Kumar，2017）。图2.8为与间接贡献意愿的影响因素和作用效果相关的代表性观点。

图 2.8　间接贡献意愿的影响因素与作用效果

资料来源：作者参考文献资料绘制

2.5.7 有机食品顾客研究小结

2.5.7.1 对有机食品顾客意愿的特征缺乏足够关注

已有研究倾向于讨论和验证有机食品顾客购买意愿的影响因素与机理,对真实消费场景下的影响、协同、增强和动员等意愿以及有机食品顾客特有的"态度-行为"差距缺乏足够的关注。为了弥补上述不足,后续研究应当聚焦于那些正在消费而不仅是考虑购买有机食品的人(Chekima et al.,2017),通过探究顾客经常性购买的影响因素来缩小态度与行为之间的差距。另外,处于不同购买阶段的顾客,其购买意愿的影响因素会发生显著变化(望海军,2012),服务接触对顾客融入意愿会产生累积效应(Kumar et al.,2019),这些特征也需要后续研究关注有机食品顾客融入意愿的变化。

2.5.7.2 有机食品顾客间接贡献意愿的实证研究相对匮乏

源自价值共创理论的顾客融入意愿越来越得到营销学者和企业管理者的高度关注,然而与有机食品顾客直接贡献意愿的丰富成果相比,关于间接贡献意愿的实证研究相对匮乏。有机食品顾客不仅可以通过购买为企业直接贡献价值,而且可以通过影响、协同、增强和动员(Ahmad,Zhang,2020;Yu et al.,2021)等间接贡献价值。开展有机食品顾客间接贡献意愿的研究能够对比分析直接贡献意愿和间接贡献意愿影响因素的关系,为企业激励顾客的间接贡献意愿、全方面提高顾客价值提出系统的策略建议。

2.6 感知价值对有机食品顾客融入意愿的影响

2.6.1 感知价值对有机食品顾客直接贡献意愿的影响

2.6.1.1 感知价值整体概念对直接贡献意愿的影响

顾客价值理论表明,感知价值具有随着使用产品的时间、顾客与企业互动的时间以及特殊事件的触发而改变的动态特征(Parasuraman,1997;白长虹,2001),顾客受到外部评价的影响而做出感知决策也是微观动态的过程

(魏瑾瑞,徐晓晴,2020)。价值、品牌和关系是驱动顾客资产、提高顾客价值的三个重要因素,正因如此,本研究认为考察品牌感知价值对有机食品顾客融入意愿的影响具有积极意义。

有机食品消费情境下,感知价值作为整体概念对直接贡献意愿的影响在诸多研究中得到证实。例如,Shaharudin 等(2010)关于马来西亚有机食品顾客购买意愿的研究发现,感知价值和健康意识等因素的影响程度高于宗教因素。Lim 等(2014)的定性研究指出感知到有机食品价值的顾客更愿意购买,健康是最主要的感知利益,很多不愿意购买的人则忽视有机和非有机食品的区别并更看重价格。薛永基等(2016)关于绿色食品购买意向的研究表明消费者感知价值与人际交往和社会压力有关。

2.6.1.2 感知价值二阶维度对直接贡献意愿的影响

关于感知价值二阶维度影响有机食品顾客直接贡献意愿的研究数量少且较为分散,表 2.8 整合了"有机食品""绿色食品"和"绿色产品"等相关研究的代表性观点。

表 2.8 感知价值二阶维度对直接贡献意愿的影响

文献来源	自变量	中介变量	调节变量	因变量	结论
刘威(2009)	情感价值、绿色价值	顾客满意	—	绿色食品顾客忠诚	主效应显著,中介效应不显著
Costa-Migeon et al.,(2014)	社会价值	定性研究		有机食品顾客行为	取决于顾客行为、持续性承诺
徐昭君,胡海(2016)	健康价值、情感价值、形象价值、环保效能	—	消费者专业知识	绿色食品购买意愿	主效应和调节效应显著
郭萍(2016)	绿色信任		绿色感知价值	绿色购买意向	主效应和调节效应显著
王楠,何娇(2016)	有机食品消费态度	—	价格信任度	有机食品购买意愿	价格负向调节,信任度正向调节
Khan, Mohsin(2017)	经济价值、社会价值、环境价值	—	情感价值	绿色产品选择行为意愿	主效应和调节效应显著

续表

文献来源	自变量	中介变量	调节变量	因变量	结论
肖慧，刘风豹（2017）	物质价值、情感价值、道德价值	定性研究		有机食品消费行为	消费价值有助于认同建构
Watanabe et al.，（2020）	功能价值、情感价值、经济价值、社会价值	消费者信任	—	有机食品购买意愿	只有情感价值才能激发购买意愿

国内外学者运用定量或定性方法探索了不同划分方式下感知价值二阶维度对绿色产品、绿色食品及有机食品的购买意愿（行为）的影响，功能、情感、经济和社会四个价值维度的显著影响分别被证实，但也有研究得出了不完全一致的结论。例如，Massey 等（2018）将功能价值归结为影响有机食品顾客购买的关键因素，Costa－Migeon 等（2014）认为社会价值的影响显著，而 Watanabe 等（2020）却发现功能价值和社会价值对购买意愿均无显著作用。由此推测，感知价值二阶维度对有机食品顾客直接贡献意愿的影响可能因国家、市场成熟度乃至顾客特征的差异而有所不同，但尚未有研究对上述结论相互矛盾的潜在原因给予合理的解释。

2.6.2　感知价值对有机食品顾客间接贡献意愿的影响

2.6.2.1　感知价值整体概念对间接贡献意愿的影响

已有研究较为统一地指出感知价值不仅对顾客直接贡献意愿有影响（Parasuraman，Grewal，2000），而且对间接贡献意愿也产生显著的影响（Van Doorn，2010；Roy et al.，2017）。感知价值能积极促进顾客的间接贡献意愿、提高顾客忠诚（朱翊敏，于洪彦，2014）、规避不确定性（荆宁宁，李德峰，2015），还有助于企业提高顾客价值、吸引和维系新顾客、提高品牌声誉（朱翊敏，于洪彦，2014）、获得财务利益、提高市场监督及赢得竞争优势（Van Doorn et al.，2010）等。

感知价值对间接贡献意愿的影响尚未在有机食品消费情境下得到验证。相关研究发现，有机食品因其差异化的无形性而具有信任品特征（王永钦等，2014），除了依靠有机生产者的自律和第三方机构的认证之外，消费者缺乏确认利益的有效手段。政府部门监管不力、消费者信息不对称和生产者有机标签欺诈等（莫家颖等，2016）更是导致消费者信任缺失和感知风险提高，消费者更倾向于接收专家、媒体和网络口碑等外部信息，意见领袖和参照群体也产生一定的影响力（Rana，Paul，2017）。顾客对有机食品品牌的感知价值存在较强的主观性，顾客与企业以及顾客与顾客之间的互动与沟通更有可能建立共同创造价值的体系（Saarijärvi et al.，2013），通过提升品牌感知价值促进顾客的间接贡献意愿。由此推测，感知价值与间接贡献意愿之间存在关联性。

2.6.2.2 感知价值二阶维度对间接贡献意愿的影响

感知价值二阶维度影响有机食品顾客的间接贡献意愿的研究还存在较大的知识缺口，仅有少量学者在非有机消费情境下，讨论了感知价值特定维度对特定类型间接贡献意愿的影响。例如，Sheth等（1991）认为功能价值是顾客购买发生的基础，更是顾客口碑推荐、社交媒体分享或提出反馈和建议的前提。Pansari和Kumar（2017）强调对产品有情感依恋的顾客更有可能推荐产品、提供反馈并参与社交媒体讨论。孙乃娟等（2016）证实情感性承诺对顾客的推荐、帮助和反馈意愿的影响显著，但计算性承诺只影响推荐和帮助的意愿。Füller（2010）和Van Doorn等（2010）指出社会效益或激励对顾客的间接贡献意愿产生影响。甘春梅和许嘉仪（2020）证实了功利价值、享乐价值和社交价值正向影响顾客的社交分享意愿。这些线索成为推导感知价值二阶维度影响有机食品顾客间接贡献意愿的理论依据，需要在实证研究中加以验证。

2.6.3 感知价值对有机食品顾客融入意愿影响的研究小结

2.6.3.1 感知价值与有机食品顾客融入意愿的相关研究未能聚焦品牌

已有研究大多围绕顾客对有机食品品类的感知价值讨论对直接贡献意愿或间接贡献意愿的影响，未能聚焦于特定的有机食品品牌。品牌是消费者判断有机食品品质和功能的重要信号，对顾客起到提升品牌信任、降低感知风险（尹世久等，2017）、增强品牌依附和重复购买意愿、传播积极口碑及动员他人购买产品（陆娟等，2011）等作用。有机食品品牌感知价值研究的缺失，可能导致企业忽略品牌价值（Li et al.，2012）、顾客－品牌关系（Fazal-E-Hasan et al.，2018）、品牌信任（Nuttavuthisit，Thøgersen，2015）和企业形象（Yu et al.，2021）等因素的意义，也使有机食品企业打造品牌、提升顾客价值的实践缺少理论依据。

2.6.3.2 感知价值二阶维度影响有机食品顾客直接贡献意愿的矛盾结论缺乏理论解释

关于感知价值二阶维度影响有机食品顾客直接贡献意愿的研究，曾经得出不完全一致甚至相反的结论，但未能就研究结论相互矛盾的潜在原因给予理论解释（Khan，Mohsin，2017；Watanabe et al.，2020）。感知价值二阶维度对有机食品顾客直接贡献意愿的作用效果可能因研究情境、消费文化、市场成熟度、行业信誉、顾客异质性等不同而发生变化。后续研究应结合具体情境对两者之间的关系进行充分的辨析与解释。

2.6.3.3 基于顾客融入理论框架的有机食品消费者行为研究还不够丰富

顾客融入理论的发展与应用备受学者和企业管理者们的关注，然而有机食品消费领域的顾客价值研究仍停留于"企业通过产品和服务提供价值，顾客通过购买创造价值"的单一路径（Aschemann-Witzel，Zielke，2017；Hsu et al.，2019）。顾客融入意愿研究的不足不仅会导致有机食品顾客的价值感知和价值贡献之间无法形成良性的价值循环，还会阻碍有机食品品牌企业对顾客价值管理形成系统的认知，深入探讨感知价值二阶维度对顾客融入意愿的影响的目标难以达成，据此提出系统性和有针对性的营销策略更是无从谈起。

2.7 研究述评与研究机会

前述文献综述表明，国内外学者围绕感知价值与有机食品顾客意愿开展了丰富的研究，形成了成熟的理论体系。但在当前有机食品消费者行为知识体系之中，探讨品牌感知价值二阶维度对顾客融入意愿的影响与机理的实证研究尚存在薄弱环节。本研究基于前述四小节的文献回顾，将各个相关领域的研究局限与研究机会整理为表2.9。

表 2.9 研究局限与研究机会

研究领域	研究局限	研究机会
感知价值研究	（1）已有研究较少关注顾客的价值感知与价值贡献之间的关系。	基于顾客价值理论和顾客融入理论，提出品牌感知价值影响顾客融入意愿的主张。
	（2）基于顾客价值理论的有机食品消费者行为研究较为缺乏。	将顾客价值理论和顾客融入理论引入中国有机食品消费情境下的顾客融入意愿研究。
	（3）感知价值二阶维度对顾客融入意愿的差异化影响有待深入分析。	探讨品牌感知价值二阶维度对顾客融入意愿的差异化影响并剖析其作用机理。
顾客融入意愿研究	（1）基于广义概念探讨顾客融入意愿的实证研究较为有限。	探讨品牌感知价值二阶维度对顾客融入意愿的影响，开启顾客融入意愿研究的新视角。
	（2）尚未对比分析直接贡献意愿与间接贡献意愿影响因素的关系。	将有机食品顾客的直接贡献意愿与间接贡献意愿纳入顾客融入理论的统一框架加以考量。
有机食品顾客研究	（1）对有机食品顾客意愿的特征缺乏足够关注。	选择有机食品的经常性购买者，减少测量外显态度的偏差，深入剖析顾客意愿的特征与成因。
	（2）有机食品顾客间接贡献意愿的实证研究相对匮乏。	在中国有机食品消费情境下开展顾客间接贡献意愿的实证研究。
感知价值对有机食品顾客融入意愿的影响研究	（1）感知价值与有机食品顾客融入意愿的相关研究未能聚焦品牌。	关注顾客对有机食品特定品牌的感知价值，为品牌价值提升提供理论依据。
	（2）感知价值二阶维度影响有机食品顾客直接贡献意愿的矛盾结论缺乏理论解释。	引入行为推理理论，把握异质性顾客的特征，分析已有研究相互矛盾的潜在原因。
	（3）基于顾客融入理论框架的有机食品消费者行为研究还不够丰富。	将有机食品消费者行为研究的主题从直接贡献意愿拓展到间接贡献意愿，揭示品牌感知价值影响顾客融入意愿的机理。

根据表 2.9，将研究机会整合为研究视角、研究对象和研究内容三方面。

2.7.1 研究视角

顾客价值理论与顾客融入理论的持续发展为本研究提供了独特的理论视角。近年来，国内外学者将心理学和社会学理论引入有机食品消费者行为研究领域，剖析顾客意愿或行为的影响机理。本研究回归到商业的价值本质，整合管理学、心理学和社会学三大学科的理论，将感知价值影响顾客融入意愿的研究向感知价值二阶维度深化、向有机食品品牌聚焦、向间接贡献意愿拓展。

顾客价值理论和顾客融入理论强调顾客和企业是价值创造的共同主体，双方在获取和传递价值的过程中扮演着二元性角色。本研究提出了"顾客的价值感知影响其价值贡献"的观点，使有机食品顾客直接贡献意愿与间接贡献意愿的决策机制与其追求价值最大化的诉求相一致，为有机食品消费者行为研究开辟了全新的视角。

2.7.2 研究对象

本研究选择经常性购买有机食品的顾客作为研究对象，从顾客价值视角观察和分析其直接贡献意愿和间接贡献意愿的影响因素与机理。由于有机食品独特的自然属性、社会属性以及有机食品顾客意愿的特征，已有研究忽略了有机食品顾客的积极态度与实际行为之间的差距，也未能把握顾客价值的层次性、动态性和主观性对顾客行为决策的影响。

本研究采用质性研究与量化研究相结合的方法，选择有机食品品牌的会员顾客，以品牌感知价值影响之下直接贡献意愿的变化与间接贡献意愿的发生为起点开启系列研究。此举确保了有机食品顾客意愿的真实性，减少了测量外显态度可能导致的偏差，还能在顾客经常性购买有机食品的过程中观察和辨析品牌感知价值二阶维度重要性的变化，提高了理论探索的可靠性和策略建议的有效性。

2.7.3 研究内容

在自变量方面，本研究深入品牌感知价值二阶维度，检验功能价值、情感价值、经济价值和社会价值对顾客融入意愿的影响，将内涵丰富的影响因素统一到顾客价值理论框架之下，有助于根据品牌感知价值的层次性、动态性和主观性解释顾客融入意愿变化的原因。在因变量方面，本研究改变了已有研究独立而分散地讨论顾客的购买、影响、协同、增强和动员等意愿的方式，引入顾客融入意愿的整体观点并将其划分为直接贡献意愿与间接贡献意愿，对比和分析品牌感知价值二阶维度对两类意愿的促进与阻碍作用，揭示其中的影响机理，推动了顾客融入理论在有机食品消费情境的发展与应用。

　　本研究还尝试揭示品牌感知价值对有机食品顾客融入意愿的影响机理，分析品牌信任、企业环保形象等因素在上述过程中的作用与路径，整合各项研究发现，提出有机食品顾客融入意愿的激励策略体系。

第 3 章　有机食品顾客融入意愿的内容分析与模型构建

3.1　研究问题与框架

3.1.1　研究问题

消费者倾向于认为有机食品比非有机食品更健康、更安全、对环境的损害更小（Teng，Lu，2016；Tandon et al.，2021），然而有机食品的消费量和市场份额仍然较低（盛光华等，2019；Liu et al.，2021）。如何扩大有机食品市场份额、推动行业可持续发展，成为有机食品品牌企业亟待解决的问题。可持续的商业首先是通过产品为顾客创造价值，再以利润的形式从顾客那里获得价值（Kumar，2017）。顾客价值管理的目标经历了从交易到关系再到融入的演变，以价值共创为核心的顾客融入成为理论探索和商业实践关注的热点。

顾客融入意愿分为直接贡献意愿和间接贡献意愿，其中直接贡献意愿的操作化定义为购买意愿。购买是顾客实施最频繁、最易于观察的行为，而已有研究对有机食品顾客的实际购买行为却缺乏足够关注。即使是针对顾客购买行为的研究，通常也是考察顾客在特定时点的观点（Liu，Niyongira，2017；Kushwah et al.，2019），忽略了顾客购买行为随着时间变化的属性（Mittal et al.，2001），也无法解释不同类型顾客之间行为差异的成因。间接贡献意愿的操作化定义为影响、协同、增强和动员等意愿（Jaakkola，Alexander，2014；Roy et al.，2017），而间接贡献意愿的影响因素以及间接贡献意愿与直接贡献意愿之间的关系尚未得到系统研究。因此，本研究引入顾客融入意愿的整体观点，以直接贡献意愿的变化、间接贡献意愿的发生及其影响因素作为系列研究的起点。

顾客价值理论表明，品牌感知价值具有随着使用产品的时间、顾客与企业互动的时间以及特殊事件的触发而改变的动态特征（Parasuraman，1997；白长虹，2001），对直接贡献意愿存在显著影响（Shaharudin et al.，2010；Lim et al.，2014）。顾客细分是顾客价值管理的核心，通过挖掘顾客的最近购买时间、购买频率和购买金额等行为特征，能够实现顾客的有效细分（帅青红等，2020）。对比不同细分类型顾客的直接贡献意愿是否以及如何发生变化，有可能深入挖掘直接贡献意愿变化的原因。

本章从顾客价值的视角提出第一个研究问题：有机食品顾客基于行为特征可以细分为哪些类型？不同类型顾客的直接贡献意愿怎样变化？

已有研究从多个角度分析了有机食品顾客的直接贡献意愿的影响因素，但基于特定时点的量化研究难以发现直接贡献意愿变化的现象并剖析原因。对于那些购买曾经活跃、后来却减少甚至停滞的顾客，难道他们不再重视食品安全、营养健康或社会认同了吗？是什么因素抑制甚至阻碍了直接贡献意愿？先前文献对顾客购买意愿或行为的阻碍因素了解有限（Tandon et al.，2021）。感知价值是由受益人在使用产品或服务时的具体环境中评估的（Tronvoll，2012），各个维度的相对重要性会随着时间而变化（Wang et al.，2004）。对品牌感知价值各个维度的发展进行纵向评估，将为顾客购买意愿的研究提供更有前景的见解（Koller et al.，2011）。

本章据此提出第二个研究问题：有机食品顾客的直接贡献意愿为何变化？直接贡献意愿的变化与品牌感知价值之间有何关系？

随着企业与顾客之间互动频率的提高，顾客在感知收益高于感知成本的情况下会产生积极的间接贡献意愿，与企业共同创造价值（朱翊敏，于洪彦，2014）。已有研究证实感知价值正向影响直接贡献意愿（Lim et al.，2014；Konuk，2018），而感知价值与间接贡献意愿的关系尚未探明。在经常性购买有机食品的过程中，顾客与品牌之间的互动也随之增加，顾客更有可能因为所感知的价值而通过推荐、社交媒体对话、为企业提出反馈、帮助其他顾客、参与公司慈善活动等方式为企业贡献价值（Pansari，Kumar，2017）。

因此本章提出第三个研究问题：有机食品顾客的间接贡献意愿为何产生？间接贡献意愿的产生与品牌感知价值之间有何关系？

3.1.2 研究框架

为了解答上述问题，本章分两个步骤开展研究：步骤1通过顾客购买行为特征的聚类分析划分顾客类型,观察直接贡献意愿"怎样变化";步骤2运用深度访谈和内容分析探讨直接贡献意愿"为何变化"以及间接贡献意愿"为何产生"。最后,根据各项发现提出合理推论并构建研究模型(图3.1)。

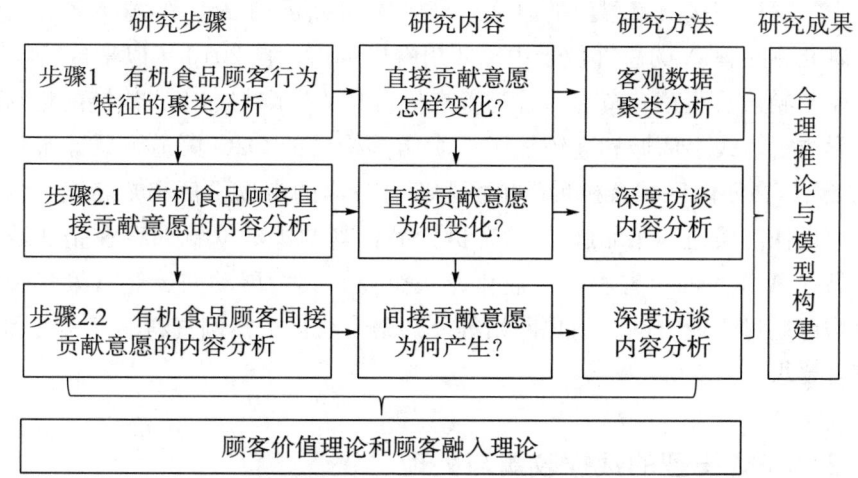

图 3.1 "有机食品顾客融入意愿的内容分析与模型构建"研究框架

资料来源:作者根据研究框架绘制

3.2 有机食品顾客行为特征的聚类分析

3.2.1 聚类分析的方法与对象

3.2.1.1 研究方法

有机食品顾客的直接贡献意愿比间接贡献意愿更易于界定与观察,顾客购买数据还具有样本量较大、数据真实可靠等优势。因此,本章运用有机食品顾客的客观购买数据进行聚类分析。

受到样本数据可获取性的限制,本章选取了中国西部较具规模和影响力的会员制有机食品品牌A作为数据来源,原因有两方面:①会员制是国内外有机食品品牌企业常用的关系营销策略,如美国Thrive Market、日本Radish Bo-ya以及中国正谷农业等企业均采用了会员制模式,选择会员制企业能确保顾客购买数据的真实性。②选择单样本案例符合质性研究以小样本为研究问题落脚点的特征,抽样需要担心的不是代表性而是样本凝聚的研究信息(孙晓娥，2012）。因此，本研究选择代表性案例品牌 A 的方法是贴切的。

3.2.1.2 研究对象

为了观察直接贡献意愿的真实变化，本研究运用品牌 A 的顾客购买数据开展研究。品牌 A 的总部位于中国四川省成都市，自 2010 年以来持续经营 13 年，业务涵盖了蔬菜、畜禽、谷物等有机食品的生产与加工、冷链配送与销售等，形成了由线上商城和连锁线下专卖店等构成的 O2O 渠道，累计服务顾客 2 万余人，在西南区域有机食品市场上拥有较高的市场份额和知名度。当会员顾客通过任一渠道购买品牌 A 的有机食品，其购买数据就储存在企业数据库中。品牌 A 作为四川省农业产业化龙头企业，其发展动向、经营策略及新闻报道均可通过企业官网、门户网站等公开渠道获得，案例资料的真实性和可靠性符合要求。

3.2.2 RFM 模型的数据收集与处理

3.2.2.1 RFM 模型

RFM 模型在消费者行为研究领域得到广泛应用（Sarvari et al.，2016），通过最近购买时间（Recency）、购买频率（Frequency）和购买金额（Monetary）三个核心变量分析购买行为特征，其适用性体现在三方面：①RFM 模型的变量均描绘了顾客近期真实的购买经历，不仅数据易于获取，而且以最近的行为预测顾客未来的行为比其他因素更加准确和有效（Westaby，2005a；刘英姿，何伟，2007）。②RFM 模型关注了顾客在不同时段和尺度下的价值差异，避免了将顾客价值强行折算为净现值总和导致的偏差。③运用 RFM 模型可以分析企业客观数据，在反映顾客行为特征上独具优势。Sarvari 等（2016）指出为 RFM 模型的变量设定相同权重常用于聚类阶段，故本研究的聚类分析选择平衡的 RFM 权重较为适宜（$W_R = W_F = W_M$）。

3.2.2.2 数据处理流程

数据处理流程分为三步：①从品牌 A 数据库中按照筛选条件提取数据文件，填充缺失数据，删除非正常样本并选取可使用变量。筛选条件为提取日之前 12 个月内购买有机食品的次数达到两次（含）以上，排除促销、赠送、新客体验等因素促成的偶然性购买。最近购买时间为顾客最后购买日距离提取日的天数，购买频率和购买金额为 12 个月内顾客购买的总频数和总金额。②运用 K-means 聚类技术对购买数据进行聚类分析，验证聚类结果的有效性。③分析聚类结果和特征，比较组间差异。

由于 RFM 模型三个核心变量的度量单位和取值差异很大，将原始数据转换为可分析数据的标准化是必要步骤（Sarvari et al.，2016）。本研究使用 R Studio 工具和 R 语言将数据集中的各项数据减去均值，再除以标准差进行标准化处理。品牌 A 数据库中符合筛选条件的数据样本为 6995 条，经标准化处理后的最终样本量为 5596 条（即 5596 名有机食品顾客的购买数据）。本研究根据购买频率和购买金额两个变量将聚类组数设定为四组，分别确定四组中心位置，然后计算每条数据与中心位置的距离。最后，根据距离最近原则把各条数据分别归入四个集群中，重复此流程直至达到既定标准，此时聚类分析结束。

3.2.3 聚类结果的有效性分析

本研究使用 R 语言对四个集群进行多元方差分析检验组间差异，结果显示 F 值显著（$P=2.2\mathrm{e}-16<0.01$），表明四个集群之间有极其显著的统计学差异。进一步的单因素方差分析显示，每个变量的测量值都具有显著性差异（$F_R=588.2$，$F_F=519.48$，$F_M=9251.3$，$P=2.2\mathrm{e}-16<0.01$），聚类结果有效。

3.2.4 人口统计特征的分析与讨论

品牌 A 数据库中能够完整提取的人口统计特征字段包括性别、年龄和家庭人口数（表 3.1），而相关调查中常见的家庭收入、职业和学历等信息缺失。品牌 A 出于降低顾客反感程度、提高数据获取率以及尊重隐私等目的，并未强制要求顾客提供相关信息。

表 3.1 四个顾客集群的人口统计特征

集群	人数	性别		年龄			
		女	男	≤30 岁	31~40 岁	41~50 岁	≥51 岁
1	162	73.5	26.5	14.8	62.3	16.0	6.8
2	1066	80.8	19.2	16.0	61.9	16.7	5.3

续表

集群	人数	性别		年龄			
		女	男	≤30岁	31～40岁	41～50岁	≥51岁
3	3572	75.8	24.2	15.8	60.7	17.2	6.3
4	796	75.3	24.7	16.5	61.8	17.2	4.5

集群	人数	家庭人口数					
		1人	2人	3人	4人	5人	≥6人
1	162	1.2	19.1	46.3	20.4	8.7	4.3
2	1066	2.0	23.3	43.0	18.9	10.0	2.8
3	3572	2.4	28.3	44.9	15.8	7.0	1.6
4	796	2.2	29.9	46.4	13.7	7.4	0.4

注：$N=5596$，表中所有人口统计特征数据均为百分比。

检验四个顾客集群人口统计特征的组间差异：①性别的卡方检验值 $P=0.003766<0.05$，表明性别与不同顾客集群之间有关系。有机食品顾客样本的性别以女性为主，此现象可能受到会员制模式的影响，会员顾客家庭通常由女性作为家庭食品购买的决策和实施者（许琪，2016）。②年龄的卡方检验值 $P=0.8236>0.05$，表明年龄与不同顾客集群之间没有关系。③家庭人口数的卡方检验值 $P=1.196e-06<0.05$，表明家庭人口数与不同顾客集群之间有关系。有机食品顾客样本中家庭人口数大于3人的累计比例超过80%，可见家庭中的儿童和老人是影响有机食品顾客购买行为的重要因素（Paul，Rana，2012）。

3.2.5 顾客类型和行为特征的分析与讨论

表3.2为聚类集群与人数、RFM核心指标均值及集群命名。根据数据提取的筛选条件，样本中不含顾客退出、终止购买等流失情况。

表 3.2 四个顾客集群的类型与行为特征

集群	人数	最近购买时间均值（天）	购买频率均值（次）	购买金额均值（元）	类型
1	162	3	575	41521	强化型
2	1066	6	223	16153	保持型
3	3572	21	49	3881	弱化型
4	796	183	12	1150	停滞型
合计/均值	5596	40	92	6920	—

3.2.5.1 集群1的直接贡献意愿呈现强化趋势

该集群人数为162，在四个集群中占比最低（2.89%），平均购买频率约为总体均值的6.25倍，平均购买金额约为总体均值的6倍，平均最近购买时间仅为3天，远低于40天的总体均值。此类顾客的购买极为活跃，与整体水平相比呈现强化趋势，因而称为强化型顾客。

强化型顾客的行为特征表现为高频率的重复购买，这是顾客忠诚最具代表性的特征（罗佳佳，2018）。此类顾客对品牌A拥有极高的忠诚度，乐于与其保持长期关系，对企业满意度较高，是企业现金流的重要来源。

3.2.5.2 集群2的直接贡献意愿呈现保持趋势

该集群人数为1066，占总样本量的19.05%，平均购买频率约为总体均值的2.4倍，平均购买金额约为总体均值的2.3倍，平均最近购买时间为6天。此类顾客的购买保持稳定，故命名为保持型顾客。

保持型顾客的购买活跃程度显著低于强化型顾客而高于整体水平。对于集群人数较多的保持型顾客，品牌企业应通过交叉销售、升级销售、提升钱包份额（Verhoef et al.，2001）等进一步促进其购买，或者转移至更深层次的企业－顾客关系周期来提升其未来的潜在价值（王海伟，2007）。

3.2.5.3 集群3的直接贡献意愿呈现弱化趋势

该集群人数高达3572，在四个集群中占比最高（63.83%），平均购买频率、平均购买金额和平均最近购买时间与总体均值50%的水平相当。此类顾客的购买与整体水平相比呈现减弱的趋势，故命名为"弱化型顾客"。

弱化型顾客购买减弱的特征和庞大的人数规模印证了有机食品顾客"态

度—行为"差距的普遍存在（Chekima et al.，2017；Hidalgo – Baz et al.，2017），对有机食品品牌企业构成重大挑战（Kushwah et al.，2019）。

3.2.5.4 集群4的直接贡献意愿呈现停滞趋势

该集群人数为796，在总样本量中占比14.22%，平均购买频率、平均购买金额和平均最近购买时间远低于总体均值。受到会员制消费转移障碍等因素的影响（肖丽妍等，2013），此类顾客虽然暂未流失，但购买已接近停滞，故得命名为"停滞型顾客"。

研究表明当顾客与企业关系不佳时，顾客会呈现购买频率和购买金额下降的特征乃至购买停滞（王海伟，2007），为企业直接贡献的价值极其有限，需要品牌企业妥善应对。

综合上述分析，本研究基于RFM模型对有机食品顾客行为特征进行聚类分析，确认了直接贡献意愿的变化。在经常性购买有机食品的过程中，顾客分化为强化型、保持型、弱化型和停滞型四个差异显著的类型，顾客的最近购买时间、购买频率和购买金额也出现相应变动，第一个研究问题得到解答。

3.3　有机食品顾客融入意愿的内容分析

3.3.1　深度访谈的方法与对象

3.3.1.1　研究方法

步骤2采用深度访谈和内容分析方法对有机食品顾客融入意愿的影响因素进行质性分析，以意义解释、帮助发声和提出新理论为主要目的（Ragin，1994）。本研究采用半结构化访谈方法，与受访者深入讨论经常性购买有机食品的经历与体验（孙晓娥，2012），探讨直接贡献意愿的变化、间接贡献意愿的产生及其影响因素。

深度访谈流程为：①访谈前根据研究目的和理论依据设计提纲。②访谈中结合提纲和现场情况调整访谈的顺序、内容和重心。③访谈后整理访谈材料，确保记录的真实性、准确性和完整性。

3.3.1.2　研究对象

步骤1发现顾客在经常性购买有机食品的过程中分化为强化型、保持型、弱化型和停滞型四类，本研究采用目的性抽样、异质性抽样和滚雪球抽样相结合的方法，从品牌 A 识别和筛选四类顾客代表并分别进行深度访谈，以期获得样本凝聚的、最大化的研究信息（孙晓娥，2012）。目的性抽样是选取能为研究提供最大信息量的受访者，异质性抽样能清晰比较四类顾客的异同点，滚雪球抽样根据访谈进程邀请当前受访者推荐其他访谈对象，有助于获取充足和差异化的研究资料。

具体抽样方式为：①设置年龄 30～49 岁、教育背景大专以上、男女比例 1∶4 的抽样条件，筛选行为最具代表性、理解和沟通能力较强、能为研究提供最大信息量的受访者。②从强化型、保持型、弱化型和停滞型四类顾客中分别邀请 5 名代表接受访谈，再邀请 5 名非会员顾客作为对照组，增加 1 名保持型顾客的访谈记录作为编码训练材料，受访者共计 26 人。③弱化型和停滞型顾客因购买减弱或停滞而难以接触，故以当前受访者为中心滚雪球抽样，直到达到既定人数为止。

3.3.2 深度访谈的数据收集与编码

3.3.2.1 访谈内容与实施

访谈提纲的主要内容：①了解受访者的人口统计信息和购买行为特征，准确核实其所属类型。②向受访者解释"品牌感知价值"和"直接贡献意愿"的涵义，从品牌感知价值的角度询问直接贡献意愿的变化过程与影响因素，启发思考其他可能的影响因素。③解释"间接贡献意愿"的涵义及类型，从品牌感知价值的角度询问顾客影响、协同、增强和动员等意愿的产生过程与影响因素，启发思考其他可能的影响因素。具体内容详见附录 1 "有机食品顾客融入意愿的内容分析与模型构建"访谈提纲。

深度访谈于 2017 年 12 月至 2018 年 2 月实施，通过一对一面谈并全程录音的方式进行，访谈时间控制在 30～50 分钟，确保访谈内容完整而深入，避免受访者因时间过长失去耐心而降低访谈质量。访谈者结合访谈记录和录音整理出 78643 字、包含 1542 个独立语句的访谈材料。

3.3.2.2 数据编码流程

本研究以 1542 个独立语句作为分析单位（里夫等，2010），按照"顾客类型+语句序号"的方式编号（强化型 A，保持型 S，弱化型 R，停滞型 D，非会员F，语句U，如第1名强化型顾客第1个独立语句编为A01U01，以此类推）。

其后，本研究结合参考文献确定分析类目和操作化定义（里夫等，2010），将各分析单位判断为相应的类别。本研究将品牌感知价值的分析类目整理为功能、情感、经济和社会四个维度，还将消费者信任和企业环保形象也纳入研究框架。表3.3为各分析类目与操作化定义。

表3.3 内容分析类目与操作化定义

维度		文献来源	操作化定义	证据示例
品牌感知价值	功能价值	Sweeney, Soutar (2001) Koller et al., (2011)	顾客对产品质量稳定、做工精良、质量标准合格、表现如一等方面的评价。	我选择品牌A的有机食品是因为有机产品没有受到农药化肥的污染（S05U01）。
	情感价值		顾客对产品的喜爱、使用欲望、情感体验等方面的评价。	店员把产品包装成圣诞礼物送给女儿，她特别高兴，让我们感动（A04U37）。
	经济价值		顾客对产品定价、物有所值和经济划算等方面的评价。	因为品牌A的有机产品比起其他有机产品还要便宜一些（D05U52）。
	社会价值		顾客对购买产品获得的被人接受和留下好印象等方面的评价。	我属于在朋友圈里很会生活的人，他们觉得我选择的东西肯定不错（R01U57）。
消费者信任	品牌信任	Grayson et al., (2008) 崔保军，余伟萍 (2016)	顾客对特定品牌信任程度的评价。	因为对品牌A的信任才会购买，这是我多年观察后的决定（A02U20）。
	人际信任		顾客对企业员工信任程度的评价。	我不太关心有机认证，我认同的是品牌A的员工（R01U38）。
	制度信任		顾客对有机认证信任程度的评价。	有机认证我比较关心，我到品牌A店上的时候会去看认证报告（D05U66）。
企业环保形象		汤峰等（2021）	顾客对品牌或企业在减少环境污染、改善生态环境、推动可持续发展方面的评价。	品牌A的塑料包装占满了垃圾桶，真的是需要改进（S01U59）。

续表

维度	文献来源	操作化定义	证据示例
直接贡献意愿	Pansari，Kumar（2017）Jaakkola，Alexander（2014）Roy et al.，（2018）	顾客对品牌或企业产生的购买意愿。	我家全部的油、米、蔬菜和部分肉类都是在品牌 A 买的（A02 U050）。
间接贡献意愿		顾客对品牌或企业产生的影响、协同、增强、动员意愿。	我介绍了五个朋友成为会员，其中一个还充值好几万元（D05 U102）。

3.3.2.3 信度与效度检验

内容分析中将不同编码员对内容判别与归类的一致性作为检验信度的标准（里夫等，2010）。编码训练能够帮助编码员掌握分析类目的操作化定义，故选取保持型顾客 S00 的访谈材料作为训练集。初步训练后的一致性比率为 78.0%，未达到可接受最低标准 80%（里夫等，2010），再次组织两名编码员进行讨论与培训之后，综合一致性比率达到 83.47%（表 3.4）。两位编码员未能达成一致的 236 个语句属于哪个类别，由作者进行判断并编码。

表 3.4　数据编码一致性及综合一致性

编码类型	编码条数	一致性条数	一致性比率
强化型（A）	312	252	80.76%
保持型（S）	352	314	89.20%
弱化型（R）	255	211	82.74%
停滞型（D）	303	252	83.16%
非会员（F）	206	163	79.13%
合计	1428	1192	83.47%

本研究借鉴姚亚男等（2017）采用的编码信度公式：

$$R = \frac{n \times \overline{K}}{1 + (n-1) \times \overline{K}}$$

$$\overline{K} = \frac{2\sum_{i=1}^{n}\sum_{j=1}^{n} K_{ij}}{n \times (n-1)} \quad (i \neq j)$$

$$K_{ij} = \frac{2M}{N_i + N_j}$$

R 表示编码信度；

n 表示编码人员数量；

$\bar{K}$ 表示编码员平均相互同意度；

K_{ij} 表示编码员 i 和 j 的相互同意度；

M 表示编码员 i 和 j 意见一致的个数；

N_i 表示编码员 i 的编码总个数；

N_j 表示编码员 j 的编码总个数。

本研究中 $n=2$，根据公式计算 $R=2\times 83.47/[1+(2-1)\times 83.47]=0.9099>0.85$，本次内容分析的信度符合研究规范，编码结果具有较高的可信性。

本次访谈对象为 26 人，访谈材料规模适中、内容简洁明了，由两位企业管理专业的高年级硕士研究生担任编码员。编码手册将已有文献与商业实践相结合，编码员熟练掌握编码流程和方法，本次内容分析的效度符合研究规范，编码结果具有较高的真实性。

3.3.3 直接贡献意愿影响因素的分析与讨论

内容分析方法是探索个体认知过程和效果的重要工具，通过重复频数获知受访者潜意识中感知的重要内容，频数越大，表明该分析类目对总体所起的作用也越大（里夫等，2010）。本研究从以下几方面开展分析与讨论。

表 3.5 区分了强化型、保持型、弱化型和停滞型四类会员顾客与对照组的非会员顾客，分别呈现了各项影响因素的频数、频率和分布。

表 3.5　直接贡献意愿影响因素的编码结果

维度		评价	强化型（A）		保持型（S）		弱化型（R）		停滞型（D）		非会员（F）	
			频数	频率	频数	频率	频数	频率	频数	频率	频数	频率
品牌感知价值	功能价值	积极	29	4.44	28	4.29	26	3.98	24	3.68	20	3.06
		消极	16	2.45	30	4.59	21	3.22	14	2.14	15	2.30
	情感价值	积极	17	2.60	20	3.06	9	1.38	11	1.68	6	0.92
		消极	6	0.92	21	3.22	24	3.68	25	3.83	4	0.61
	经济价值	积极	16	2.45	11	1.68	6	0.92	8	1.23	6	0.92
		消极	12	1.84	17	2.60	28	4.29	26	3.98	19	2.91
	社会价值	积极	5	0.77	4	0.61	1	0.15	8	1.23	14	2.14
		消极	0	0.00	0	0.00	0	0.00	0	0.00	1	0.15

续表

维度		评价	强化型（A）		保持型（S）		弱化型（R）		停滞型（D）		非会员（F）	
			频数	频率	频数	频率	频数	频率	频数	频率	频数	频率
消费者信任	品牌信任	积极	5	0.77	7	1.07	0	0.00	0	0.00	0	0.00
		消极	2	0.31	1	0.15	2	0.31	6	0.92	2	0.31
	人际信任	积极	3	0.46	1	0.15	2	0.31	0	0.00	0	0.00
		消极	0	0.00	0	0.00	1	0.15	0	0.00	0	0.00
	制度信任	积极	2	0.31	1	0.15	1	0.15	3	0.46	1	0.15
		消极	2	0.31	4	0.61	7	1.07	8	1.23	9	1.38
企业环保形象		积极	5	0.77	6	0.92	2	0.31	7	1.07	3	0.46
		消极	2	0.31	4	0.61	2	0.31	3	0.46	1	0.15
合计			122	18.68	155	23.74	132	20.21	143	21.90	101	15.47

注：$N=653$，所有频率为该分析类目的频数/总数，结果保留小数点后两位

3.3.3.1 功能价值对直接贡献意愿的影响

从频数来看，在品牌感知价值二阶维度中，四类会员顾客和非会员顾客的功能价值频数均为最高（$F_{强化}=45$，$F_{保持}=58$，$F_{弱化}=47$，$F_{停滞}=38$，$F_{非会员}=35$），有机食品功能价值对不同类型顾客的重要性均得以证实（Bryła，2016；肖慧，刘风豹，2017；Kushwah et al.，2019），例如保持型会员 S05 谈道："我选择品牌 A 的有机食品是因为有机产品没有受到农药化肥的污染（S05U01）。"从内容来看，顾客提及有机食品的"食品安全"（$F_{安全}=61$）、"营养健康"（$F_{健康}=56$）和"质量稳定"（$F_{稳定}=43$）的频数最高，区别于 Sweeney 和 Soutar（2001）感知价值量表中关于"做工精良""表现如一"等题项的描述。例如非会员顾客 F01 介绍购买有机食品的原因："因为有机食品的口感比菜市场的更好，同时没有农药化肥的残留（F01U07）。"从分布来看，顾客对功能价值的积极评价多于消极评价（$F_{积极}=127$，$F_{消极}=96$），且消极评价较为集中于"质量稳定"（$F_{稳定-消极}=36$）。例如停滞型会员 D04 表示："品牌 A 的品种相对大型超市比较少，有些时候菜品新鲜度也不好（D04U13）。"

值得注意的是，四类会员顾客对功能价值的积极评价并未呈现与直接贡献意愿相似的变化趋势。步骤 1 发现强化、保持、弱化、停滞四类会员顾客的最近购买时间、购买频率和购买金额均存在明显的由强变弱趋势，但四类会员顾

客对功能价值积极评价的频数却非常接近（$F_{强化}=29$，$F_{保持}=28$，$F_{弱化}=26$，$F_{停滞}=24$）。在功能价值消极评价方面，强化型与停滞型顾客的频数相近，而保持型顾客却最高（$F_{强化}=16$，$F_{保持}=30$，$F_{弱化}=21$，$F_{停滞}=14$）。为何不同类型顾客对有机食品功能价值的感知相似但直接贡献意愿差异显著？本研究将通过内容分析探索可能的答案。

保持型顾客 S01 讲述了对食品安全的担忧、购买非有机食品的负面经历及对有机食品安全和健康的认可。"我在品牌 A 买菜以前，在菜市场购买的莴笋里发现了白色的农药结晶，从此再也没吃过莴笋。购买有机食品最重要的就是健康和安全吧（S01U01）。"有机食品相较于非有机食品的口感优势也对顾客的直接贡献意愿有影响。保持型顾客 S04 提道："当季的有机牛心甘蓝，吃起来口感就跟菜市场的不一样，有回甜味（S04U05）。"

弱化型顾客虽然直接贡献意愿明显减弱，但该类顾客仍然认可有机食品的功能价值。弱化型顾客 R05 介绍，购买有机食品的初衷是认可产品质量，但直接贡献意愿弱化的原因是超出消费水平："我家主要是购买有机鸡蛋给孩子们吃，大人没吃这么贵的。我选择办理品牌 A 的会员卡，就是认可了产品的质量（R05U04）。但是如果全家的食品都在这里购买的话，超出了我家的消费水平（R05U05）。"弱化型顾客 R03 也认同有机食品的功能价值："我最关心的就是鸡蛋和牛奶，孩子每天都要吃鸡蛋，现在含激素的洋鸡蛋太多了，还是有机鸡蛋更好（R03U04）。"

在四类顾客中，停滞型顾客直接贡献意愿的弱化趋势最明显。停滞型顾客 D02 说明选择有机食品的原因是为了家人的健康，但购买停滞是因为"性价比问题"："我母亲年龄大了身体也不好，孩子又小，为了家人的健康我决定成为品牌 A 的会员（D02U02）……发生转变是在我出国以后，跟国外有机食品进行了对比，最后回到性价比的问题（D02U10）。"停滞型顾客 D01 也赞同有机食品的高品质："我原来经常给孩子买品牌 A 的牛奶，尤其是长的塑料瓶装的那种牛奶品质很不错（D01U11）。"

研究表明，消费者对有机食品的购买意愿受到与健康相关的功能特征驱动（Mondelaers et al.，2009；Ditlevsen et al.，2019）。顾客选择加入会员体系、与品牌企业建立长期契约关系并做出持续购买承诺，最根本的原因是顾客对有机食品功能价值的认可（王宁等，2015）。根据不同类型顾客的陈述推测，功能价值是顾客购买有机食品的首要原因，但直接贡献意愿弱化或停滞却未必是功能价值下降所致。由此，本研究得出推论1：功能价值对有机食品顾客直接贡献意愿的影响未被观察。

3.3.3.2 情感价值对直接贡献意愿的影响

表 3.5 中，不同类型顾客提及情感价值的总频数达到 143 次的较高水平，凸显了情感价值对有机食品顾客直接贡献意愿的影响（Dean et al.，2008）。从内容来看，顾客提及"品牌喜爱"（$F_{喜爱}=21$）、"购买欲望"（$F_{欲望}=10$）和"感觉良好"（$F_{感觉}=16$）的频数最高，与 Sweeney 和 Soutar（2001）的感知价值量表中关于情感价值的题项描述总体一致。从分布来看，强化型和保持型顾客对情感价值的积极评价频数明显高于弱化型、停滞型和非会员（$F_{强化}=17$，$F_{保持}=20$，$F_{弱化}=9$，$F_{停滞}=11$，$F_{非会员}=6$）。在消极评价方面，强化型顾客的频数明显低于其他类型的会员顾客（$F_{强化}=6$，$F_{保持}=21$，$F_{弱化}=24$，$F_{停滞}=25$），而非会员顾客的频数同样较低（$F_{非会员}=4$）。

会员顾客对情感价值的积极评价呈现出与直接贡献意愿相似的变化趋势，而消极评价与之相反。购买最活跃的强化型顾客对情感价值的积极评价极具代表性。强化型顾客 A04 提到一次难忘的情感体验："圣诞节时，品牌 A 的员工得知我家孩子很相信圣诞老人，专门打扮成圣诞老人的样子，把有机食品作为礼物送给她。孩子特别高兴，我们也非常感动。我跟品牌 A 刚开始是简单的买卖关系，后来就有了更多感情的因素（A04U38）。"强化型顾客 A05 认为："品牌 A 服务挺好的，包括送菜上门、微信点菜，跟工作人员彼此都很熟悉，交流起来很愉快（A05U08）。"

购买较为活跃的保持型顾客阐述了情感与购买决策之间的关系。保持型顾客 S01 说道："品牌 A 的服务人员像家人一样，他们会说'今天买点什么，我帮你提着篮子'，每天愉快的心情就从这里开始（S01U10）。"保持型顾客 S03 描述了母亲购买有机食品的情感体验："我妈妈跟朋友说自己的女儿是品牌 A 的会员，觉得很有面子，所以会经常过去买菜（S03U31）。"

与强化型和保持型顾客的积极评价相反，停滞型顾客 D05 谈及购买过程中遭遇负面情感并停止购买的经历："店上的销售人员平时不理我，又不给我推荐好的产品，想让我买东西的时候就来找我，我为什么要买？后来觉得心里不舒服就再也没买了（D05U41）。"弱化型顾客 R01 也反映因不良的情感体验而终止购买："我是入会很早的老会员，充值金额也很高，但销售人员为了冲业绩，让新顾客享受比我更高的折扣，我很不高兴，慢慢就不在他们那里买菜了（R01U30）。"

非会员顾客提及情感价值频数较低的原因或许与顾客和有机食品品牌之间较低的关系质量有关（赵景林，赵红，2019）。非会员顾客 F03 在访谈开始时未能顺利回忆起熟悉的有机食品品牌,经访谈者提示后谈:"我差不多每个月都要购买一次某品牌有机奶,但是对这个品牌印象不深,如果你不提醒,我都没想起来它是有机食品(F03U05)。"非会员顾客F01也表达了类似观点:"有机食品的品牌很多,不太记得住,也不怎么相信(F01U10)。"

情感价值对顾客的信任和承诺均有显著影响(刘敬严,2008),对有机食品顾客直接贡献意愿的正向影响也得到验证(Janssen,2018;Watanabe et al.,2020)。Aertsens等(2009)将情感纳入有机食品购买心理加工整合模型中开展研究,Sierra等(2015)的有机食品顺序选择流程模型也探讨了情感因素。内容分析发现,四类会员顾客对情感价值的感知与其直接贡献意愿呈现相似的变化趋势。本研究得到推论2:情感价值对有机食品顾客直接贡献意愿的影响可被观察。

3.3.3.3 经济价值对直接贡献意愿的影响

从频数来看,不同类型顾客提及经济价值的总频数($F_{经济}=149$)仅次于功能价值,表明有机食品的价格始终为顾客所关注(Sirieix et al.,2014)。其中对经济价值的消极评价显著多于积极评价($F_{积极}=47$,$F_{消极}=102$),印证了价格是购买有机食品之资本障碍的观点(Aschemann-Witzel,Zielke,2017)。从内容来看,顾客提及"价格合理"($F_{合理}=72$)和"物有所值"($F_{所值}=51$)的频数最高,表明顾客对有机食品的"绝对价格"和"性价比"同样重视。从分布来看,强化型和保持型顾客对经济价值的积极评价频数明显高于弱化型和停滞型顾客($F_{强化}=16$,$F_{保持}=11$,$F_{弱化}=6$,$F_{停滞}=8$,$F_{非会员}=6$),而消极评价频数相对较低($F_{强化}=12$,$F_{保持}=17$,$F_{弱化}=28$,$F_{停滞}=26$,$F_{非会员}=19$)。

四类会员顾客对经济价值的积极评价与其直接贡献意愿的变化趋势相似,而消极评价与之相反。直接贡献意愿弱化的顾客将主要原因归结为有机食品的价格偏高或者性价比偏低。弱化型顾客R05指出:"我家在品牌A的消费并不算多,主要原因是有机食品的价格偏贵(R05U02)。"停滞型顾客D01和非会员顾客F01也表达了类似观点:"后来就是偶尔才会去一下,主要还是觉得消费有点高(D01U13)。""感觉有机食品的价格和价值不匹配(F01U21)。"

弱化型顾客R04认为APP下单麻烦、实体店较远等问题增加了感知付出,阻碍了购买行为:"让我天天到APP下单还是有点麻烦(R04U06)。线下店看着离我家比较近,实际交通并不方便,我也不会特意去一趟(R04U07)。"停滞型顾客D03解释即使品牌A提供了配送上门服务,仍然无法解决时间成本较高的问题："在品牌 A 买菜会配送上门，但我们经常不在家，配送小哥在门口等着也挺不方便的，太耗时间（D03U08）。"

强化型和保持型顾客对经济价值也有消极评价，可能是由于频繁地购买与有限的产品品种发生冲突，降低了感知收益。强化型顾客 A05 描述了因品种有限而被迫转移购买的情况："品牌 A 的品种相对于超市和菜市场来说，稍微少了一点（A05U10）。""品牌 A 没有的菜，我只有到超市去补充了（A05U12）。"保持型顾客 S05 持同样观点："品牌 A 的品种我不太满意，太少了（S05U03）。"

已有研究指出有机食品高昂的价格是阻碍购买的主要因素（尹世久等，2013；Du et al.，2017；Taghikhah et al.，2021），本研究的发现与这些观点一致。Zanoli 和 Naspetti（2002）认为供应不足和购买不便负向影响有机食品顾客的购买意愿，增加了顾客购买付出的时间和精力等非货币成本。感知付出增加和感知收益下降导致感知价值降低，影响甚至阻碍了顾客购买（Wang et. al，2004）。由此可知，顾客感知的经济价值既涉及价格的绝对水平，又与"性价比"高低有关。由此，本研究得出推论 3：经济价值对有机食品顾客直接贡献意愿的影响可被观察。

3.3.3.4　社会价值对直接贡献意愿的影响

表 3.5 中，不同类型顾客提及社会价值的总频数明显低于其他价值维度（$F_{社会}=33$，$F_{功能}=223$，$F_{情感}=143$，$F_{经济}=149$），可见社会价值在顾客购买的影响因素中并未处于主要地位。与以往研究不同之处在于，不同类型顾客对社会价值的评价都集中于积极方面（$F_{积极}=32$，$F_{消极}=1$）。从内容来看，顾客提及"社会认同"（$F_{认同}=19$）和"形象改善"（$F_{改善}=7$）的频数最高。从分布来看，停滞型顾客和非会员顾客对社会价值的积极评价反而多于其他类型顾客（$F_{强化}=5$，$F_{保持}=4$，$F_{弱化}=1$，$F_{停滞}=8$，$F_{非会员}=14$）。

四类会员顾客对社会价值的积极评价并未呈现与直接贡献意愿相似的变化趋势。停滞型顾客将购买有机食品获取的社会价值总结为增强社会认同、改善社会形象。停滞型顾客 D02 提到购买有机食品巩固了其意见领袖的地位："我朋友都喜欢跟着我找餐厅、点菜什么的，跟着我买有机蔬菜也错不了（D02U43）。"停滞型顾客 D04 评价："品牌 A 在这个领域很不错，提供了一种令人向往的生活品质（D04U30）。"停滞型顾客 D05 通过社交媒体分享其参加品牌 A 厨艺大赛的经历："我曾经参加品牌 A 组织的'食神大赛'并获得第五名，还专门发了朋友圈宣传，很多亲友跟我在微信互动（D05U79）。"

非会员顾客 F01 表示："有机食品对环境有好处,这个我听说过（F01U22）。"非会员顾客 F04 购买有机食品的主要意图为送礼和改善形象："我经常在送礼的时候购买有机食品,它的品质是标杆,能够提升礼品的品质感和个人形象（F04U16）。"上述观点表明社会文化、社会阶层和社会群体等外部刺激（张旭,2016）以及积极的道德成分（Dean et al.,2008）会显著增加顾客的直接贡献意愿,让顾客获得一种"生活方式"和社会认同（Du et al.,2017）。有机食品的环境保护因素与社会价值之间也存在相关性。但不同类型顾客对社会价值的积极评价并未与其直接贡献意愿呈现相同的变化趋势。据此,本研究得出推论 4：社会价值对有机食品顾客直接贡献意愿的影响未被观察。

3.3.3.5 其他因素对直接贡献意愿的影响

表 3.5 中,受访者对消费者信任（$F_{信任}=70$）和企业环保形象（$F_{环保}=35$）影响直接贡献意愿的命题表示肯定。其中四类会员顾客对品牌信任（$F_{强化}=5$, $F_{保持}=7$, $F_{弱化}=0$, $F_{停滞}=0$）的积极评价频数与其直接贡献意愿的变化呈现一定的相似性,而与人际信任、制度信任和企业环保形象之间并无类似规律。在消极评价方面,停滞型顾客对品牌信任的消极评价最多（$F_{强化}=2$, $F_{保持}=1$, $F_{弱化}=2$, $F_{停滞}=6$）,弱化型和停滞型顾客对制度信任的消极评价也明显多于强化型和保持型顾客（$F_{强化}=2$, $F_{保持}=4$, $F_{弱化}=7$, $F_{停滞}=8$）。由于非会员顾客未聚焦于特定的有机食品品牌,所以提及品牌信任的频次为 0 次。

在品牌信任方面,强化型顾客 A02 强调基于品牌信任才认可有机食品的价值,进而做出购买决策："我是因为对品牌 A 的信任才会在这里买菜,这是我多年观察后的决定（A02U20）"。停滞型顾客 D02 则解释品牌信任降低之后,对品牌 A 的感知价值和直接贡献意愿均明显降低："我虽然认可品牌 A 的产品质量,但因为对整个有机行业的观察和感受使我对品牌 A 也持有怀疑态度,所以后来就不消费了（D02U35）"。已有研究指出,信任属性在有机食品购买中起着重要作用（Massey,2018）,缺乏信任降低了顾客购买有机食品的感知收益,还会降低顾客承诺,导致较高的流失倾向（Hocutt,1998）。受访者普遍认为如果品牌信任降低,其直接贡献意愿会受到负面影响。

在制度信任方面,不同类型顾客对制度信任的消极评价明显多于积极评价（$F_{积极}=8$, $F_{消极}=30$）,表明顾客对有机认证、政府监管等制度体系存在较为明显的不信任感。保持型顾客 S05 质疑国内有机认证的真实性："国内有机很难说，空气不好，雾霾很严重，这个认证怎么保障食品是有机的（S05U18）？"停滞型顾客 D02 表示对制度信任的消极评价与有机食品购买意愿减弱有关系："即使品牌 A 的工作人员很肯定产品拥有有机认证，我还是不敢完全相信，有机认证方面的可信度很低，我就觉得买有机没必要了（D02U22）。"有机认证虽然满足了顾客获取信息的需求（Giannakas，2010），但部分企业的违规行为严重损害了我国有机食品行业的集体声誉，导致了行业性的信任危机（莫家颖等，2016）。此外，顾客对有机标签、认证机构和管理者的不信任在不同国家都普遍存在（Truong et al.，2021）。

在企业环保形象方面，停滞型顾客的积极评价频数最高，保持型和强化型顾客其次（$F_{强化}=5$，$F_{保持}=6$，$F_{弱化}=2$，$F_{停滞}=7$），表明顾客对企业在减少环境污染、改善生态环境和推动可持续发展方面的积极评价与直接贡献意愿之间并无明显的相关性。保持型顾客 S01 认为品牌 A 的环保表现具有负面形象："品牌 A 的塑料包装占满了垃圾桶，真的是需要改进（S01U59）。"而停滞型顾客 D04 对品牌 A 的环保效果给予肯定："现在环境污染这么重，使用很多化学农药什么的，品牌 A 的产品在这方面不错（D04U7）。"从提及频数来看，四类会员对企业环保形象的提及频数均处于较低水平。对发达国家消费者而言，环境保护对有机食品购买意愿产生显著的影响（Apaolaza et al，2018），而本次访谈的发现或许与中国有机食品市场处于发展阶段有关，环境保护和可持续发展等因素尚未成为顾客购买决策的关键因素（Rana，Paul，2017），值得在后续研究中进一步验证。基于上述分析，本研究得出推论 5：在品牌感知价值影响有机食品顾客直接贡献意愿的过程中，品牌信任的影响可被观察，企业环保形象的影响未被观察，但值得关注。

综合上述分析，有机食品顾客直接贡献意愿的变化与品牌感知价值二阶维度的动态评价有关，两者之间的关系还受到品牌信任的影响。第二个研究问题得到初步解答。

3.3.4　间接贡献意愿影响因素的分析与讨论

表 3.6 同样按照强化、保持、弱化和停滞四类会员顾客与非会员顾客的分类，分别呈现各项影响因素的频数、频率和分布。

表 3.6　间接贡献意愿影响因素的编码结果

维度		强化型（A）		保持型（S）		弱化型（R）		停滞型（D）		非会员（F）	
		频数	频率	频数	频率	频数	频率	频数	频率	频数	频率
品牌感知价值	功能价值	3	1.81	6	3.61	4	2.41	5	3.01	8	4.82
	情感价值	13	7.83	18	10.84	4	2.41	10	6.02	3	1.81
	经济价值	4	2.41	3	1.81	2	1.20	4	2.41	3	1.81
	社会价值	8	4.82	6	3.61	3	1.81	10	6.02	3	1.81
消费者信任	品牌信任	3	1.81	4	2.41	2	1.20	0	0.00	0	0.00
	人际信任	1	0.60	2	1.20	3	1.81	0	0.00	0	0.00
	制度信任	1	0.60	1	0.60	0	0.00	1	0.60	1	0.60
企业环保形象		9	5.42	10	6.02	2	1.20	2	1.20	4	2.41
合计		42	25.30	50	30.12	20	12.05	32	19.28	22	13.25
间接贡献意愿		42	—	49	—	23	—	47	—	17	—

注：$N_{间接}=166$，表中所有频率为该分析类目的频数/总数。间接贡献意愿频数独立统计，未计入影响因素总频数。

表 3.6 中，强化型和保持型顾客提及间接贡献意愿的频数明显高于弱化型和非会员顾客，但停滞型顾客的频数也处于较高水平（$F_{强化}=42$，$F_{保持}=49$，$F_{弱化}=23$，$F_{停滞}=47$，$F_{非会员}=17$）。编码结果显示，四类会员顾客和非会员顾客都曾经发生过间接贡献行为。强化型顾客 A03 介绍其推荐品牌 A 的行为："我向同事们推荐过品牌 A，把同事的电话发给我的销售顾问，然后他们给同事赠送体验礼包，有七八个同事体验过（A03U44）。"保持型顾客 S03 会让来访朋友体验品牌 A 的菜品并介绍品牌："朋友到家里来吃饭，我要点品牌 A 的有机菜，特别是带孩子的朋友，我都会给他们说一些品牌 A 的情况（S03U39）。"停滞型顾客 D04 表示："我不一定买品牌 A 的有机菜，但我有很多朋友经济条件都不错，我会邀请他们参加品牌 A 的公益活动（D04U83）。"弱化型顾客 R03 谈道："我是从事媒体工作的，如果品牌 A 有公益活动我也很愿意与他们合作（R03U42）。"非会员顾客 F01 表示："如果遇到好的有机产品，我也会发朋友圈推荐，朋友感兴趣就体验一下（F01U25）。"

随着企业与顾客互动频率和程度的提高，顾客可能会产生积极的间接贡献意愿，与企业共创价值（朱翊敏，于洪彦，2014）。停滞型顾客 D04 将购买停滞的原因归结为需求变化，而间接贡献行为的动机是关爱朋友健康："我现在不像以前那么忙,像休闲一样在菜市场逛逛,把买菜当成乐趣,所以就不在品牌 A 购买有机食品了(D04U16)。""我向别人推荐品牌 A 的出发点是东西不错,想分享给大家,应该是出于对朋友健康的关爱(D04U44)。"停滞型顾客 D03 因购买有机食品的非货币成本增加而减少购买,在微信朋友圈分享有机食品则是兴趣使然:"品牌 A 线下店离我家比较远,我爸妈来了以后因为不会使用 APP 下单,所以没有继续购买品牌 A 的有机食品(D03U17)。""我有一次把品牌 A 的产品发到朋友圈,居然发起了晒有机食材的热潮,大家都被我的分享影响(D03U42)。"顾客或许是受到需求变化、价格偏高或非货币成本增加等影响而减少购买行为,但从影响、协同、增强或动员等行为获得的社会认同、自我效能感和愉悦感(Yim et al.,2012),促使顾客产生积极的间接贡献意愿。

与四类会员顾客相比,非会员顾客提及间接贡献意愿的频次明显较低($F_{非会员}=17$ 次)。非会员顾客 F01 认为:"有机产品的品牌很多,不太记得住,也不怎么相信(F01U10)。"非会员顾客 F04 介绍:"我基本上不会向朋友推荐有机食品,因为它们品牌不够强大,企业跟消费者之间没有互动,也无法反馈(F04U18)。"品牌满意与信任对间接贡献意愿的显著影响得到诸多学者的验证(Van Doorn et al.,2010;朱翊敏,于洪彦,2014;Roy et al.,2017),发挥相似作用的还有顾客卷入和参与(Vivek et al.,2012)、服务体验和消费情感(陈静等,2017)等,此类影响因素都与顾客-品牌关系质量有关(赵景林,赵红,2019)。

上述分析表明,有机食品顾客的直接贡献意愿与间接贡献意愿之间存在一定的关系,直接贡献意愿较强的顾客更有可能产生间接贡献意愿,而直接贡献意愿较低的顾客也可能出于增进情感交流、加强社会连接等动机产生间接贡献意愿。此发现或许与品牌感知价值对两类意愿的影响存在差异有关。本研究据此得出推论 6:有机食品顾客的直接贡献意愿与间接贡献意愿之间存在一定的关系,但也可能出现反差,其原因或许与品牌感知价值对两类意愿的差异化影响有关。

3.3.4.1 功能价值对间接贡献意愿的影响

从频数来看,四类会员顾客和非会员顾客谈论间接贡献意愿的影响因素时,提及功能价值的频数并不高($F_{功能}=26$,$F_{情感}=48$,$F_{经济}=16$,$F_{社会}=30$)。从分布来看,四类会员顾客的功能价值频数($F_{强化}=3$,$F_{保持}=6$,$F_{弱化}=4$,$F_{停滞}=5$)与间接贡献行为频数之间并无明显规律可循。

弱化型顾客 R03 指出功能价值是推荐品牌 A 的基础，但开展社交和树立形象的目的更重要："我推荐品牌 A，主要是该品牌的东西实实在在的好（R03U53），但更多是身边的朋友需要，品牌 A 也比较有名气……让朋友觉得自己有超前消费的意识（R03U55）。"停滞型顾客 D05 提到会在品牌 A 的产品品质得到认可后进行推荐："我会买品牌 A 的水果给大家品尝（D05U71），大家觉得好吃，我就会介绍品牌 A，我还会把感兴趣的朋友推荐给工作人员（D05U72）。"

有机食品的功能价值是顾客产生间接贡献意愿的物质保障，却未必是内在动机。顾客感知的功能价值低，可能因影响、协同、增强和动员等行为导致社交关系受损（Ryu，Feick，2007），但感知的功能价值高，间接贡献意愿却不一定产生。基于此，本研究得出推论 7：功能价值对有机食品顾客间接贡献意愿的影响未被观察。

3.3.4.2　情感价值对间接贡献意愿的影响

谈到品牌感知价值二阶维度对间接贡献意愿的影响时，四类会员顾客提及情感价值的频数均为最高（$F_{强化}=13$，$F_{保持}=18$，$F_{弱化}=4$，$F_{停滞}=10$），此发现与情感因素影响间接贡献意愿的观点一致（Vivek et al.，2012；孙乃娟等，2016）。从分布来看，间接贡献意愿频数较高的强化型、保持型和停滞型会员顾客，情感价值频数也相对较高。

停滞型顾客 D05 谈到曾经因为情感因素在社交媒体维护品牌 A："品牌 A 的微信群里有些人很过分，买根葱都要求店上送货，我跟店长是好朋友，特别看不惯这些人的行为，还会在微信群里怼他们（D05U84）。"强化型顾客 A04 阐述了抒发情感与微信分享之间的关系："我在微信发过参加品牌 A 活动的内容，就是抒发一下感情，觉得自己状态挺好的，那些农场活动、夏令营什么的，朋友们都觉得很有意思（A04U27）。"

内容分析表明，顾客感知的情感价值较高，则更有可能在线上线下的对话中讨论有机食品品牌、对品牌做出反馈，甚至会向亲朋好友推荐品牌（Pansari，Kumar，2017）。因此本研究得出推论 8：情感价值对有机食品顾客间接贡献意愿的影响可被观察。

3.3.4.3　经济价值对间接贡献意愿的影响

四类会员顾客提及经济价值的频数在所有价值维度中最低（$F_{强化}=4$，$F_{保持}=3$，$F_{弱化}=2$，$F_{停滞}=4$），且四类顾客之间没有明显差异。强化型顾客

A04 认为其推荐行为与金钱没有关系，反而看重被他人认同的结果："我不会太在意老带新的奖励政策什么的，没有奖励也会推荐，只是希望我的努力得到认同（A04U49）。"弱化型顾客 R04 谈到出于个人形象考虑不便直接分享，经济价值对分享无意义："我是从事教育行业的，不好去分享商业广告，讨论是否划得来对我没有意义，保持社会形象更重要（R04U61）。"编码结果表明，顾客并未因经济价值而产生间接贡献意愿，而得到社会认同或保持社会形象与间接贡献意愿存在一定的关系。因此本研究得出推论 9：经济价值对有机食品顾客间接贡献意愿的影响未被观察。

3.3.4.4　社会价值对间接贡献意愿的影响

从频数来看，不同类型顾客提及社会价值的总频数（$F_{社会}=30$）仅次于情感价值。从分布来看，间接贡献意愿频数较高的强化型、保持型和停滞型会员顾客，社会价值频数也相对较高（$F_{强化}=8$，$F_{保持}=6$，$F_{弱化}=3$，$F_{停滞}=10$）。

强化型顾客 A04 曾经就环保问题向品牌 A 提建议："品牌 A 应该为环保投入更多的人力物力，不能因成本高而放弃（A04U64）。公司注意环保会让消费者更加信任（A04U65）。"保持型顾客 S05 谈到品牌 A 的公益活动会促进其间接贡献意愿："如果我知道品牌 A 有公益活动，我会参加的，我觉得这个活动很好，总比直接捐钱好，我还会邀请朋友一起（A04U39）。"停滞型顾客 D02 将朋友圈分享的动机归结为寻找存在感："我曾经通过朋友圈晒过品牌 A 的产品（D02U44），没什么别的目的，就是想找到自己的现实存在感，跟朋友分享积极的事情（D02U45）。"

已有研究发现有机食品顾客产生积极的间接贡献意愿与获得社会效益、社会认同、社交需求和自我提升等期望有关（Füller，2010；朱翊敏，于洪彦，2014；邵景波等，2017）。内容分析显示，有机食品企业在品牌信任、环境保护、社会责任等方面的表现以及由此带给顾客的社会价值对间接贡献意愿有影响。本研究得出推论 10：社会价值对有机食品顾客间接贡献意愿的影响可被观察。

3.3.4.5　其他因素对间接贡献意愿的影响

编码结果中，影响间接贡献意愿的其他因素还有品牌信任和企业环保形象。四类会员顾客的品牌信任（$F_{强化}=3$，$F_{保持}=4$，$F_{弱化}=2$，$F_{停滞}=0$）和企业环保形象（$F_{强化}=9$，$F_{保持}=10$，$F_{弱化}=2$，$F_{停滞}=2$）的提及频数与间接贡献意愿频数的变化存在一定的相似性。

在品牌信任方面,保持型顾客 S01 介绍对品牌 A 产品和服务的信任使其推荐时没有心理压力:"品牌 A 的售后服务非常好,买的东西如果坏了可以直接退换(S01U47)。这样向朋友推荐时没有心理压力,不会有面子上的顾虑(S01U48)。"强化型顾客 A02 对品牌 A 的信任降低了价格敏感性,增强了推荐动机:"我家每个月在品牌 A 的消费达到四五千元,我觉得家里人吃得健康比什么都重要(A02U63),外面的食品没人能够保证品质(A02U64)……如果身边朋友有这个消费能力,我就会主动提一下,看他们是否需要(A02U68)。"停滞型顾客 D04 表示品牌信任会增加认同并促进其推荐:"品牌 A 的活动成为促进我推荐的契机(D04U67),让更多的人知道和了解这个品牌……信任感增加了,认同也会增加(D04U69),让我推荐的时候更容易(D04U70)。"强化型顾客 A05 认为品牌信任在经常性购买中日益增加,由于良好的感受引发了更加积极的意见反馈:"这几年我们在品牌 A 养成了消费习惯,不在这里买菜真不知道到哪里买(A05U50)……我夫人参加企业活动很积极,给他们提意见,应该是出于丰富生活、心情愉快的目的(A05U54)。"从上述分析推测,品牌信任在功能、经济、情感和社会四个价值维度与间接贡献意愿之间发挥作用。

在企业环保形象方面,保持型顾客 S02 说明了有机农业保护环境与分享和推广之间的联系:"我知道有机农业的生产过程不会有农药和化工废品的排放,本身是保护环境的行为(S02U38),所以我还是愿意分享和推广(S02U39)。"强化型顾客 A02 谈到品牌 A 如果在减少环境污染方面有所改进,将有益于其推荐行为:"如果品牌 A 的塑料外包装改进了,我会更加心安理得地推荐,不会为包装而纠结(A02U77)。"基于此,本研究得出推论 11:在品牌感知价值影响有机食品顾客间接贡献意愿的过程中,品牌信任和企业环保形象的影响可被观察。

综合上述分析,有机食品顾客间接贡献意愿的产生与品牌感知价值二阶维度的动态评价有关,两者之间的关系还受到品牌信任和企业环保形象的影响。第三个研究问题得到初步解答。

3.4 品牌感知价值对有机食品顾客融入意愿的影响模型

3.4.1 研究模型推演

本研究根据步骤 1 和步骤 2 的各项发现，推演了品牌感知价值影响有机食品顾客融入意愿的过程（图 3.2）：

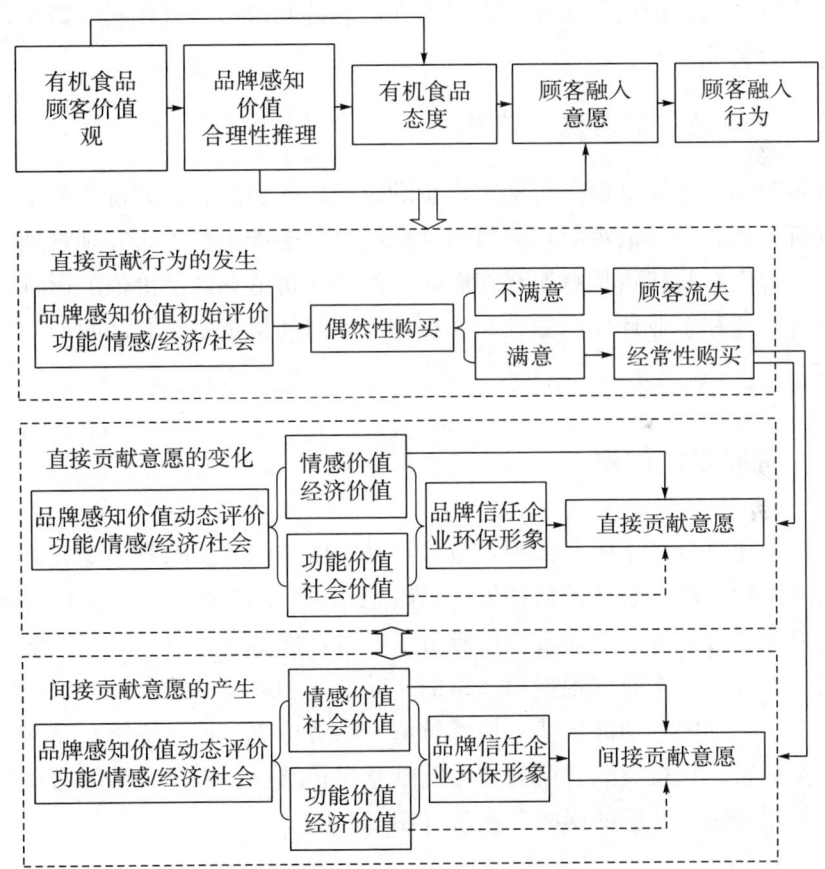

图 3.2 "品牌感知价值对有机食品顾客融入意愿的影响"模型推演
资料来源：作者根据研究发现与推论绘制

3.4.1.1 直接贡献行为的发生

顾客接触有机食品品牌之初，从品牌感知价值的功能、情感、经济和社会四个维度对其产品和服务作出初始评价。评价结果：品牌感知价值符合价值观，则促成顾客的偶然性购买。如果对偶然性购买结果不满意，顾客可能直接流失。如果对偶然性购买结果满意，则有可能逐渐转化为经常性购买。

3.4.1.2　直接贡献意愿的变化

在经常性购买有机食品的过程中，顾客对品牌感知价值进行动态评价，功能、情感、经济和社会四个维度对直接贡献意愿的影响发生变化。本研究观察到情感价值和经济价值对直接贡献意愿存在影响，而功能价值和社会价值的影响未被观察。品牌信任和企业环保形象在品牌感知价值与直接贡献意愿之间的作用也值得关注。

3.4.1.3　间接贡献意愿的产生

顾客对品牌感知价值进行动态评价的过程中，当品牌感知价值的某些或全部维度符合顾客的价值观时，间接贡献意愿可能会产生。本研究观察到情感价值和社会价值对间接贡献意愿存在影响，而功能价值和经济价值的影响未被观察。品牌信任和企业环保形象在品牌感知价值与间接贡献意愿之间的作用也有待探讨。

3.4.2　研究模型构建

综合上述分析，本研究推测，直接贡献意愿和间接贡献意愿是有机食品顾客对品牌感知价值动态评价的结果。品牌感知价值部分或全部维度评价较高的顾客，可能通过购买为企业直接贡献价值，也可能通过影响、协同、增强或动员间接贡献价值。本研究根据第 2 章的文献综述和第 3 章的合理推论，将品牌感知价值二阶维度（功能价值、情感价值、经济价值、社会价值）、品牌信任、企业环保形象、直接贡献意愿和间接贡献意愿相结合，构建"品牌感知价值对有机食品顾客融入意愿的影响"模型（图 3.3）：

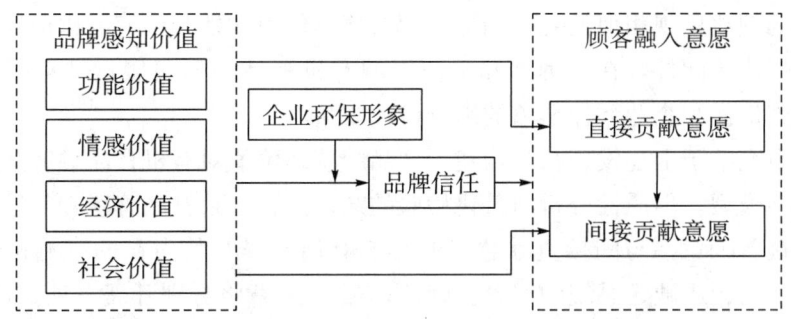

图 3.3　"品牌感知价值对有机食品顾客融入意愿的影响"模型

资料来源：作者根据文献综述和研究发现绘制

3.5　本章小结

本研究的步骤 1 以有机食品品牌的会员顾客为研究对象，根据 RFM 模型中最近购买时间、购买频率和购买金额三个核心变量，通过聚类分析将顾客划分为四个统计学差异显著的集群，并将其命名为强化型、保持型、弱化型和停滞型，印证了有机食品顾客的直接贡献意愿会发生变化的观点，为构建研究模型奠定基础。

步骤 2 通过对四类顾客的深度访谈和内容分析发现，有机食品顾客直接贡献意愿的变化与品牌感知价值的动态评价有关，且功能、情感、经济和社会四个维度对直接贡献意愿的影响存在差异。强化型、保持型、弱化型和停滞型四类会员顾客的直接贡献意愿存在明显的弱化趋势，但他们对功能价值和社会价值的积极评价并未与其直接贡献意愿呈现相似的变化趋势。四类会员顾客对情感价值和经济价值的积极评价存在相似规律，情感价值和经济价值的积极评价越多，顾客直接贡献意愿越高。此外，研究还发现在品牌感知价值影响有机食品顾客直接贡献意愿的过程中，品牌信任的影响可被观察，企业环保形象的影响值得关注。

步骤 2 发现有机食品顾客的直接贡献意愿与间接贡献意愿之间存在一定的关系，直接贡献意愿较高的顾客更有可能产生积极的间接贡献意愿。但两类意愿之间也可能出现反差，直接贡献意愿较低的顾客也可能产生间接贡献意愿，此现象或许与品牌感知价值二阶维度对两类意愿的差异化影响有关。

研究还观察到有机食品顾客间接贡献意愿的产生与品牌感知价值的动态评价有关。四类会员顾客对功能价值和经济价值的积极评价并未与其提及间接贡献意愿的频数呈现相似的变化趋势,而对情感价值和社会价值的积极评价却存在相似规律。此外,在品牌感知价值影响有机食品顾客间接贡献意愿的过程中,品牌信任和企业环保形象的影响可被观察。

本研究基于上述发现初步构建了"品牌感知价值对有机食品顾客融入意愿的影响"模型。但质性分析与量化检验的结果是否一致?品牌感知价值二阶维度对直接贡献意愿与间接贡献意愿的影响有何差异?其内在的影响机理是什么?这些问题还缺乏系统的回答。因此,第4~6章将分别开展三项实证研究,运用调查数据和统计分析方法,分步探讨品牌感知价值对有机食品顾客融入意愿的影响与机理,以期解答上述问题。

第 4 章 品牌感知价值对有机食品顾客直接贡献意愿的影响与机理

4.1 研究目的

第 2 章的文献综述厘清了有机食品消费情境下品牌感知价值和顾客融入意愿的涵义，第 3 章的质性研究推演了两者之间的关系，本研究提出的第一个核心问题基本明晰。基于此，第 4~6 章分别讨论品牌感知价值对直接贡献意愿与间接贡献意愿的影响与机理，尝试解答品牌感知价值是否以及如何影响有机食品顾客融入意愿的问题。

学者们从多个层面深入分析了有机食品顾客直接贡献意愿的影响因素（关兵，范德成，2013；Rana，Paul，2017；Truong et al.，2021），但学术研究和商业实践中仍然存在令人困惑的问题，例如，为什么消费者购买或不购买有机食品？为什么部分消费者的价值观和态度并未持续付诸行动？为什么有机食品多重价值维度的重要性对不同类型顾客有所不同？为了回答上述问题，本研究重点考察品牌感知价值对直接贡献意愿的影响，原因有三方面：①感知价值对不同消费价值观的表现提供了内在支持（Kushwah et al.，2019），其多维视角在衡量直接贡献意愿方面更具预测力（Gonçalves et al.，2016），能够在价值观与意愿之间建立连接；②感知价值及其二阶维度的重要性在有机食品的经常性购买者和偶然性购买者之间存在明显差异（Truong et al.，2021）；③品牌是向有机食品顾客传递产品信息、降低顾客搜索成本、促进溢价购买的重要载体（李丹等，2021），聚焦于特定品牌的感知价值更具研究意义。

顾客融入是关系形成的下一步（Pansari，Kumar，2017），企业与顾客建立长期关系需要以信任和承诺为基础（Morgan，Hunt，1994）。信任是有机食品等信任品市场的重要前提（王永钦等，2014；Nuttavu thisit，Thøgersen，2015），虽然已有研究认可信任对直接贡献意愿的影响，但针对此变量的量化分析却较为少见（袁晓辉等，2021）。在品牌感知价值影响有机食品顾客直接贡献意愿的过程中，品牌信任是否发挥作用？通过或不通过品牌信任的情况下，品牌感知价值二阶维度对直接贡献意愿的影响有何差异？上述问题在已有研究中并无明确解答，本研究将深入探寻这些问题。

基于此，第4章围绕品牌感知价值对有机食品顾客直接贡献意愿的影响与机理开展研究，通过理论推演和数据分析验证两个问题：①品牌感知价值二阶维度是否影响有机食品顾客的直接贡献意愿。②品牌信任在品牌感知价值对直接贡献意愿的影响中是否起到中介作用。

4.2 假设推演

4.2.1 品牌感知价值对直接贡献意愿的影响

4.2.1.1 品牌感知价值整体概念对直接贡献意愿的影响

感知价值对直接贡献意愿的影响得到诸多文献支持。已有研究发现，消费者对产品价值的感知有利于形成积极的购买态度（Sweeney，Soutar，2001），即使影响顾客购买的因素众多，但感知价值最大化是顾客购买决策遵循的原则（Eggert，Ulaga，2002）。感知价值也是顾客忠诚度的主要决定因素，且各个二阶维度都与忠诚度相关，顾客忠诚最直接的表现就是重复购买（Kim et al.，2019）。本研究中品牌感知价值的定义为"消费者基于感知获得和感知付出对特定品牌的产品效用做出的总体评价"。品牌感知价值被认为是影响顾客与零售商品牌关系的关键因素，当两种产品具有相同的市场刺激和产品属性时，顾客对焦点品牌和非品牌产品的反应差异就是品牌价值（Li et al.，2012）。

在有机食品等绿色消费领域，学者们也探讨了感知价值对直接贡献意愿的影响。这种影响在马来西亚（Shaharudin et al.，2010）、中国（杨伊侬，2012；薛永基等，2016）的有机食品顾客购买意愿研究中得到验证。

4.2.1.2 品牌感知价值二阶维度对直接贡献意愿的影响

感知价值的多重维度比单一的"物有所值"更能解释消费者的选择（Sweeney，Soutar，2001），对直接贡献意愿具有更高的预测力（Gonlves et al.，2016）。与传统的感知价值整体概念研究相比，完善的品牌感知价值框架成为多重价值维度评价过程和关系发展的先决条件，为有机食品顾客意愿的研究提供了新的见解（Papista et al.，2018）。本研究将深入探究品牌感知价值二阶维度对直接贡献意愿的影响。

（1）功能价值。

功能价值源于产品的预期性能和感知质量，例如产品质量保持一致、做工精良、质量标准可接受等（Sweeney，Soutar，2001）。有机食品的功能价值是指顾客对有机食品的安全、营养健康、质量标准和稳定性的感知效用（Watanabe et al.，2020），其独特功能和先进技术是创造顾客价值的必要前提（Koller et al.，2011）。功能价值影响有机食品顾客直接贡献意愿的观点得到广泛认同，消费者通常认为有机食品是自然生产的，使用更少或不使用化学物质，对人和环境更友好（Mondelaers et al.，2009；Rana，Paul，2017）。针对中国顾客的研究曾经将绿色食品感知价值二阶维度的影响程度排序，从大到小依次为情感价值、功能价值、绿色价值和社会价值（徐昭君，胡海，2016）。面向欧洲顾客的调查也明确了有机食品内在和外在的质量属性（Quality attributes）与购买意愿之间有显著的正相关关系。本研究提出如下假设：

H1a：功能价值对有机食品顾客直接贡献意愿有显著的正向影响。

（2）情感价值。

情感价值是指从对产品或品牌产生的感觉或情感状态中获得的效用，例如让我喜欢、使用起来很放松、感觉良好等（Sweeney，Soutar，2001）。情感价值与顾客和产品链接时所感受到的情感有关（Holbrook，2006），有助于驱动顾客购买并解释顾客行为（Sierra et al.，2015）。根据依恋理论，顾客倾向于对产品和品牌产生情感依恋（Yim et al.，2008），对于经常性购买有机食品的顾客，放松和幸福的感觉是重要的（Lee，Yun，2015；Apaolaza et al.，2018），他们的可持续消费行为与环境保护相容，与积极情感相联系（Corral-Verdugo et al.，2009）。情感价值对有机食品顾客直接贡献意愿的影响也曾得到肖慧和刘风豹（2017）、Khan 和 Mohsin（2017）以及 Watanabe 等（2020）的证实。因此，本研究提出如下假设：

H1b：情感价值对有机食品顾客直接贡献意愿有显著的正向影响。

（3）经济价值。

经济价值是指由于产品的短期和长期成本的减少而产生的效用，Sweeney 和 Soutar（2001）将其内涵聚焦于价格合理、物有所值、经济实惠等。有机食品具有健康、环保、不使用农药化肥等特点，其高昂的价格强调了这些品质（Mondelaers et al.，2009；Chrysochou，Grunert，2014）。Koller 等（2011）

对经济价值的解释更倾向于产品所提供的总效用与总成本之间成比例所带来的效用。在经常性购买有机食品的过程中，顾客由于替代品较少、有机知识更丰富、价值感知更高等原因（朱强，王兴元，2016），更有可能关注产品总效用与总成本之间的比例，即有机食品的"性价比""物有所值"和"物超所值"等。经济价值对有机（绿色）产品购买意愿的正向作用得到实证研究的支持（徐昭君，胡海，2016；Khan，Mohsin，2017）。本研究基于此提出如下假设：

H1c：经济价值对有机食品顾客直接贡献意愿有显著的正向影响。

（4）社会价值。

社会价值是指来自产品增强社会自我概念能力的效用，例如改善他人看法、留下好印象、获得社会认同等（Sweeney，Soutar，2001）。社会价值与特定参考群体的社会接受程度有关，这是由顾客对产品或品牌的选择而产生的（Watanabe et al.，2020）。顾客对社会价值的感知会与其获得社会认同的过程相互作用，从而促进有机食品购买（Du et al.，2017）。Costa－Migeon 等（2014）、Sierra 等（2015）以及 Khan 和 Mohsin（2017）分别证实了社会价值对有机食品顾客购买意愿或行为的影响，顾客通过购买有机食品向他人发出信号，表明自身亲社会而不是亲自我的特性（Koller et al.，2011）。本研究据此提出如下假设：

H1d：社会价值对有机食品顾客直接贡献意愿有显著的正向影响。

4.2.2 品牌信任的中介作用

4.2.2.1 品牌信任的涵义

顾客融入是关系形成的下一步（Pansari，Kumar，2017），而满意、信任与承诺是顾客-品牌关系质量的关键组成部分，在关系的激励因素与顾客行为意愿之间起到中介作用（Palmatier et al.，2006；Papista，Krystallis，2013）。由于有机食品具有典型的信任品属性（王永钦等，2014），本研究重点关注信任的影响。信任是社会学、心理学等研究领域确认的中介变量，袁登华等（2008）将品牌信任定义为顾客在风险情境下基于对品牌质量、行为意向及履行承诺能力的正面预期而产生的认可该品牌的意愿。Grayson 等（2008）的测量量表将品牌信任具体化为"相信该品牌会考虑各项措施对顾客的影响""该品牌乐意为遇到问题的顾客提供帮助""该品牌在制定政策时很关心顾客""该品牌在沟通过程中是真诚的"以及"遇到问题时即使该品牌的解释不太合理，顾客仍然愿意相信"五个题项。

4.2.2.2 品牌信任在品牌感知价值与直接贡献意愿之间的作用

感知价值对品牌信任的正向影响已得到学者验证（Morgan，Hunt，1994）。研究证实提高顾客的感知价值或降低感知风险可增进其信任（卫海英，杨国亮 2011）。品牌信任对购买意愿的正向影响由童利忠等（2014）证实，此影响在农产品的顾客购买意愿研究中也获得支持（何浏等，2014）。

4.2.2.3 品牌信任在品牌感知价值与有机食品顾客直接贡献意愿之间的作用

有机食品的潜在利益（安全与健康、放松与幸福、物有所值、社会认同）对顾客的心理和行为产生积极影响，品牌信任就是这种积极影响的作用效果之一。品牌信任是有机食品市场持续发展的重要前提（Nuttavuthisit，Thøgersen，2015），成为中国有机食品研究讨论的核心（罗攀，2018）。已有研究认可信任对有机食品顾客购买意愿的影响（袁晓辉等，2021），但针对此变量的量化分析仍然较少。大多数顾客不具备区分有机与非有机食品的专业知识（Chekima et al.，2017；Hartmann et al.，2018），他们更有可能从信任的品牌购买有机食品（Konuk，2018；Yu et al.，2021）。品牌感知价值对有机食品顾客购买意愿有正向影响，同时在品牌信任与购买意愿之间发挥中介作用（Konuk，2018），而品牌信任在品牌感知价值与直接贡献意愿之间的作用有待进一步验证。

从品牌感知价值二阶维度的视角，功能价值、情感价值、经济价值和社会价值都被认为增强了顾客对品牌和期望结果的信心（Sweeney，Soutar，2001）。在功能价值方面，已有研究证实由于有机食品额外的健康和环境效益，其感知质量对品牌信任产生积极作用（Aurier，De Lanauze，2012），顾客认为有机食品的质量越好，他们就越有可能信任这些品牌（Konuk，2018）。在情感价值方面，情感价值被证实可正向影响有机食品顾客的信任和购买意愿（刘敬严，2008），因为与快乐和幸福相关的主观感受对有机食品顾客很重要（Watanabe et al.，2020）。在经济价值方面，顾客对有机食品品牌的信任建立在感知价格公平的基础上（Pandey，Khare，2017），与感知成本效益相关的经济价值正向影响信任（Zanolli et al.，2015）和购买意愿（Konuk，2018）。在社会价值方面，社会价值对消费者信任的间接影响也得到已有研究验证（Fazal-E-Hasan et al.，2018）。第3章的内容分析发现品牌信任对品牌感知价值与有机食品顾客直接贡献意愿之间的关系有影响。本研究根据文献提出如下假设：

H2a：品牌信任在功能价值对有机食品顾客直接贡献意愿的影响中起到中介作用。

H2b：品牌信任在情感价值对有机食品顾客直接贡献意愿的影响中起到中介作用。

H2c：品牌信任在经济价值对有机食品顾客直接贡献意愿的影响中起到中介作用。

H2d：品牌信任在社会价值对有机食品顾客直接贡献意愿的影响中起到中介作用。

综上所述，第 4 章以品牌感知价值二阶维度为自变量、以有机食品顾客直接贡献意愿为因变量，引入中介变量品牌信任构建研究模型（图 4.1）。

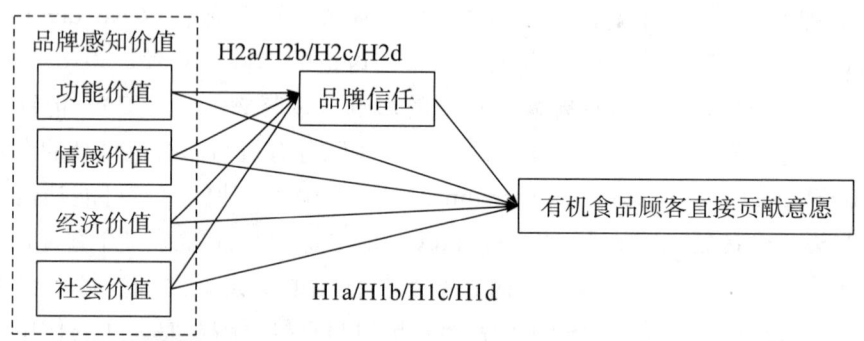

图 4.1 "品牌感知价值对有机食品顾客直接贡献意愿的影响与机理"研究模型

资料来源：作者根据理论背景与研究假设推演绘制

4.3 研究设计

4.3.1 研究方法

本研究采用问卷调查方法收集数据。问卷设计分为四个步骤：①梳理国内外相关文献，选取经实证检验的成熟量表，确保其信度和效度符合研究规范并得到学术同行认可。②将英文量表的题项进行翻译和回译，使其符合中文语境，避免受访者出现理解歧义。③邀请同领域专家和博士生审阅问卷，并根据反馈意见修改。④实施样本量为 33 份的预测试并根据结果调整题项描述，最终形成正式量表。

首先，通过线上和线下渠道同步收集问卷后，采用 SPSS 22.0 软件检验量表的信度和效度；其次对研究变量进行描述性统计分析，揭示变量间的相关关系；再使用 AMOS 26.0 软件进行结构方程模型分析，检验主效应；最后，采用 Bootstrap 方法检验品牌信任的中介作用。

4.3.2 测量量表

本研究模型中包含品牌感知价值、直接贡献意愿和品牌信任三个变量。品牌感知价值的测量量表由 Sweeney 和 Soutar（2001）开发并被后续研究高频引用，其可行性、稳定性和权威性获得认可。该量表最早应用于耐用消费品的测量，后来学者们将其应用于快速消费品领域（Fazal－E－Hasan et al.，2018；李佳敏，张晓飞，2020）。Nguyen 等（2015）在 Sweeney 和 Soutar（2001）量表的基础上进行改编，将其应用于食品多维价值的测量，Watanabe 等（2020）将改编后的量表应用于巴西有机食品顾客购买意愿的测量，该量表在有机食品领域的适用性得到验证。量表包含功能、情感、经济和社会四个二阶维度（Koller et al.，2011），本研究基于深度访谈和内容分析结果，调整题项使其适应有机食品消费情境，例如将功能价值题项"做工精良"调整为"营养健康"，将经济价值题项"经济实惠"调整为"物美价廉"，将社会价值题项"帮助我感觉被接受"调整为"使我更为他人所接受"，确保每个维度有 3 个（含）以上题项。

直接贡献意愿的测量采用田阳等（2009）使用的购买意愿量表，共有"我会优先考虑购买该公司的产品"等 3 个题项。品牌信任的测量运用 Grayson 等（2008）的企业信任量表，根据研究目的将题项主体设定为"品牌"，通过"我相信该品牌会考虑各项措施对顾客的影响"等 5 个题项的平均值测量品牌信任。所有题项全部采用 Likert5 级量表，从"非常不同意"到"非常同意"的五个选项分别计 1～5 分。调查问卷详见附录 2 "品牌感知价值对有机食品顾客直接贡献意愿的影响与机理"调查问卷。

4.3.3 数据收集

4.3.3.1 数据来源控制

（1）消费者特征控制。

当今有机食品市场上绝大部分的销售额是由一小部分顾客购买产生（Willer，Lenoud，2017），多数消费者普遍存在只买一次的情况（杜伟强，曹花蕊，2013）。消费者对有机食品普遍表现出积极态度，但很少转化为实际购买行为（邓新明，2014）。已有文献普遍根据意向购买者或偶然性购买者的自我陈述来研究有机食品顾客购买意愿的影响因素，可能因为测量外显态度造成学术研究结果的偏差（王晓红等，2018）。因此，本研究聚焦于那些正在购买有机食品的顾客（Chekima et al.，2017）。

问卷使用甄别题项筛选受访者，确保其具有经常性购买有机食品的行为。甄别题项询问"过去或现在是否经常性购买有机食品"，列举了有机蔬菜、肉类等多样化的品类，提示受访者展开联想。此题项如为否定回答，调查终止或视为无效。问卷还设置了甄别题项"过去或现在是否是任何综合品类有机食品企业或品牌的会员"，采用2级定类量表（1是，2否）确认受访者的会员顾客身份，进一步观察不同类型的经常性购买者的差异。

（2）产品和品牌特征控制。

有机食品品牌企业通常提供多种有机食品的综合品类品牌，例如北京正谷农业、上海多利农庄、辽宁源食俱乐部等。选择综合品类品牌的目的是了解顾客对于有机食品品牌而非某类产品的价值感知，以消除产品品类对直接贡献意愿的潜在影响。

4.3.3.2 收集过程控制

（1）收集环境控制。

本次问卷调查的线上渠道为"问卷星"网站和微信、QQ等社交软件，线下渠道选取了高端超市、有机食品专卖店等经营场所。最终问卷回收415份，剔除受访者未经常性购买有机食品、所有题项评分相同等无效问卷后剩余372份，问卷有效率为89.63%。受访者的地域分布以四川省为主（59.94%），涵盖重庆（8.06%）、浙江（7.26%）等25个省级行政区及海外（2.15%），减少了地域分布过于集中可能导致的偏差。表4.1为受访者的人口统计信息。

表 4.1 受访者人口统计信息

类型	人数	性别		年龄（岁）			
		男	女	≤30	31~40	41~50	≥51
总体	372	37.6	62.4	26.6	44.6	22.9	5.9
会员	187	36.9	63.1	11.2	53.0	26.2	9.6
非会员	185	38.4	61.6	42.2	36.2	19.4	2.2

类型	学历				家庭年收入（万元）					
	高中及以下	大学专科	大学本科	研究生以上	≤5	6~10	11~35	36~50	51~80	≥81
总体	2.2	9.9	46.2	41.7	6.2	13.4	44.9	17.5	9.9	8.1
会员	3.2	12.3	48.8	35.8	2.7	9.9	44.9	18.7	15.0	9.1
非会员	1.1	7.6	43.8	47.5	9.7	17.3	44.9	16.2	4.9	7.0

备注：N=372，表中除人数外所有人口统计数据均为百分比。

(2) 调查过程控制。

问卷调查时间为 2018 年 9 月至 10 月。为了控制阻碍受访者充分呈现的因素（黄盈盈，潘绥铭，2010），本次调查限制了调查者与受访者的人际关系，在问卷引言部分用醒目字样写明调查目的和隐私保护办法，降低受访者揣摩调查意图、担心隐私泄露等风险；调查还根据调查目的筛选出具有参与意向的受访者，当面或书面提醒其遵守问卷填写规则，提高调查数据的真实性和有效性。

4.4 假设检验

4.4.1 信度和效度检验

4.4.1.1 信度检验

表 4.2 中，各量表的 Cronbach's α 系数介于 0.846 至 0.939 之间，量表整体信度为 0.953，均明显高于 0.7 的判别标准（Nunnally，Bernstein，1994），表明量表信度较高。

表 4.2　量表的 Cronbach's α 系数

变量	题项数	Cronbach's α 系数
功能价值	4	0.912
情感价值	4	0.916
经济价值	3	0.889
社会价值	4	0.939
品牌信任	5	0.846
直接贡献意愿	3	0.923

4.4.1.2　效度检验

本研究所有量表均为发表于国内外权威期刊并广泛运用于实证研究的成熟量表，正式使用前向同领域专家和博士生征求意见并开展预测试，结合反馈意见和预测试结果修正量表题项，量表的内容效度得到保证。

结构效度通常检验收敛效度和区别效度。表 4.3 展示了量表的因子载荷、组合信度（CR）和平均方差抽取（AVE）。所有题项的因子载荷均超过 0.64（>0.5），CR 均超过 0.88（>0.6），所有变量的 AVE 均超过 0.61（>0.5），表明研究模型内在质量较为理想，量表的收敛效度符合研究要求（吴明隆，2010b）。

表 4.3　量表的因子载荷、组合信度和平均方差抽取

变量	题项	因子载荷	组合信度（CR）	平均方差抽取（AVE）
功能价值	该品牌的有机食品质量安全	0.85	0.911	0.718
	该品牌的有机食品营养健康	0.85		
	该品牌有机食品的质量标准是合格的	0.85		
	该品牌有机食品的质量保持稳定	0.84		
情感价值	我喜欢这个有机食品品牌	0.88	0.923	0.749
	该品牌有机食品引发我的购买欲望	0.85		
	我购买该品牌的有机食品时感到很放松	0.85		
	购买该品牌的有机食品让我感觉很好	0.88		

续表

变量	题项	因子载荷	组合信度（CR）	平均方差抽取（AVE）
经济价值	该品牌的有机食品定价合理	0.88	0.909	0.770
	该品牌的有机食品物有所值	0.92		
	该品牌的有机食品物美价廉	0.83		
社会价值	购买该品牌有机食品使我更为他人所接受	0.89	0.946	0.815
	购买该品牌有机食品能改善他人对我的看法	0.87		
	购买该品牌有机食品会给他人留下好印象	0.92		
	购买该品牌有机食品为我赢得社会的认可	0.93		
品牌信任	我相信该品牌会考虑各项措施对顾客的影响	0.71	0.884	0.606
	如果我遇到问题，该品牌乐意为我提供帮助	0.81		
	该品牌在制定政策时很关心像我这样的顾客	0.85		
	我相信该品牌在沟通的过程中是真诚的	0.86		
	即使该品牌解释不太合理，我仍然愿意相信	0.64		
直接贡献意愿	我会优先考虑购买该品牌的有机食品	0.93	0.923	0.799
	我会在该品牌购买大部分的有机食品	0.87		
	我会继续购买该品牌的有机食品	0.88		

表 4.4 中，每个变量的 AVE 的平方根均大于该变量与其他变量的相关系数，证明研究模型的变量之间差异显著（Fornell，Larcker，1981），量表具有良好的区别效度。

表 4.4 量表的相关系数、AVE 和 AVE 平方根

变量	功能价值	情感价值	经济价值	社会价值	品牌信任	直接贡献意愿
功能价值	1					
情感价值	0.699***	1				
经济价值	0.545***	0.616***	1			

续表

变量	功能价值	情感价值	经济价值	社会价值	品牌信任	直接贡献意愿
社会价值	0.373***	0.521***	0.440***	1		
品牌信任	0.556***	0.653***	0.655***	0.525***	1	
直接贡献意愿	0.563***	0.706***	0.622***	0.468***	0.660***	1
AVE	0.718	0.749	0.770	0.815	0.606	0.799
AVE平方根	0.847	0.865	0.878	0.903	0.778	0.894

注：* 表示 $P<0.05$，** 表示 $P<0.01$，*** 表示 $P<0.001$

4.4.2 共同方法偏差检验

4.4.2.1 程序控制

如果研究数据来源单一，而自我报告又是唯一的测量方式，有可能产生共同方法偏差。本次调查从程序控制和统计控制两方面着手减少共同方法偏差的影响（邓稳根等，2018）。程序控制包括线上线下调查渠道的结合使用，选取背景多样化的受访者，在问卷中提示调查不署名、不留联系方式、不涉及个人隐私、题项没有标准答案、调查未受企业委托等。

4.4.2.2 统计控制

统计控制选择了在无法确认偏差来源的情况下检验共同方法偏差的 Harman 单因素检验。将量表全部题项进行因子分析，未旋转的因子分析结果显示，特征根大于1的因子共有5个，解释变异总量为73.799%。第一公因子的特征值解释了46.072%的变异量，并未超过心理科学研究常见的50%临界值（Hair et al., 1998；邓稳根等，2018），符合研究要求。

4.4.3 描述性统计与相关分析

4.4.3.1 品牌感知价值二阶维度的描述性统计

表4.5显示，品牌感知价值二阶维度的均值从高到低依次为功能价值、情感价值、经济价值和社会价值（$M_{功能}=3.86$，$M_{情感}=3.74$，$M_{经济}=3.41$，

$M_{社会}=3.04$)。其中,功能价值题项均值从高到低依次为"质量安全""营养健康""质量标准合格"和"质量稳定",较为真实地反映了受访者对有机食品自然属性的关注程度。情感价值均值最高的题项是"品牌喜爱",其他三个题项略低,可见受访者对品牌的"喜爱"更加突出。经济价值的"定价合理"题项均值最低,而"物有所值"和"物美价廉"得分略高,表明顾客对有机食品的绝对价格水平评价较低,对"性价比"的看法更积极。社会价值四个题项均值相对于其他维度普遍较低并且标准差较大,说明社会价值对有机食品顾客的意义存在个体差异。

表 4.5 量表的均值与标准差

变量	均值	标准差	题项	均值	标准差
功能价值	3.86	0.727	该品牌的有机食品质量安全	3.90	0.816
			该品牌的有机食品营养健康	3.86	0.834
			该品牌有机食品的质量标准是合格的	3.87	0.816
			该品牌有机食品的质量保持稳定	3.81	0.806
情感价值	3.74	0.795	我喜欢这个有机食品品牌	3.84	0.813
			该品牌有机食品引发我的购买欲望	3.67	0.911
			我购买该品牌的有机食品时感到很放松	3.66	0.925
			购买该品牌的有机食品让我感觉很好	3.77	0.903
经济价值	3.41	0.804	该品牌的有机食品定价合理	3.34	0.895
			该品牌的有机食品物有所值	3.38	0.871
			该品牌的有机食品物美价廉	3.50	0.901
社会价值	3.04	0.972	购买该品牌有机食品使我更为他人所接受	3.10	1.048
			购买该品牌有机食品能改善他人对我的看法	3.14	1.059
			购买该品牌有机食品会给他人留下好印象	2.99	1.065
			购买该品牌有机食品为我赢得社会的认可	2.94	1.056

续表

变量	均值	标准差	题项	均值	标准差
品牌信任	3.51	0.693	我相信该品牌会考虑各项措施对顾客的影响	3.77	0.781
			如果我遇到问题，该品牌乐意为我提供帮助	3.64	0.878
			该品牌在制定政策时很关心像我这样的顾客	3.41	0.849
			我相信该品牌在沟通的过程中是真诚的	3.74	0.820
			即使该品牌解释不太合理，我仍然愿意相信	2.99	1.051
直接贡献意愿	3.66	0.827	我会优先考虑购买该品牌的有机食品	3.76	0.852
			我会在该品牌购买大部分的有机食品	3.52	0.933
			我会继续购买该品牌的有机食品	3.69	0.878

4.4.3.2 直接贡献意愿的描述性统计

直接贡献意愿整体均值为 3.66，表明经常性购买的顾客并未表达出强烈的购买意愿。从题项上看，"优先考虑该品牌"和"继续购买该品牌"均值较高，而"我会在该品牌购买大部分的有机食品"均值最低，或许是由于顾客不愿对特定品牌做出忠诚承诺。

4.4.3.3 品牌信任的描述性统计

品牌信任整体均值为 3.51，表明顾客对最熟悉的有机食品品牌也未能表现出足够的信任感。五个题项中"考虑顾客影响"和"品牌沟通真诚"均值较高，而"即使解释不太合理，我仍然愿意相信"题项均值明显偏低，可以理解为此题项的描述与中国消费者对信任的认知不够匹配。

4.4.3.4 研究变量的相关分析

表 4.4 显示，品牌感知价值二阶维度与直接贡献意愿显著正相关（$r_{功能}=0.563$，$r_{情感}=0.706$，$r_{经济}=0.622$，$r_{社会}=0.468$，$P<0.001$），与品牌信任也显著正相关（$r_{功能}=0.556$，$r_{情感}=0.653$，$r_{经济}=0.655$，$r_{社会}=0.525$，$P<0.001$），品牌信任与直接贡献意愿之间显著的正相关同样存在（$r_{信任}=0.660$，

$P<0.001$）。此结果与研究假设一致，为研究模型的验证提供初步支持。

4.4.4 主效应检验

4.4.4.1 整体模型拟合检验

本研究运用结构方程模型检验研究变量之间的因果关系。已有研究表明性别、年龄、学历和收入水平（Hursti，Magnusson，2003；尹世久等，2013；宋长鸣，2016；Molinillo et al.，2020）可能会影响品牌感知价值与直接贡献意愿的关系，但其影响有限，不能与其他因素相提并论（王建国，杜伟强，2016）。因此，本研究将性别、年龄、学历和收入水平作为控制变量。

本研究采用的模型拟合判别标准为 GFI>0.8（Hu,Bentler,1995），RMR<0.05，RMSEA<0.08，NFI>0.9，CFI>0.9，IFI>0.9，CMIN/DF<3（吴明隆，2010b），TLI>0.75（Sivo et al.，2006）。整体模型拟合数据的各项指标均符合判别标准，结构模型与样本数据拟合良好（表4.6）。

表4.6 整体模型拟合数据

拟合指标	CFI	GFI	NFI	TLI	IFI	RMR	RMSEA	CMIN/DF
拟合数据	0.965	0.911	0.934	0.959	0.965	0.044	0.053	2.045
判别标准	>0.9	>0.8	>0.9	>0.75	>0.9	<0.05	<0.08	<3

4.4.4.2 假设检验结果

图4.2和图4.3展示了"品牌感知价值-直接贡献意愿"结构方程模型及其路径系数。表4.7呈现了主效应的假设检验结果，情感价值和经济价值对有机食品顾客直接贡献意愿有显著的正向影响，情感价值的路径系数大于经济价值 [$\beta_{情感}$（=0.519）>$\beta_{经济}$（=0.161）]，表明情感价值对直接贡献意愿的影响程度高于经济价值。功能价值和社会价值对直接贡献意愿的影响不显著（$P_{功能}$=0.952，$P_{社会}$=0.588>0.05）。控制变量性别、年龄、学历和收入水平并未对直接贡献意愿产生显著影响。假设H1b和H1c得到验证，H1a和H1d未获支持。

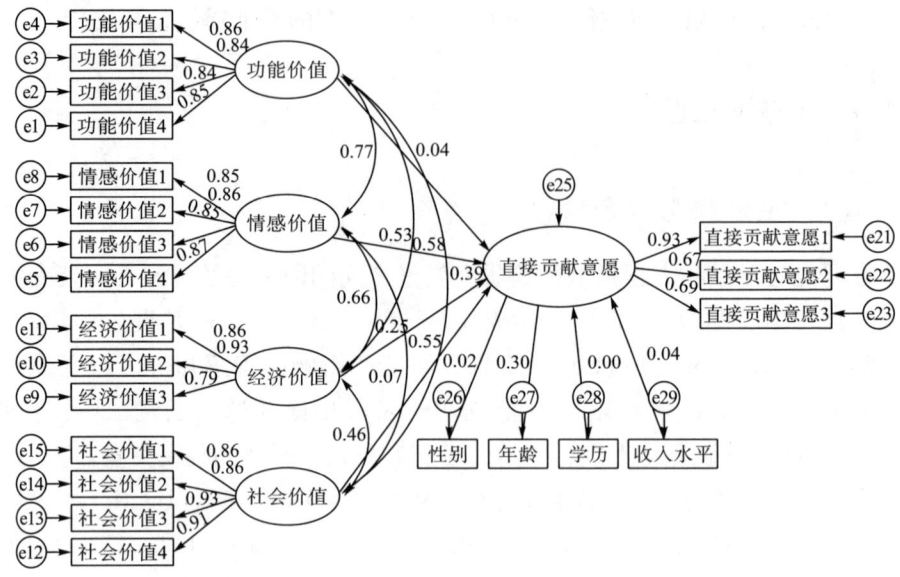

图 4.2　"品牌感知价值－直接贡献意愿"结构方程模型

资料来源：作者根据统计软件分析数据绘制

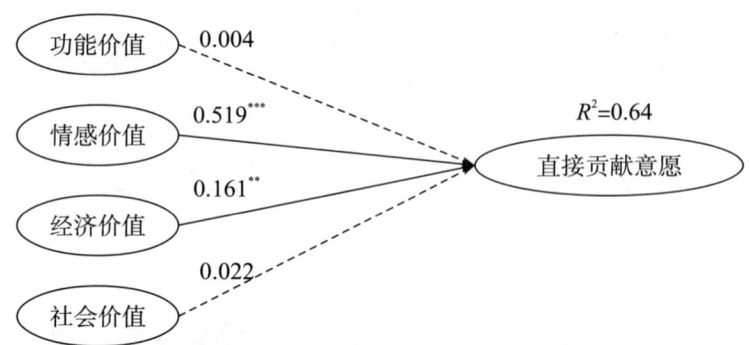

图 4.3　"品牌感知价值－直接贡献意愿"结构方程模型路径系数

注：* 表示 $P<0.05$，** 表示 $P<0.01$，*** 表示 $P<0.001$

资料来源：作者根据统计软件分析数据绘制

表 4.7　"品牌感知价值－直接贡献意愿"主效应的假设检验结果

假设	路径关系	路径系数	标准误差	C.R.	P	假设检验
H1a	功能价值－直接贡献意愿	0.004	0.073	0.061	0.952	未支持
H1b	情感价值－直接贡献意愿	0.519	0.092	5.658	***	支持
H1c	经济价值－直接贡献意愿	0.161	0.061	2.662	0.008	支持
H1d	社会价值－直接贡献意愿	0.022	0.040	0.541	0.588	未支持

续表

假设	路径关系	路径系数	标准误差	C.R.	P	假设检验
—	性别—直接贡献意愿	0.029	0.056	0.519	0.588	—
—	年龄—直接贡献意愿	0.018	0.032	0.556	0.578	—
—	学历—直接贡献意愿	0.005	0.041	0.110	0.912	—
—	收入—直接贡献意愿	0.017	0.020	0.860	0.390	—

注：* 表示 $P<0.05$，** 表示 $P<0.01$，*** 表示 $P<0.001$

本次调查对象包含会员顾客和非会员顾客两种类型的有机食品经常性购买者，为了进一步观察不同类型的经常性购买者在主效应方面是否存在差异，本研究根据顾客类型进行分组回归分析。会员顾客（组别1）数据显示，情感价值和经济价值先后加入回归模型后，自变量对因变量的解释变异量为48.7%，模型拟合度明显提高。非会员顾客（组别2）数据中，情感价值和经济价值加入回归模型后，解释变异量提高到54.3%。两个组别方差分析显示7个拟合模型均具有统计学上的显著意义。

表4.8显示，情感价值和经济价值在会员顾客组和非会员顾客组均对有机食品顾客直接贡献意愿产生显著的正向影响，但在两个组别的作用强度存在差异。会员顾客组情感价值的回归系数大于非会员顾客组（$\beta_{会员-情感}=0.549$，$P_{会员-情感}=0.000<0.05$；$\beta_{非会员-情感}=0.438$，$P_{非会员-情感}=0.000<0.05$），而会员顾客组经济价值的回归系数小于非会员顾客组（$\beta_{会员-经济}=0.158$，$P_{会员-经济}=0.031<0.05$；$\beta_{非会员-经济}=0.399$，$P_{非会员-经济}=0.000<0.05$）。

表4.8 分组回归分析结果

因变量	类型	N	R^2	自变量	回归系数	t	显著性
直接贡献意愿	会员顾客（组别1）	187	0.487	情感价值	0.549	7.580	0.000
				经济价值	0.158	2.171	0.031
	非会员顾客（组别2）	185	0.453	情感价值	0.438	7.538	0.000
				经济价值	0.399	6.857	0.000

分组回归模型的容许度均大于0.1（$TOL_{min}=0.522$），方差膨胀因子均小于10（$VIF_{max}=1.916$），特征值均大于0.01（$EV_{min}=0.014$），条件指数均小于30（$CI_{max}=24.253$），故自变量不存在明显的多元共线性问题。在异方差检验方面，情感价值和经济价值与标准化残差绝对值的Spearman相关系数均不

显著（$P_{情感}=0.139>0.05$，$P_{经济}=0.691>0.05$），异方差性不存在。问卷调查获得的横截面数据可不考虑序列相关性，回归模型可接受。分组回归分析结果表明，排除了控制变量的影响之后，在情感价值和经济价值影响直接贡献意愿的路径中，会员顾客情感价值的作用强度高于非会员顾客，而会员顾客经济价值的作用强度低于非会员顾客。

4.4.5 中介效应检验

4.4.5.1 整体模型拟合检验

研究模型加入中介变量品牌信任之后（表4.9），拟合数据各项指标均符合判别标准，结构模型与样本数据拟合良好，但拟合程度比中介变量加入之前略有下降。

表4.9 整体模型拟合数据

拟合指标	CFI	GFI	NFI	TLI	IFI	RMR	RMSEA	CMIN/DF
拟合数据	0.956	0.892	0.917	0.950	0.956	0.046	0.052	2.017
判别标准	>0.9	>0.8	>0.9	>0.75	>0.9	<0.05	<0.08	<3

4.4.5.2 假设检验结果

Bootstrap方法在检验中介作用时置信区间更精确、检验力更高（温忠麟等，2014），本研究运用此方法。图4.4和图4.5展示了"品牌感知价值－品牌信任－直接贡献意愿"结构方程模型及其路径系数。表4.10呈现了直接效应的检验结果，得出情感价值和经济价值对直接贡献意愿有显著的正向影响（$\beta_{情感-直接}=0.519$，$P_{情感-直接}<0.001$；$\beta_{经济-直接}=0.161$，$P_{经济-直接}=0.008<0.05$），功能价值和社会价值对直接贡献意愿的影响不显著（$P_{功能}=0.952$，$P_{社会}=0.588>0.05$）。除了功能价值之外（$P_{功能}=0.088>0.05$），情感价值、经济价值和社会价值对品牌信任的影响均为显著（$\beta_{情感-信任}=0.236$，$\beta_{经济-信任}=0.244$，$\beta_{社会-信任}=0.101$，$P<0.001$），品牌信任对直接贡献意愿的影响（$\beta_{信任-直接}=0.390$，$P_{信任-直接}<0.001$）同样显著。

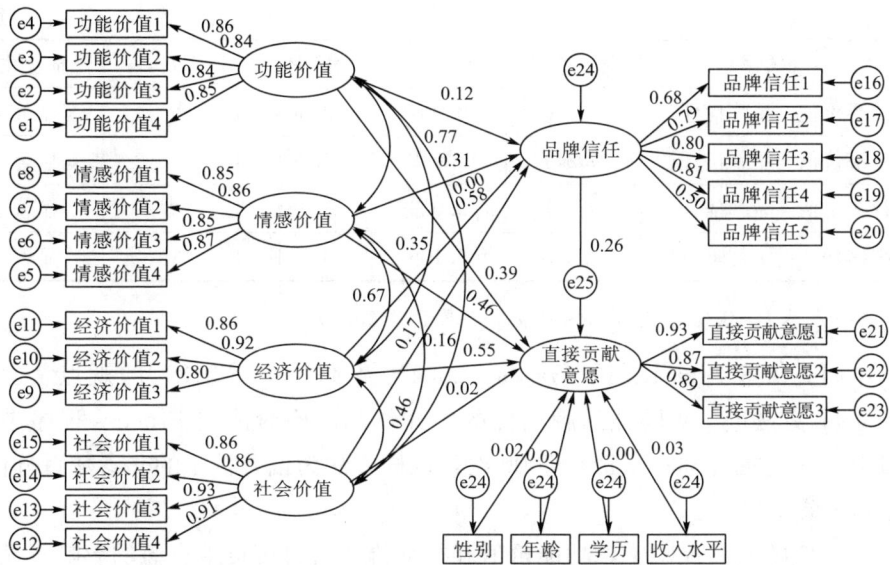

图 4.4　"品牌感知价值－品牌信任－直接贡献意愿"结构方程模型

资料来源：作者根据统计软件分析数据绘制

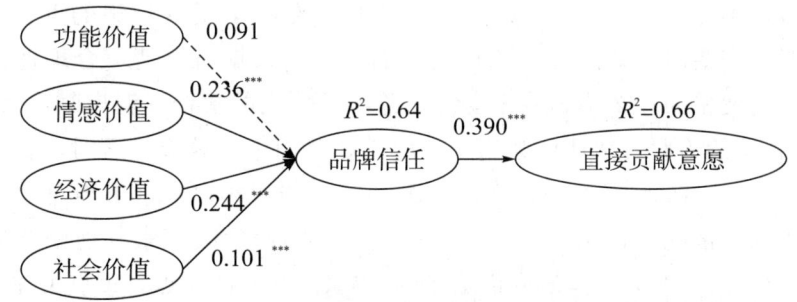

图 4.5　"品牌感知价值－品牌信任－直接贡献意愿"结构方程模型路径系数

注：* 表示 $P<0.05$，** 表示 $P<0.01$，*** 表示 $P<0.001$

资料来源：作者根据统计软件分析数据绘制

表 4.10　直接效应的检验结果

路径关系	路径系数	标准误差	C.R.	P	显著性
功能价值－直接贡献意愿	0.004	0.073	0.061	0.952	不显著
情感价值－直接贡献意愿	0.519	0.092	5.658	***	显著
经济价值－直接贡献意愿	0.161	0.061	2.662	0.008	显著
社会价值－直接贡献意愿	0.022	0.040	0.541	0.588	不显著
功能价值－品牌信任	0.091	0.053	1.708	0.088	不显著

续表

路径关系	路径系数	标准误差	C.R.	P	显著性
情感价值－品牌信任	0.236	0.064	3.663	***	显著
经济价值－品牌信任	0.244	0.042	5.761	***	显著
社会价值－品牌信任	0.101	0.029	3.464	***	显著
品牌信任－直接贡献意愿	0.390	0.106	3.701	***	显著

注：* 表示 $P<0.05$，** 表示 $P<0.01$，*** 表示 $P<0.001$

本研究借鉴 Preacher 和 Hayes（2004）及 Hayes（2013）的观点，运用 Bootstrap 方法进一步验证品牌信任的中介作用。检验使用 Process 程序中的 model4，重复抽样样本量选择 5000 次，取样方法为偏差校正的非参数百分位，置信区间为 95%。

主效应的假设检验中，功能价值和社会价值对直接贡献意愿的影响不显著（$P_{功能}=0.952$，$P_{社会}=0.588>0.05$）。按照传统的检验方法，中介效应的存在需要以主效应显著为前提（Baron, Kenny, 1986）。温忠麟等（2012）指出，主效应不显著的情况可以归为"广义中介效应"，此时讨论的重心不是中介效应是否需要以主效应显著为前提，而是如何根据研究情境合理地提出问题，例如自变量为什么不影响因变量，并给予恰当的解释（温忠麟，叶宝娟，2014）。传统的检验方法还认为当主效应不显著而中介效应显著时，属于完全中介（James, Brett, 1984）；而温忠麟和叶宝娟（2014）指出当总效应和样本量均不大的情况下得出完全中介的结论，会阻碍后续探索其他中介的可能（Pituch et al., 2005）。本研究借鉴 Zhao 等（2010）的观点，重点关注直接效应和间接效应是否显著（Zhao et al., 2010；温忠麟，叶宝娟，2014）。

表 4.11 显示，"功能价值－品牌信任－直接贡献意愿"路径上，间接效应的置信区间为 [-0.005, 0.109]，包含 0，证明品牌信任在功能价值与直接贡献意愿之间并无中介作用。"情感价值－品牌信任－直接贡献意愿"路径的直接效应 [0.293, 0.788] 和间接效应 [0.028, 0.205] 的置信区间均不含 0，证明品牌信任在情感价值与直接贡献意愿之间起到中介作用，直接效应为 0.519，间接效应为 0.092。"经济价值－品牌信任－直接贡献意愿"路径的直接效应 [0.031, 0.311] 和间接效应 [0.032, 0.194] 的置信区间均不含 0，证明品牌信任在经济价值与直接贡献意愿之间起到中介作用，直接效应为 0.161，间接效应为 0.095。"社会价值－品牌信任－直接贡献意愿"路径中，直接效应的置信区间 [-0.069, 0.115] 包含 0；而间接效应的置信区间

[0.009，0.097]不含0，证明社会价值通过品牌信任影响直接贡献意愿，间接效应为0.039。假设H2b、H2c和H2d得到验证，H2a未获支持。

表4.11 品牌信任中介效应的检验结果

路径关系	效应类型	效应值	BootLLCI	BootULCI	含0	显著性
功能价值—直接贡献意愿	总效应	0.040	−0.158	0.240	是	不显著
功能价值—直接贡献意愿	直接效应	0.004	−0.184	0.197	是	不显著
功能价值—品牌信任—直接贡献意愿	间接效应	0.035	−0.005	0.109	是	不显著
情感价值—直接贡献意愿	总效应	0.611	0.390	0.850	否	显著
情感价值—直接贡献意愿	直接效应	0.519	0.293	0.788	否	显著
情感价值—品牌信任—直接贡献意愿	间接效应	0.092	0.028	0.205	否	显著
经济价值—直接贡献意愿	总效应	0.256	0.130	0.405	否	显著
经济价值—直接贡献意愿	直接效应	0.161	0.031	0.311	否	显著
经济价值—品牌信任—直接贡献意愿	间接效应	0.095	0.032	0.194	否	显著
社会价值—直接贡献意愿	总效应	0.061	0.039	0.157	否	显著
社会价值—直接贡献意愿	直接效应	0.022	−0.069	0.115	是	不显著
社会价值—品牌信任—直接贡献意愿	间接效应	0.039	0.009	0.097	否	显著

注：置信区间不含0为显著，含0为不显著

4.5 分析与讨论

4.5.1 品牌感知价值对直接贡献意愿的影响

4.5.1.1 功能价值对有机食品顾客直接贡献意愿无显著的正向影响

检验结果显示，功能价值对有机食品顾客直接贡献意愿无显著的正向影响，此发现与大多数研究结论相矛盾。已有研究普遍证实有机食品顾客的健康意识、食品安全关注（Teng，Lu，2016）、健康价值（徐昭君，胡海，2016）、功利价值（郭金沅，林家宝，2018）以及对"高质量食品"的渴望（Janssen，2018）等符合功能价值内涵的因素是影响直接贡献意愿的主要驱动因素（Kushwah et al.，2019）。Watanabe 等（2020）针对巴西有机食品消费者的研究曾经发现功能价值对顾客购买意愿的影响不显著，并将其解释为与可持续产品的消费障碍有关，例如低质量感知、对产品的可持续性缺乏信任以及有机产品溢价等。本研究第 3 章的内容分析也发现，功能价值对直接贡献意愿的影响未被观察与上述研究结果类似。即使在顾客对功能价值给予积极评价的情况下，其直接贡献意愿仍然可能弱化或停滞。检验结果证实功能价值对有机食品顾客直接贡献意愿无显著的正向影响，这并非对已有研究的否定，认为功能价值对顾客购买有机食品的决策"不重要"，而是顾客的异质性导致功能价值的重要性发生变化。

本研究选择了经常性购买有机食品的顾客，而不是已有研究中常见的意向购买者（Teng, Lu, 2016；徐昭君，胡海，2016）或偶然性购买者（尹世久等，2013）。对意向或偶然性购买者，功能价值对有机食品购买意愿至关重要（Truong et al.，2021），他们最关注的是有机食品区别于非有机食品的安全、健康和营养等产品属性（Bryła, 2016；Janssen, 2018），以产品属性为中心的功能价值在顾客的价值判断中居于主导地位（张旭，2016）。对于经常性购买者，他们通过积累产品知识和消费经验来了解产品属性，产品属性的重要性会随时间而变化（Mittal et al.，2001）。在产品属性实现的基础上，针对特定品牌的情感价值（陶鹏德等，2009）和经济价值（Li et al.，2012）等多元化的价值标准开始发挥作用，功能价值的重要性可能降低（田圣炳，2006）。

第 3 章发现，不同类型顾客对功能价值的积极评价与直接贡献意愿的变化并未呈现相似趋势。本章调查发现功能价值均值在品牌感知价值二阶维度中最高，表明功能价值仍然对有机食品品牌的绩效起到基础性作用（毕振力，袁登华，2011）。本研究根据双因素理论推测（赫茨伯格等，2009），在经常性购买有机食品的过程中，顾客所感知的功能价值发生了从激励因素到保健因素的转换（刘百灵等，2017），即功能价值是顾客购买的基本前提而非显著的影响因素，在功能价值符合顾客预期的前提下会减少不确定信息引起的劝阻效应（Lo et al.，2016），但有机食品顾客直接贡献意愿的减弱并非功能价值下降所导致。

4.5.1.2 情感价值对有机食品顾客直接贡献意愿有显著的正向影响

根据手段-目的链理论，由于缺少有机专业知识、具有选择惯性和程序化等原因，有机食品顾客的购买决策具有丰富的抽象性属性和心理性结果（Costa-Migeon et al.，2014）。顾客购买决策的关注点不一定集中在客观因素上，还有可能集中在顾客认为最重要的主观感受上（丁家永，2006）。对意向或偶然性购买者，基于逻辑处理的购买决策以产品属性为重点；对经常性购买者，基于价值观表达的购买决策则以情感和自我增强为重点（Lind et al.，2007），情感价值对顾客更有影响力（Woodruff，1997）。部分研究证实积极情感与顾客绿色消费等可持续行为呈正比（Taufik et al.，2015；解芳等，2019），然而，除了 Janssen（2018）和 Watanabe 等（2020）的研究之外，情感价值很少被证明是购买有机食品的动机（Kushwah et al.，2019）。

本研究发现情感价值对有机食品顾客直接贡献意愿有显著的正向影响，而且情感价值的影响程度高于经济价值［$\beta_{情感-直接}$（＝0.519）＞$\beta_{经济-直接}$（＝0.161）］。根据双因素理论，情感价值是直接贡献意愿的激励因素（Lo et al.，2016），对其产生显著的正向影响。Truong 等（2021）的定性研究指出情感价值凌驾于其他价值维度之上，成为经常性购买者最重要的动机，印证了本研究的发现。

4.5.1.3 经济价值对有机食品顾客直接贡献意愿有显著的正向影响

检验结果表明，经济价值对有机食品顾客直接贡献意愿有显著的正向影响，此发现与 Khan 和 Mohsin（2017）等观点相符，与 Watanabe 等（2020）的研究发现不一致。有机食品的价格对意向或偶然性购买者购买意愿的影响得到已有研究的证实（尹世久等，2013；Bryła，2016），值得注意的是，第3章发现，经常性购买的顾客不仅在意有机食品的绝对价格水平，而且关注品质、功能与价格的比值（Truong et al.，2021）。在经常性购买的过程中，有机食品的高昂价格、供应不足、品种有限、购买不便等导致部分顾客感知成本升高、经济价值降低（白长虹，2001），成为他们的积极态度向购买行为转化的障碍（Rana，Paul，2017；Aschemann-Witzel，Zielke，2017），阻碍了顾客的直接贡献意愿（Wang et al.，2004；Kim et al.，2019）。

4.5.1.4 社会价值对有机食品顾客直接贡献意愿无显著的正向影响

当购买行为成为塑造他人反应手段的时候，社会价值就产生了（Holbrook，2006），有机食品的社会价值来源于顾客表现出的额外的绿色行为，以验证他们对可持续发展的承诺（Costa-Migeon et al.，2014）。立足于发达国家的有机食品消费者行为研究证实了社会价值对顾客购买意愿的显著影响（Costa-Migeon et al., 2014; Khan, Mohsin, 2017），本研究的发现与这些研究结论不一致。学者们指出环境关注、当地农业支持等社会因素对发达国家所有消费者都很重要（Janssen, 2018; Ditlevsen et al., 2019），对发展中国家消费者的影响仅获得少量研究的支持（Truong et al., 2021）。

本次调查在中国情境下实施，社会价值均值在所有价值维度中最低，表明经常性购买者对其重视程度相对最低。解芳和盛光华等（2019）指出绿色消费的社会规范在中国消费者群体中并非主流，传统儒家文化的影响会抑制个体对他人行为的褒贬评价；中国社会公众因有机知识不足等无法提供社会群体参照（张旭，2016），因此顾客在有机食品购买决策中赋予社会价值相对较低的权重（徐昭君，胡海，2016）。假如顾客感知的社会价值低于期望，其直接贡献意愿仍会受到影响（Khan, Mohsin, 2017；徐昭君，胡海，2016）。根据双因素理论，本研究推测社会价值同样属于有机食品顾客直接贡献意愿的保健因素，必须达到可接受水平，才能促使激励因素发挥作用（Alrawahi et al., 2020）。

4.5.1.5　会员顾客和非会员顾客在主效应方面的差异分析

本研究证实，对有机食品的经常性购买者来说，无论是会员顾客还是非会员顾客，情感价值和经济价值均对直接贡献意愿产生显著影响，但两类顾客的差异体现为会员顾客情感价值的作用强度高于非会员顾客，而经济价值的作用强度低于非会员顾客。

在情感价值方面，已有研究表明顾客会基于"付出"与"收益"的价值框架追求感性层面的情感满意最大化（Thaler, 1999；李爱梅，凌文辁，2007）。对经常性购买者而言，顾客的价值感知是积极情感产生的基础，产品属性、购买行为和期望结果都会刺激情感产生（丁家永，2006）。与非会员顾客相比，会员顾客与企业之间具有更丰富的联系（Bruneau et al., 2018），享受了更多的心理、社会和特殊待遇等关系利益（Woisetschläger et al., 2011），更有可能感知到较高的情感价值。因此，会员顾客情感价值对直接贡献意愿的作用强度显著高于非会员顾客。

在经济价值方面，由于替代品较少、有机知识更丰富、价值感知更高等（朱强，王兴元，2016），会员顾客在经常性购买的过程中对价格的敏感性随着参照点的远离而呈现下降趋势，忠诚度更高、流失率更低（Heitz et al., 2011），感知付出和感知收益之间的差距会更小。对缺少关系利益的非会员顾客来说，为有机食品支付更高的价格会被认为是购买有机食品的风险障碍而受到更多的关注（Tandon et al., 2020），故会员顾客感知的经济价值对直接贡献意愿的作用强度会低于非会员顾客。

4.5.2　品牌信任的中介作用

4.5.2.1　品牌信任在功能价值对有机食品顾客直接贡献意愿的影响中未起到中介作用

检验结果显示，功能价值对有机食品顾客直接贡献意愿的直接效应不显著，通过品牌信任对直接贡献意愿的间接效应也不显著。直接效应不显著的原因上一小节已有讨论，间接效应不显著的原因或许与调查对象的特殊性有关。

本次调查对象包含经常性购买有机食品的会员顾客和非会员顾客。非会员顾客与有机食品品牌之间缺乏情感连接、归属感等与主观感知相关的交互关系（Rousseau，1998；王小娟等，2017），对功能价值的感知可能偏移至有机食品品类而非特定品牌，此类顾客对功能价值的评价可能导致总体评价的偏差，从而对功能价值与针对特定品牌的信任之间的关系产生影响，导致功能价值对品牌信任的影响并不存在统计学上的显著意义，假设 H2a 未获支持。

4.5.2.2　品牌信任在情感、经济和社会价值对有机食品顾客直接贡献意愿的影响中起到中介作用

情感价值和经济价值通过品牌信任对有机食品顾客直接贡献意愿产生显著影响。在情感价值方面，顾客对有机食品品牌的情感价值会促进品牌信任的建立（Rousseau et al.，1998），并通过品牌信任对直接贡献意愿产生积极作用（童利忠，雷涛，2014；Khan，Mohsin，2017；Watanabe et al.，2020）。在经济价值方面，高昂的价格是顾客购买有机食品的资本障碍（Aschemann-Witzel，Zielke，2017），当购买有机食品的感知成本减少、感知收益提升时，顾客更容易提升对有机食品品牌的信任程度（童利忠，雷涛，2014），进而促进其直接贡献意愿。

社会价值对有机食品顾客直接贡献意愿的直接效应并不显著，但通过品牌信任对直接贡献意愿有显著的间接影响。顾客所感知的社会价值与特定参照群体的社会接受程度有关，这是由顾客对有机食品的选择而产生的（Watanabe et al.，2020）。中国消费者可能因受传统文化影响、有机知识不足等无法提供群体参照（张旭，2016），因而在有机食品购买决策中赋予社会价值相对较低的权重（徐昭君，胡海，2016）。但顾客希望通过购买有机食品获得社会效益

的价值观和社会规范可能会增强理想的自我概念,使其因"感觉良好"的社会价值增进了品牌信任(Stern et al.,1999),强化了选择品牌的个人动机(Pickett-Baker,Ozaki,2008),进而通过品牌信任对直接贡献意愿产生间接影响(徐昭君,胡海,2016;Du et al.,2017;Khan,Mohsin,2017)。

4.5.3 主效应和中介效应的对比分析

对比主效应和中介效应的检验结果发现,品牌感知价值二阶维度对有机食品顾客直接贡献意愿的影响存在路径差异。当品牌感知价值影响直接贡献意愿时,情感价值和经济价值发挥作用;当品牌感知价值通过品牌信任影响直接贡献意愿时,除受样本特殊性干扰的功能价值之外,品牌感知价值的其他维度均发挥作用(图4.6)。

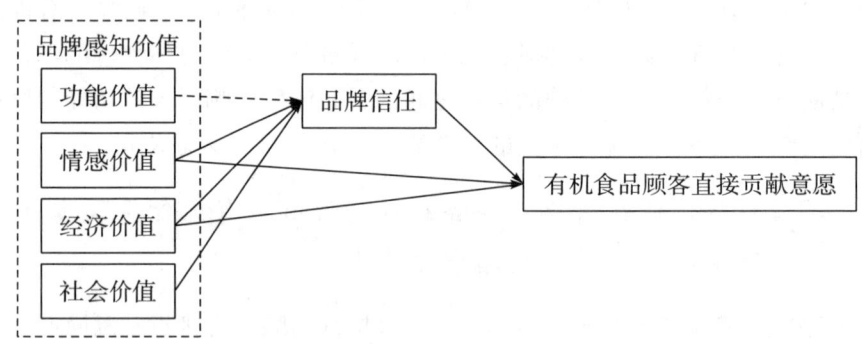

图 4.6 主效应和中介效应对比分析

资料来源:作者根据假设检验结果绘制

尽管感知价值对品牌信任和直接贡献意愿的影响得到充分证明,但已有研究对感知价值二阶维度与直接贡献意愿之间的影响机理还缺乏深入挖掘,本研究的发现有助于补充相关知识。根据Pansari和Kumar(2017)的观点,顾客与企业最初聚焦于两者之间的交易,随着经常性购买的发生,双方会更频繁地交流并建立关系。顾客会为企业做出贡献(Kumar,2013),带来直接和间接的收益(Kumar,Pansari,2015),顾客融入成为关系形成的下一步(Pansari,Kumar,2017)。本研究基于主效应和中介效应的检验结果,区分了品牌感知价值二阶维度影响直接贡献意愿的两条路径。

第一条路径是品牌感知价值二阶维度对直接贡献意愿的影响。作为有机食品的经常性购买者,顾客在频繁发生的购买决策中更有可能受到情境因素的影响,享受有机食品品牌提供的情感利益或经济利益(Papista,Krystallis,

2013；Truong et al.，2021），淡化了功能价值和社会价值的作用，提升顾客的直接贡献意愿。如果感知的情感价值或经济价值下降，顾客会因为追求心理捷径（王建国，杜伟强，2016）、降低购买所需努力的心理特征（Papista，Krystallis，2013），阻碍直接贡献意愿的产生。因此，第一条路径重在交易，其影响是直接、便捷的。

第二条路径是品牌感知价值二阶维度通过品牌信任对直接贡献意愿产生影响。品牌信任是顾客-品牌关系的关键组成部分，顾客在购买决策中引入品牌信任因素，会因为与品牌建立了可持续的实质关系，更有可能对品牌感知价值各个维度给予积极评价并缓和其消极影响（Papista et al.，2018），提升顾客的直接贡献意愿。由此可知，第二条路径重在关系，其影响是间接、完整的。

综合上述分析，本研究发现品牌感知价值对有机食品顾客直接贡献意愿的影响存在路径差异。这种差异在品牌感知价值对间接贡献意愿的影响之中是否同样存在？此问题将于后续章节进一步讨论与验证。

4.6 本章小结

第4章围绕品牌感知价值对有机食品顾客直接贡献意愿的影响与机理开展研究，通过理论推演和数据分析回答了两个问题：①品牌感知价值二阶维度是否影响有机食品顾客直接贡献意愿。②品牌信任在品牌感知价值对直接贡献意愿的影响中是否起到中介作用。表4.12为本章假设检验结果。

表 4.12 假设检验结果

假设	假设内容	检验结果
H1a	功能价值对有机食品顾客直接贡献意愿有显著的正向影响。	未支持
H1b	情感价值对有机食品顾客直接贡献意愿有显著的正向影响。	支持
H1c	经济价值对有机食品顾客直接贡献意愿有显著的正向影响。	支持
H1d	社会价值对有机食品顾客直接贡献意愿有显著的正向影响。	未支持
H2a	品牌信任在功能价值对有机食品顾客直接贡献意愿的影响中起到中介作用。	未支持
H2b	品牌信任在情感价值对有机食品顾客直接贡献意愿的影响中起到中介作用。	支持

续表

假设	假设内容	检验结果
H2c	品牌信任在经济价值对有机食品顾客直接贡献意愿的影响中起到中介作用。	支持
H2d	品牌信任在社会价值对有机食品顾客直接贡献意愿的影响中起到中介作用。	支持

检验结果表明,对于有机食品经常性购买者,品牌感知价值二阶维度的影响有所不同。情感价值和经济价值对直接贡献意愿有显著的正向影响,并且情感价值的影响程度高于经济价值。与已有研究不同之处在于,本研究发现功能价值和社会价值对直接贡献意愿的影响不显著,进而推测其原因在于顾客的异质性导致功能价值和社会价值的重要性发生变化。研究还证实对有机食品的经常性购买者,无论是会员顾客还是非会员顾客,情感价值和经济价值均对直接贡献意愿产生显著影响。但两类顾客的差异体现为会员顾客情感价值的作用强度高于非会员顾客,而经济价值的作用强度低于非会员顾客。假设检验结果还表明,品牌信任在情感价值、经济价值和社会价值对直接贡献意愿的影响中起到中介作用。

对比品牌感知价值与直接贡献意愿之间的主效应和中介效应发现,品牌感知价值二阶维度对有机食品顾客直接贡献意愿的影响存在路径差异。品牌感知价值影响直接贡献意愿的路径以交易为导向,情感价值和经济价值直接、便捷地发挥作用。品牌感知价值通过品牌信任影响直接贡献意愿的路径以关系为导向,除了受样本特殊性干扰的功能价值之外,品牌感知价值的其他维度间接、完整地发挥作用。

综合上述分析,第 4 章明确了品牌感知价值对直接贡献意愿的影响与机理,那么品牌感知价值对间接贡献意愿的影响是否存在?品牌感知价值二阶维度对直接贡献意愿和间接贡献意愿的影响是否存在差异?如何解释这些差异?第 5 章将深入探讨这些问题。

第 5 章 品牌感知价值对有机食品顾客间接贡献意愿的影响

5.1 研究目的

互联网和信息技术迅猛发展，易变性（Volatility）、不确定性（Uncertainty）、复杂性（Complexity）和模糊性（Ambiguity）成为鲜明的时代特征（童文锋，杜义飞，2021）。商业环境中的多元主体相互链接，企业和顾客之间的界限日益模糊（Jaakkola，Alexander，2014），也使顾客融入的重要性更加突出（Roy et al.，2018）。多项研究证明了顾客融入对企业的积极影响，包括购买意愿提升（Hamilton et al.，2016）、收入与净利润增加（Kumar，Pansari，2016）、情感感受和忠诚意愿提高（Bergel et al.，2019）等。然而，Islam 和 Rahman 等（2016）、王云翠等（2019）、Harman 和 Porter（2021）等学者指出，当前关于顾客融入意愿尤其是间接贡献意愿的实证研究有待充实，立足于中国等新兴市场探讨相关主题的研究尤其不足。

在顾客融入理论框架之下，关于间接贡献意愿的实证研究在食品零售（Choudhary，Singh，2017）、餐饮（Itani et al.，2019）、酒店（Roy et al.，2018）和旅游（韩小芸等，2016）等行业展开，但对有机食品领域却鲜有涉及。第 2 章的文献综述为品牌感知价值对间接贡献意愿的影响提供了理论支持（Parasuraman，Grewal，2000；Roy et al.，2017）。第 3 章的内容分析发现，有机食品顾客的直接贡献意愿与间接贡献意愿之间存在一定的关系，也有可能出现反差，其原因或许与品牌感知价值二阶维度对两类意愿的促进与阻碍作用有关。

基于此，第 5 章围绕品牌感知价值对有机食品顾客间接贡献意愿的影响开展研究，通过理论推演和数据分析验证两个问题：①品牌感知价值二阶维度是否影响有机食品顾客的间接贡献意愿。②品牌感知价值二阶维度对直接贡献意愿和间接贡献意愿存在怎样的促进与阻碍作用。

5.2 假设推演

5.2.1 品牌感知价值对间接贡献意愿的影响

5.2.1.1 品牌感知价值整体概念对间接贡献意愿的影响

已有研究通常将感知价值作为整体概念，考察其对顾客参与品牌沟通（Jaakkola, Alexander, 2014）、口碑推荐和知识共享（Itani et al., 2019）等特定类型的间接贡献意愿的影响。在品牌沟通方面，感知价值不仅对顾客购买意愿有影响，而且对购买后的满意、推荐和再购买等行为也有影响（Parasuraman, Grewal, 2000）。在口碑推荐方面，顾客的口碑和反馈受到情感因素的影响（Pansari, Kumar, 2017），同时也受到信息特点、一致性感知和社会认同感知等认知因素的影响，在此关系中信任和感知价值起到中介作用（铁翠香，2015）。在知识共享方面，针对可口可乐的案例研究表明顾客分享的成功要素在于强烈的"温暖""快乐"等情感反应，使顾客与品牌之间产生了情感的共鸣与联系（Pansari, Kumar, 2017）。

当前关于感知价值与顾客融入意愿的研究尚未向感知价值二阶维度深化、向有机食品品牌聚焦、向间接贡献意愿拓展，未能将形式多样的间接贡献意愿纳入统一的顾客融入理论框架，也无法辨析品牌感知价值二阶维度影响直接贡献意愿与间接贡献意愿的异同之处。因此有必要在有机食品消费情境下开展专项研究。

5.2.1.2 品牌感知价值二阶维度对间接贡献意愿的影响

（1）功能价值。

Matos 和 Rossi（2008）运用荟萃分析方法分析了 127 项实证研究，发现质量、信任等属于口碑推荐最常见的影响因素。当顾客分享与有机食品品牌相关的积极事件、向他人推荐品牌或产品时，对产品的质量怀有较高的期望（Pansari, Kumar, 2017），需要确保有机食品品质和功能的真实性（Wongkitrungrueng et al., 2020），功能价值为间接贡献意愿提供了产品属性的基础。

已有研究证实了满意、信任、承诺、顾客目标（Van Doorn et al.,

2010)、顾客卷入和参与（Vivek et al.，2012）、体验价值（Roy et al.，2017）、服务体验与消费情感（陈静等，2017）等因素对间接贡献意愿的影响。这些因素集中于顾客主观的心理动机而非客观的产品属性（Brodie et al.，2011）。顾客经常谈论的是他们的服务体验，而不是产品的使用体验（Perry，Hamm，1969），积极的服务互动会让他们更倾向于将品牌推荐给亲友或者为品牌提供反馈（Pansari，Kumar，2017）。Ho 等（2022）的研究也指出，在作出间接贡献决策时，顾客通过积极的体验将对功能或质量的感知转化为行动。因此，本研究推测功能价值对有机食品顾客间接贡献意愿并无显著的影响。

（2）情感价值。

已有研究发现情感价值与顾客融入意愿之间关系密切（Vivek et al.，2012；孙乃娟等，2016）。情感是顾客融入的重要原则（Pansari，Kumar，2017），只有在基于信任和承诺的关系建立起来之后，顾客融入意愿才会产生，而情感价值对顾客的满意、信任和承诺均有显著影响（刘敬严，2008）。

在间接贡献意愿方面，情感被证实是信息分享（Stieglitz，Dang，2013）、社交分享（甘春梅，许嘉仪，2020）以及推荐、帮助和反馈（孙乃娟等，2016）等的影响因素，顾客的服务体验会形成积极的消费情感，进而对间接贡献意愿产生显著影响（陈静等，2017）。已有研究发现，顾客的异质性对品牌感知价值与间接贡献意愿的关系有影响。与经济价值内涵相似的计算性承诺更容易影响最新获取的顾客，而与情感价值内涵相似的情感性承诺更容易影响经常性购买的顾客（Bowden，2009），由此推测，情感因素对经常性购买者的重要性更高。在有机食品消费情境下，当顾客与特定的有机食品品牌之间建立情感连接之后（Du et al.，2017），顾客更有可能从推荐品牌、帮助他人、维护品牌关系等行为中获得情感收益（Pansari，Kumar，2017），进而提升其间接贡献意愿。因此，本研究提出如下假设：

H3a：情感价值对有机食品顾客间接贡献意愿有显著的正向影响。

（3）经济价值。

已有研究关于经济价值与间接贡献意愿之间关系的结论并不一致。部分学者认为，感知成本与收益（Van Doorn et al.，2010）是间接贡献意愿的前因，与产品的功能和价格有关。孙乃娟等（2016）以及孙乃娟和郭国庆（2016）的研究证实，基于收益和付出的计算性承诺对特定类型的间接贡献意愿存在显著影响，但这种影响并非直接源于产品价格，而是来自顾客的理性分析，顾客在权衡维持或结束顾客－品牌关系所带来的收益和付出之后做出承诺（Heide，John，1992），仍然属于心理动机的范畴。

还有部分学者指出间接贡献意愿源于动机因素（Brodie et al.，2011），产品的功能和价格等属性并未影响间接贡献意愿。王云翠等（2019）通过 56 项顾客融入研究的文献计量得出，顾客融入往往受到心理因素的影响，例如情感赞同、符合心理期望等，功能价值与经济价值等产品属性导向因素的影响并未得到研究支持。故本研究推测，经济价值对有机食品顾客间接贡献意愿并无显著的影响。

（4）社会价值。

顾客是意图产生社会影响和改变的社会生物（Itani et al.，2019），随着社会进步和认知水平的提升，有机食品消费发展成为社交的手段和载体（袁晓辉等，2021）。顾客认为有机食品消费能够带来提高社会认同、改善社会形象等社会效益（Füller，2010）。

有机食品顾客间接贡献意愿的产生与获得社会效益的主观期望有关。顾客通过与有机食品品牌的沟通、与其他顾客的互动、帮助其他顾客决策等行为，获得源自品牌或参照群体的认同感，这种来自所属社交网络和群体内部的社会认同会成为间接贡献意愿的奖励（Winterich et al.，2009）。可见社交需求满足和社会形象提升是间接贡献意愿的驱动性因素（邵景波等，2017；甘春梅，许嘉仪，2020）。本研究进而提出如下假设：

H3b：社会价值对有机食品顾客间接贡献意愿有显著的正向影响。

5.2.2 品牌感知价值对直接和间接贡献意愿的促进与阻碍作用

行为推理理论在有机食品消费领域的适用性得到已有研究支持（Ryan，Casidy，2018），该理论的合理性观点能够在有机食品顾客的价值观、合理性和意愿之间建立连接（庄晓萍等，2014），故本研究基于行为推理理论构建研究框架。合理性代表个体对其行为的促进和阻碍作用的解释（Westaby，2005a）。探索品牌感知价值二阶维度对直接和间接贡献意愿的促进与阻碍作用，有助于深入识别有机食品顾客的价值取向和行为动机（Tandon et al.，2020），为营销学者、企业管理者和政策制定者提供策略建议。

已有研究鲜有涉及品牌感知价值对直接和间接贡献意愿的促进与阻碍作用。有限的相关文献中，Grönroos 和 Voima（2013）证实顾客在使用产品的过程中体验到的价值（Value-in-use）对间接贡献意愿有促进作用，而持续的购买意愿会提升体验价值，表明顾客价值与直接贡献意愿和间接贡献意愿之间存在关联性。Ho 等（2022）关于零售手机应用程序的研究发现，在移动互联背景之下，顾客的情感体验对直接贡献意愿和间接贡献意愿起着决定性作用。除了 Ho 等（2022）发现的共性因素之外，其他学者尚未关注此命题，品牌感知价值二阶维度对两类意愿的差异化影响有待进一步检验和讨论。

综上所述，第 5 章以品牌感知价值二阶维度为自变量、以有机食品顾客间接贡献意愿为因变量构建研究模型（图 5.1），推动有机食品消费情境下品牌感知价值影响间接贡献意愿的实证研究。

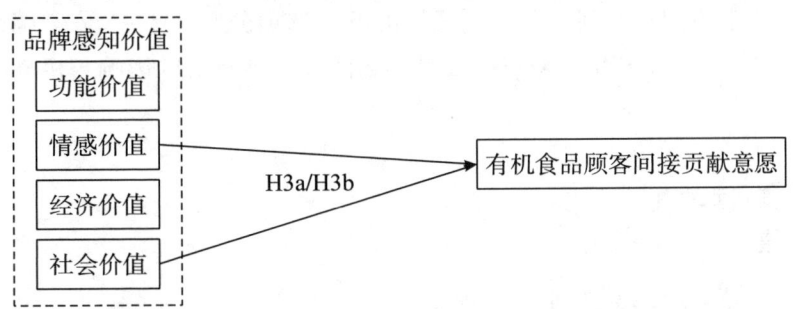

图 5.1 "品牌感知价值对有机食品顾客间接贡献意愿的影响"研究模型

资料来源：作者根据理论背景与研究假设推演绘制

5.3 研究设计

5.3.1 研究方法

本研究采用问卷调查方法收集数据，问卷设计步骤与第 4 章相同：①选用经实证研究验证的成熟量表。②对量表进行翻译和回译。③根据同领域专家和博士生的反馈意见修改问卷。④实施样本量为 70 份的预测试，根据预测试结果调整内容和题项描述，形成正式量表。

首先，问卷通过线上和线下渠道同步收集，采用 SPSS 22.0 软件检验量表的信度和效度；其次对研究变量进行描述性统计分析，揭示变量间的相关关系；最后运用 AMOS 26.0 软件进行结构方程模型分析，检验各项假设。

5.3.2 测量量表

本研究模型包含品牌感知价值和间接贡献意愿两个变量。品牌感知价值沿用第 4 章所使用的量表，从功能价值、情感价值、经济价值和社会价值四个维度测量，确保每个维度有 3 个（含）以上题项。

间接贡献意愿的测量采用 Roy 等（2018）开发并经过实证验证的量表。该量表被应用于豪华酒店顾客的间接贡献意愿的测量，问卷调查在美国和澳大利亚的成熟市场以及印度和中国的新兴市场实施，调查注重顾客体验和满意度，与有机食品消费情境有相似之处。量表题项经过翻译和回译，并结合有机食品消费情境调整表述之后确定内容。所有题项全部采用 Likert5 级量表测量，从"非常不同意"到"非常同意"的五个选项分别计 1～5 分。调查问卷详见附录 3"品牌感知价值对有机食品顾客间接贡献意愿的影响与机理"调查问卷。

5.3.3 数据收集

5.3.3.1 数据来源控制

（1）消费者特征控制。

本研究选择有机食品的经常性购买者为调查对象，以有机食品品牌企业的会员顾客为甄别条件，意在确保顾客购买行为的真实性和经常性，以及顾客对有机食品品牌有充分的认知和情感连接。会员制是有机食品品牌企业常用的营销模式，也是中国购买有机食品的主要渠道（Zhang et al.，2020）。会员顾客与企业之间具有长期稳定的价值共创平台（Liao et al.，2017），在产品知识扩散、产品创新和口碑营销方面是企业的理想合作者，有利于观察和验证间接贡献意愿的影响与机理。

问卷设置了甄别题项"过去或现在是否是任何综合品类有机食品企业或品牌的会员"，并采用 2 级定类量表（1 是，2 否）。此题项如为否定回答，则问卷调查终止或视为无效。

（2）产品和品牌特征控制。

本研究沿用了第 4 章选择综合品类有机食品品牌的做法，在甄别题项中强调"综合品类有机食品企业或品牌"，了解顾客对于有机食品品牌的价值感知，尽可能控制有机食品品类对间接贡献意愿的潜在影响。

5.3.3.2 收集过程控制

（1）收集环境控制。

本次调查的线上渠道为"问卷星"网站和微信、QQ 等社交软件，线下渠道选取了高端超市、有机食品专卖店等经营场所。最终问卷回收 292 份,剔除受访者并非有机食品企业或品牌会员、所有题项评分相同等无效问卷后剩余 260 份,问卷有效率为 89.04%。

受访者的地域分布以四川为主(84.27%),涵盖重庆(7.11%)、浙江(1.49%)、北京(1.12%)等 15 个省级行政区域。我国有机食品消费者相对集中于一线城市(Zhang et al.,2020),已有研究通常选择北京、上海、广州和深圳四个一线城市收集数据,基于此类数据得出的研究结论对全国消费者的普适性值得商榷。本次调查样本主要源于四川和重庆,其年度居民人均可支配收入更接近全国平均水平,同时四川和重庆具备足够的有机食品市场规模、生产和服务企业以及消费者群体,适合作为本研究的数据来源。表 5.1 为受访者的人口统计信息。

表 5.1 受访者人口统计信息

类型	人数	性别		年龄(岁)			
		男	女	≤30	31~40	41~50	≥51
总体	260	36.2	63.8	14.2	49.6	27.7	8.5

类型	学历				家庭年收入(万元)					
	高中及以下	大学专科	大学本科	研究生以上	≤5	6~10	11~35	36~50	51~80	≥81
总体	3.1	14.2	51.9	30.8	2.3	10.4	47.7	23.1	9.2	7.3

备注:$N=260$,表中所有人口统计数据均为百分比。

(2)调查过程控制。

问卷调查时间为 2018 年 10 月至 11 月。本次调查沿用第 4 章的过程控制方法,限制了调查者与受访者的人际关系,在问卷引言部分用醒目字样写明调查目的和隐私保护办法,控制受访者揣摩调查意图、担心隐私泄露等可能阻碍受访者充分呈现的因素(黄盈盈,潘绥铭,2010)。本次调查还筛选出具有参与意向的受访者,提高调查数据的真实性和可靠性,当面或者书面提醒受访者遵守问卷填写规则以避免问卷失效。

5.4 假设检验

5.4.1 信度和效度检验

5.4.1.1 信度检验

表 5.2 中各量表的 Cronbach's α 系数介于 0.877 至 0.909 之间，整体信度为 0.880，均明显高于 0.7 的判别标准（Nunnally，Bernstein，1994），量表信度较高。

表 5.2 量表的 Cronbach's α 系数

变量	题项数	Cronbach's α 系数
功能价值	4	0.895
情感价值	4	0.902
经济价值	3	0.877
社会价值	4	0.909
间接贡献意愿	4	0.885

5.4.1.2 效度检验

本研究采用的所有量表均为发表于国内外权威期刊并经实证验证的成熟量表，正式使用前向同领域专家和博士生征求意见并开展预测试，结合反馈意见和预测试结果加以修正，量表的内容效度得到保证。

表 5.3 报告了量表的因子载荷、组合信度（CR）和平均方差抽取（AVE）。所有题项的因子载荷均超过 0.74（>0.5），CR 均超过 0.92（>0.6）。所有变量的 AVE 均超过 0.73（>0.5），表明研究模型内在质量较为理想（吴明隆，2010b），量表的收敛效度符合要求。

表 5.3 量表的因子载荷、组合信度和平均方差抽取

变量	题项	因子载荷	组合信度（CR）	平均方差抽取（AVE）
功能价值	该品牌的有机食品质量安全	0.89	0.929	0.766
	该品牌的有机食品营养健康	0.86		
	该品牌有机食品的质量标准是合格的	0.88		
	该品牌有机食品的质量保持稳定	0.87		
情感价值	我喜欢这个有机食品品牌	0.85	0.931	0.771
	该品牌有机食品引发我的购买欲望	0.88		
	我购买该品牌的有机食品时感到很放松	0.87		
	购买该品牌的有机食品让我感觉很好	0.91		
经济价值	该品牌的有机食品定价合理	0.89	0.925	0.804
	该品牌的有机食品物有所值	0.92		
	该品牌的有机食品物美价廉	0.88		
社会价值	购买该品牌有机食品使我更为他人所接受	0.87	0.937	0.788
	购买该品牌有机食品能改善他人对我的看法	0.88		
	购买该品牌有机食品会给他人留下好印象	0.89		
	购买该品牌有机食品为我赢得社会的认可	0.91		
间接贡献意愿	我会主动与该品牌沟通潜在的问题	0.91	0.946	0.851
	我会为该品牌如何改进提出建设性的建议	0.94		
	我会告知该品牌更好地满足我需求的方法	0.92		
	我会把与该品牌有关的积极事件告诉他人	0.89	0.928	0.810
	我会向他人推荐该品牌及企业服务人员	0.92		
	我鼓励亲戚朋友购买该品牌的有机食品	0.89		
	我会在社交媒体上晒该品牌或产品的照片	0.89	0.919	0.740
	我会把在该品牌的积极体验发布在社交媒体	0.91		
	我会利用企业创造的机会在社交媒体分享	0.89		
	我会将该品牌的促销活动转发给他人	0.74		

续表

变量	题项	因子载荷	组合信度 CR	平均方差抽取 AVE
间接贡献意愿	如果其他顾客需要帮助，我会帮助他们	0.85	0.930	0.726
	我会就该品牌给其他顾客提建议	0.86		
	我会教其他顾客正确使用该品牌的服务	0.87		
	我会维护该品牌的声誉	0.83		
	我会澄清其他顾客或外界对该品牌的误解	0.85		

表 5.4 中，每个变量的 AVE 的平方根均大于该变量与其他变量的相关系数，证明研究模型的变量之间差异显著（Fornell，Larcker，1981），量表具有良好的区别效度。

表 5.4 量表的相关系数、AVE 与 AVE 平方根

变量	功能价值	情感价值	经济价值	社会价值	间接贡献意愿
功能价值	1				
情感价值	0.664***	1			
经济价值	0.570***	0.663***	1		
社会价值	0.384***	0.430***	0.416***	1	
间接贡献意愿	0.556***	0.712***	0.629***	0.485***	1
AVE	0.766	0.771	0.804	0.788	0.770
AVE 平方根	0.875	0.878	0.897	0.888	0.876

注：* 表示 $P<0.05$，** 表示 $P<0.01$，*** 表示 $P<0.001$

5.4.2 共同方法偏差检验

5.4.2.1 程序控制

本次问卷调查从程序控制和统计控制两方面着手减少共同方法偏差的影响（邓稳根等，2018）。程序控制包括线上线下调查渠道的结合使用，选取背景多样化的有机食品品牌会员顾客作为受访者，在问卷中提示调查不署名、不留联系方式、不涉及个人隐私、题项没有标准答案、调查未受企业委托等。

5.4.2.2 统计控制

统计控制选择了在无法确认偏差来源的情况下检验共同方法偏差的 Harman 单因素检验。将量表全部题项进行因子分析，未旋转的因子分析结果显示，特征根大于 1 的因子共有 6 个，解释变异总量为 73.347%。第一公因子的特征值解释了 47.783% 的变异量，并未超过心理科学研究常见的 50% 临界值（Hair et al.，1998；邓稳根等，2018），符合研究要求。

5.4.3 描述性统计与相关分析

5.4.3.1 品牌感知价值二阶维度的描述性统计

表 5.5 中，品牌感知价值二阶维度的均值从高到低依次为功能价值、情感价值、经济价值、社会价值（$M_{功能}=4.02$，$M_{情感}=3.96$，$M_{经济}=3.63$，$M_{社会}=3.34$），此顺序与第 4 章调查一致。但本次调查对象均为有机食品品牌企业的会员顾客，其均值高于会员和非会员顾客混合的调查对象（$M_{功能}=3.86$，$M_{情感}=3.74$，$M_{经济}=3.41$，$M_{社会}=3.04$），此现象可能与会员顾客对特定品牌的感知价值更高有关。

表 5.5　量表的均值和标准差

变量	均值	标准差	题项	均值	标准差
功能价值	4.02	0.654	该品牌的有机食品质量安全	4.07	0.766
			该品牌的有机食品营养健康	4.09	0.758
			该品牌有机食品的质量标准是合格的	3.97	0.768
			该品牌有机食品的质量保持稳定	3.97	0.705
情感价值	3.96	0.638	我喜欢这个有机食品品牌	4.10	0.673
			该品牌有机食品引发我的购买欲望	3.92	0.723
			我购买该品牌的有机食品时感到很放松	3.86	0.769
			购买该品牌的有机食品让我感觉很好	3.96	0.737
经济价值	3.63	0.627	该品牌的有机食品定价合理	3.56	0.681
			该品牌的有机食品物有所值	3.61	0.680
			该品牌的有机食品物美价廉	3.72	0.735

续表

变量	均值	标准差	题项	均值	标准差
社会价值	3.34	0.742	购买该品牌有机食品使我更为他人所接受	3.37	0.885
			购买该品牌有机食品能改善他人对我的看法	3.38	0.854
			购买该品牌有机食品会给他人留下好印象	3.32	0.793
			购买该品牌有机食品为我赢得社会的认可	3.27	0.818
间接贡献意愿	3.72	0.569	协同测量题项均值	3.82	0.696
			影响测量题项均值	3.88	0.639
			增强测量题项均值	3.52	0.667
			动员测量题项均值	3.68	0.631

比较各变量题项的均值发现，功能价值的"营养健康"和"质量安全"题项均值最高，情感价值的"品牌喜爱"题项均值远高于其他题项，经济价值的"定价合理"题项均值最低，社会价值四个题项均值相对于其他维度普遍较低，这些规律与第4章描述性统计结果一致，但会员顾客所有题项的均值全部高于会员和非会员顾客混合的调查对象。

5.4.3.2　间接贡献意愿的描述性统计

表5.5显示，间接贡献意愿整体均值为3.72，四类间接贡献意愿的均值从高到低依次为影响、协同、动员和增强（$M_{影响}=3.88$，$M_{协同}=3.82$，$M_{动员}=3.68$，$M_{增强}=3.52$），其中增强意愿均值最低。与影响、协同和动员相比，增强意愿的独特性在于引入了"社交媒体"因素（Roy et al., 2018）。社交媒体的普及促使顾客在运用社交媒体开展社交购物和分享时更加理性（甘春梅，许嘉仪，2020）。社交媒体存在的隐私和安全隐患、信息过载、用户表演成分过重等潜在风险，也会使用户出现互动减少、焦虑和倦怠增加等趋势（刘鲁川等，2018），导致顾客在社交媒体推荐企业或品牌的时候极其谨慎，从而降低增强意愿。

5.4.3.3　研究变量的相关分析

表5.4显示，品牌感知价值二阶维度与间接贡献意愿显著正相关（$r_{功能}=$

0.556，$r_{情感}$＝0.712，$r_{经济}$＝0.629，$r_{社会}$＝0.485，P＜0.001)。此结果与研究假设一致，为研究模型的验证提供了初步支持。

5.4.4 主效应检验

5.4.4.1 整体模型拟合检验

本研究运用结构方程模型检验研究变量间的因果关系。第4章将性别、年龄、学历和收入水平作为控制变量，虽然尚无研究明确上述变量对间接贡献意愿的影响，但鉴于直接贡献意愿与间接贡献意愿的关联性，本研究仍将性别、年龄、学历和收入水平作为控制变量。

本研究采用的模型拟合判别标准为 GFI＞0.8（Hu，Bentler，1995），RMR＜0.05，RMSEA＜0.08，NFI＞0.9，CFI＞0.9，IFI＞0.9，CMIN/DF＜3（吴明隆，2010b），TLI＞0.75（Sivo et al.，2006）。如表5.6所示，除了 NFI 指标之外（0.870），各指标均符合判别标准。吴明隆（2010b）建议 NFI 采用＞0.9的判别标准，但温忠麟等（2004）指出 NFI 指标容易受到样本量的影响，在实证研究中接近0.9也可接受。因此，结构方程模型与样本数据拟合效果达到可接受水平。

表5.6 整体模型拟合数据

拟合指标	CFI	GFI	NFI	TLI	IFI	RMR	RMSEA	CMIN/DF
拟合数据	0.921	0.855	0.870	0.911	0.922	0.04	0.71	2.324
判别标准	＞0.9	＞0.8	＞0.9	＞0.75	＞0.9	＜0.05	＜0.08	＜3

5.4.4.2 假设检验结果

图5.2和图5.3分别为"品牌感知价值－间接贡献意愿"结构方程模型及其路径系数。表5.7的检验结果显示，情感价值和社会价值对有机食品顾客间接贡献意愿有显著的正向影响，情感价值的路径系数大于社会价值[$\beta_{情感}$（＝0.549）＞$\beta_{社会}$（＝0.143）]，表明情感价值对间接贡献意愿的影响程度高于社会价值。功能价值和经济价值对间接贡献意愿的影响不显著（$P_{功能}$＝0.782，$P_{经济}$＝0.161＞0.05）。控制变量性别、年龄、学历和收入水平并未对间接贡献意愿产生显著影响。假设 H3a 和 H3b 均得到验证。

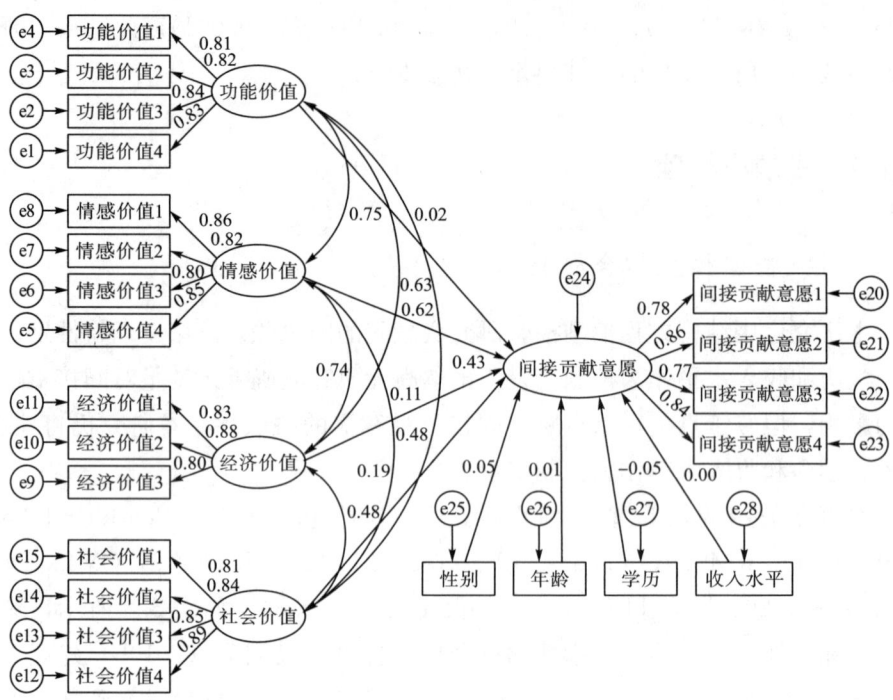

图 5.2　"品牌感知价值-间接贡献意愿"结构方程模型

资料来源：作者根据统计软件分析数据绘制

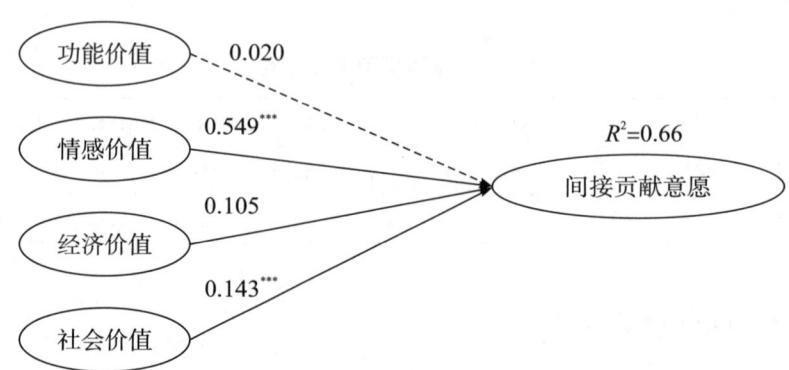

图 5.3　"品牌感知价值-间接贡献意愿"结构方程模型路径系数

注：* 表示 $P<0.05$，** 表示 $P<0.01$，*** 表示 $P<0.001$。

资料来源：作者根据统计软件分析数据绘制

表 5.7 "品牌感知价值-间接贡献意愿"主效应的假设检验结果

假设	路径关系	路径系数	标准误差	T 值	P	假设检验
—	功能价值-间接贡献意愿	−0.020	0.072	−0.277	0.782	
H3a	情感价值-间接贡献意愿	0.549	0.091	6.009	***	支持
—	经济价值-间接贡献意愿	0.105	0.075	1.403	0.161	—
H3b	社会价值-间接贡献意愿	0.143	0.042	3.436	***	支持
—	性别-间接贡献意愿	0.057	0.049	1.160	0.246	
—	年龄-间接贡献意愿	0.009	0.029	0.307	0.759	
—	学历-间接贡献意愿	−0.038	0.031	−1.203	0.229	
—	收入-间接贡献意愿	0.000	0.020	−0.018	0.986	

注:* 表示 $P<0.05$,** 表示 $P<0.01$,*** 表示 $P<0.001$

5.5 分析与讨论

5.5.1 品牌感知价值对间接贡献意愿的影响

5.5.1.1 功能价值和经济价值对有机食品顾客间接贡献意愿无显著的正向影响

本研究以有机食品品牌企业的会员顾客为调查对象,与本章的理论推演一致,检验结果证实功能价值和经济价值对有机食品顾客间接贡献意愿并无显著的正向影响。品牌社区是顾客与企业共同创造价值的平台,顾客同时具有价值的提供者和受益者两种身份,他们并非仅关心产品或服务的功能和价格,而是更注重体验中收获的价值(朱翊敏,于洪彦,2014)。

已有研究指出,如果功能价值和经济价值达不到顾客期望的结果,间接贡献意愿就会失去产品属性的基础。当顾客向他人推荐企业或产品时,如果被推荐者对推荐导致的购买不满意,推荐者和被推荐者之间的关系可能受到损害(Ryu,Feick,2007)。因此,顾客在向他人推荐或者在社交媒体上分享关于有机食品品牌的信息时,在帮助其他顾客或向企业提供反馈或建议时,必须以对功能价值和经济价值的良好感知为保障(甘春梅,许嘉仪,2020)。根据双因素理论(赫茨伯格等,2009),本研究推测功能价值和经济价值属于间接贡献意愿的保健因素,必须达到可接受水平,才能促使激励因素发挥作用(Alrawahi et al.,2020)。

5.5.1.2 情感价值对有机食品顾客间接贡献意愿有显著的正向影响

会员顾客在经常性购买有机食品的过程中积累了品牌知识,通过与其他品牌的比较和评价而获得较高的满意度和忠诚度,从而继续购买并推荐产品或服务给他人。顾客与企业之间的关系是连接评价和购买、推荐等顾客意愿的因果模型的核心(Chung et al.,2013)。顾客融入意愿只有在基于信任和承诺的关系建立起来之后才会产生(Pansari,Kumar,2017)。

有学者证实了基于情感依恋的顾客承诺会刺激推荐、反馈和帮助的产生(孙乃娟等,2016)。消费升级促使顾客通过参与互动、分享和互助等间接贡献行为获得更高层次的心理满足感和美好的情感体验(姚唐等,2017),有助于形成人与人之间的友谊,使顾客得以寻求自我表达和自我实现,从而更愿意实施为品牌或其他顾客等创造价值的角色外行为(卜庆娟等,2016)。本章中,情感价值对间接贡献意愿的显著影响得到验证(Van Doorn et al.,2010),并且证实情感价值的影响程度高于社会价值[$\beta_{情感-间接}$(=0.549)>$\beta_{社会-间接}$(=0.143)]。

5.5.1.3 社会价值对有机食品顾客间接贡献意愿有显著的正向影响

当顾客从选择有机食品品牌获得社会认同之后(Du et al.,2017;Füller,2010),顾客会因社会交换过程中得到的服务、信息和关爱等资源而向企业贡献相似的资源(林钘健,张辉,2021),更有可能产生间接贡献意愿。有机食品顾客感知的社会价值具有利己特征,自我效能感(Oh,Syn,2015)、自我形象驱动(Nardi et al.,2004)和社交效应(陈明红等,2017)对间接贡献意愿的促进作用得到证实,为社会价值影响间接贡献意愿提供了更多实证依据。社会价值还具有利他特征,由于有机食品在绿色消费、保护环境与维护生态(Aertsens et al.,2009;Mondelaers,2009;关兵,范德成,2013;Rana,Paul,2017)等方面的特殊属性,那些更注重与他人紧密联系、更看重社会价值的顾客会做出更有社会责任感的行为(Cojuharenco et al.,2016)。

5.5.2 行为推理理论的"价值观-合理性-意愿"框架

第2章的文献综述指出,传统的行为意向模型未能充分验证价值观对行为的预测力（庄晓萍等，2014；Claudy et al.，2015），也无法解释有机食品顾客的"态度－行为"差距（Peattie，Kenneth，2010），原因在于这些理论的概念框架未能同时考虑行为的促进与阻碍因素（Ryan，Casidy，2018）。行为推理理论弥补了上述不足，阐述了顾客的价值观、合理性、全局动机（以态度为代表）、意愿以及行为之间的内在联系，帮助找到促进或阻碍顾客融入意愿的情境因素（Westaby，2005a）（图5.4）。

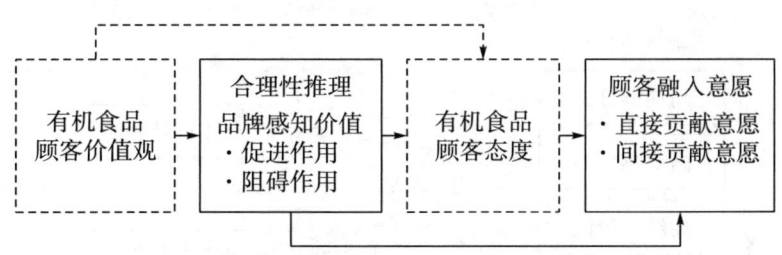

图 5.4　行为推理理论在本研究中的应用

资料来源：作者参考文献资料绘制

已有研究证实了自然信仰、尊重其他生命、关爱后代（Ryan，Casidy，2018）、健康意识（Tandon et al.，2020）以及其他价值观（Lockie et al.，2002；Dreezens et al.，2005）对有机食品顾客态度的影响，而有机食品顾客特有的"态度－行为"差距也得到学者们的关注（Chekima et al.，2017；Kushwah et al.，2019；Truong et al.，2021）。已有研究对阻碍有机食品顾客的积极态度转化为实际行为的因素知之甚少（Tandon et al.，2020）。根据行为推理理论，顾客在经常性购买有机食品的过程中存在追求心理捷径（王建国，杜伟强，2016）、降低购买所需努力与提高品牌感知价值的心理特征（Papista，Krystallis，2013），其合理性推理不需要对全局动机进行完整的信息加工而直接促进融入意愿（Westaby et al.，2010），这种影响的稳健性也得到学者们的支持（王建国，杜伟强，2016）。本研究响应 Kushwah 等（2019）的呼吁，基于行为推理理论精细刻画了品牌感知价值二阶维度对直接贡献意愿和间接贡献意愿的差异化影响，对有机食品顾客融入意愿的促进与阻碍因素给予了更多关注（图5.5）。

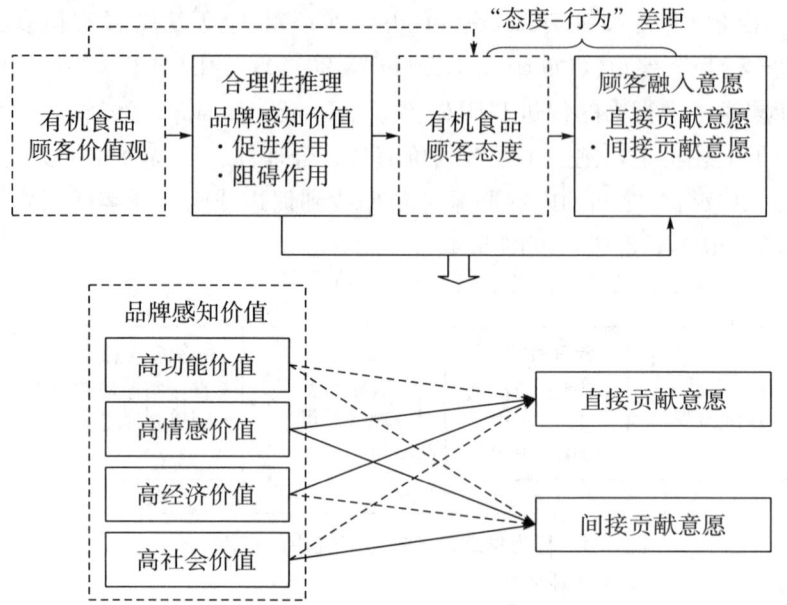

(a) 品牌感知价值二阶维度对直接贡献意愿和间接贡献意愿的促进作用

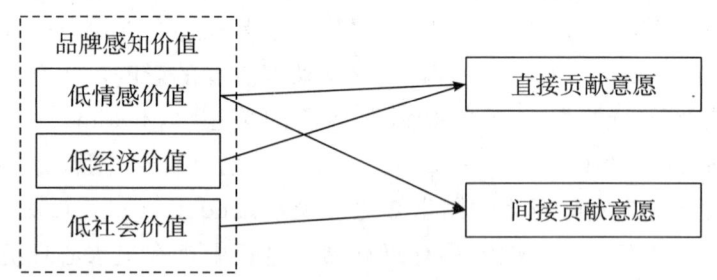

(b) 品牌感知价值二阶维度对直接贡献意愿和间接贡献意愿的阻碍作用

图 5.5　品牌感知价值对直接贡献意愿和间接贡献意愿的促进与阻碍作用

资料来源：作者根据文献资料和研究发现绘制

图 5.5 的"价值观-态度-意愿"路径已有丰富的研究，但此类研究只考察了顾客在特定时点的观点（Liu，Niyongira，2017；Kushwah et al.，2019），忽略了顾客融入意愿可能发生的变化（Mohsen，Dacko，2013；Truong et al.，2021）。如果顾客经常性购买有机食品，则无需在每次购买决策中对全局动机进行完整的认知加工（Westaby et al.，2010），合理性就可以为顾客融入意愿提供理由并促使行为发生（Westaby，2005a），这是顾客追求心理捷径的结果（王建国，杜伟强，2016）。

针对图 5.5 的"价值观-合理性-意愿"路径，部分学者率先开启了有机食品消费情境下的相关研究（Ryan，Casidy，2018；Tandon et al.，2020）。

有机食品顾客的价值观反映了他们的价值目标，还体现了判断事物价值的标准（庄晓萍等，2014），进而通过品牌感知价值进行有机食品的合理性推理（Lockie et al.，2002）。价值观和合理性可以帮助解释顾客为什么选择以某种方式行事（Ryan，Casidy，2018），本研究重点考察有机食品经常性购买者的"合理性－意愿"关系，从顾客价值的视角精细刻画了品牌感知价值二阶维度对直接贡献意愿与间接贡献意愿的促进与阻碍作用。

5.5.3　品牌感知价值的促进作用

在促进作用方面，第 4 章发现，对有机食品经常性购买者而言，情感价值和经济价值对直接贡献意愿的影响显著，而功能价值和社会价值的影响不显著。第 5 章证实，情感价值和社会价值对间接贡献意愿的影响显著，而功能价值和经济价值的影响不显著。上述结论印证了第 4 章的推测，即当品牌感知价值通过交易路径影响直接贡献意愿和间接贡献意愿时，均为特定价值维度发挥作用。

品牌感知价值对直接和间接贡献意愿产生显著影响的二阶维度，可以理解为双因素理论中的激励因素［图 5.5（a）实线箭头］，促进了直接贡献意愿和间接贡献意愿的发生。影响不显著的品牌感知价值二阶维度，可以理解为双因素理论中的保健因素［图 5.5（a）虚线箭头］，作为顾客价值判断的基本前提，必须达到可接受水平，才能促使激励因素发挥作用（Alrawahi et al.，2020）。赫茨伯格等（2009）认为，激励因素通常与人的积极情感有关，而保健因素几乎与积极情感无关，本研究的发现验证了这一观点，高水平的情感价值对有机食品顾客的直接贡献意愿和间接贡献意愿都有显著的正向影响。由此，本研究推测，当有机食品顾客感知的情感价值、经济价值、功能价值和社会价值处于较高水平时，品牌感知价值二阶维度或者作为激励因素促进直接贡献意愿和间接贡献意愿的发生，或者作为保健因素确保激励因素发挥促进作用［图 5.5（a）］。本研究发现了品牌感知价值对直接贡献意愿和间接贡献意愿的差异化影响，对已有研究做出了有益的补充。

5.5.4　品牌感知价值的阻碍作用

关于品牌感知价值二阶维度的阻碍作用的发现能够解释一些令人困惑的现象，例如部分经常性购买者的直接贡献意愿会减弱甚至停滞，部分经常性购买者的间接贡献意愿较低,以及有机食品顾客普遍存在"态度-行为"差距等,其共性在于有机食品顾客对品牌感知价值特定二阶维度的感知水平较低,阻碍了其积极态度向实际行为的转化(Tandon et al., 2020)。

5.5.4.1 低情感价值的阻碍作用

情感价值对直接贡献意愿和间接贡献意愿都存在显著的正向影响,并且影响程度高于其他因素[$\beta_{情感-直接}$(=0.519)>$\beta_{经济-直接}$(=0.161),$\beta_{情感-间接}$(=0.549)>$\beta_{社会-间接}$(=0.143)],充分证明情感价值凌驾于其他价值之上,成为有机食品经常性购买者最重要的动机(Truong et al., 2021)。顾客如果在经常性购买的过程中遭遇了消极的情感体验,顾客与企业的最后一次互动即可能对顾客融入意愿产生了最强的近因效应(Harman, Porter, 2021),从而感知到较低的情感价值成为"一票否决"因素,阻碍后续的直接贡献意愿和间接贡献意愿。

5.5.4.2 低经济价值的阻碍作用

本研究发现,顾客感知的低经济价值对直接贡献意愿存在阻碍作用。有机生产方式高投入、低产量的属性导致有机食品存在较高的价格溢价(Olson, 2017),顾客在经常性购买的过程中对价格或性价比进行动态评价,低经济价值成为直接贡献意愿的主要障碍(Basha, Lai, 2019;Taghikhah et al., 2021)。但是 Aschemann-Witzel 和 Aagaard(2014)认为低经济价值的阻碍作用是暂时的,可能随着有机食品价格、可获得性、顾客收入水平和年龄等情境因素的改变而减弱或消除。此观点也为解释部分有机食品顾客直接贡献意愿较低、间接贡献意愿较高的现象提供了理论依据。

5.5.4.3 低社会价值的阻碍作用

本研究还发现,顾客感知的低社会价值对间接贡献意愿存在阻碍作用。社会价值拥有利己和利他的双重属性,会给顾客带来自我认同和社会认同(Puska et al., 2018),促使间接贡献意愿的产生。在互联网时代背景下,间接贡献意愿依托数字化商业模式和社交媒体开展,顾客可能由推荐产品或服务失败导致社交关系受损(Ryu, Feick, 2007),面临使用社交媒体出现隐私和安全隐患、信息过载、表演成分过重等问题(李宏,李微,2017),也可能出现特定行为之后用户互动减少、焦虑和倦怠增加等趋势(刘鲁川等,2018)。正因如此,感知社交风险导致的社会价值降低会对间接贡献意愿形成阻碍。

综合上述分析，本研究推测源自有机食品自然、生态（Lee，Yun，2015）和营养（Zhang et al.，2018）等产品属性的功能价值产生了累积效应，成为消费者开始购买有机食品的重要原因（Tandon et al.，2020）。但对于经常性购买者而言，低情感价值和低经济价值阻碍了直接贡献意愿，低情感价值和低社会价值阻碍了间接贡献意愿，这些价值维度通过离散事件的近因效应阻碍了顾客融入意愿的产生（Harman，Porter，2021）[图 5.5（b）]。这些发现为有机食品顾客的"态度－行为"差距提供了全新的理论解释，也有助于解释已有研究结论相互矛盾的现象。

5.5.5 已有研究相互矛盾的潜在原因

5.5.5.1 关于功能价值的研究结论矛盾的潜在原因

关于功能价值对有机食品顾客直接贡献意愿的影响，已有研究的结论呈现出相互矛盾的现象。大多数学者将功能价值归结为影响直接贡献意愿（Husic-Mehmedovic et al.，2017；Massey et al.，2018）的关键因素，而 Watanabe 等（2020）却指出功能价值对直接贡献意愿并无显著影响。第 4 章已证实功能价值对经常性购买者的直接贡献意愿的影响不显著。本研究推测，已有研究相互矛盾的原因，或许是顾客的异质性导致功能价值的重要性发生变化。

第 3 章的内容分析表明，有机食品经常性购买者的直接贡献意愿会发生强化、保持、弱化和停滞四种变化，但四类顾客对功能价值的评价因长期的累积效应均处于较高水平（Tandon et al.，2020）。第 4 章问卷调查数据显示，功能价值均值在品牌感知价值二阶维度中最高，表明功能价值对有机食品品牌的绩效起着基础性作用（毕振力，袁登华，2011），是顾客价值判断和经常性购买决策的基本前提。与有机食品意向或偶然性购买者相比，经常性购买者感知的功能价值从激励因素转换为保健因素（刘百灵等，2017），对直接贡献意愿并未产生统计学意义上的显著影响。

5.5.5.2 关于社会价值的研究结论矛盾的潜在原因

关于社会价值的研究结论同样存在争议，学者们分别支持（Costa-Migeon et al.，2014；Khan，Mohsin，2017）或反对（解芳等，2019；Watanabe et al.，2020）社会价值影响有机食品顾客直接贡献意愿的观点。立足于发达国家的有机食品消费者行为研究通常认同社会价值对直接贡献意愿的影响，顾客对环境保护（Rana，Paul，2017）、可持续发展（Aertsens et al.，2009）和社会效益与自身社会身份（Du et al.，2017）的重视会推动有机食品消费。立足于新兴市场的研究更有可能得出相反的结论，例如中国儒家传统文化（解芳等，2019）、巴西参照群体的社会接受程度（Watanabe et al.，2020）等都有可能影响研究结果。正因如此，本研究响应了 Kushwah 等（2019）的呼吁，从新兴市场的视角探讨有机食品顾客的动机与障碍（Truong et al.，2021）。

5.5.5.3　关于经济价值的研究结论矛盾的潜在原因

本研究发现经济价值对间接贡献意愿并未产生显著影响，与孙乃娟和郭国庆（2016）的研究结果不一致。他们的研究表明与经济价值具有相似内涵的计算性承诺对顾客的推荐和帮助具有显著影响，研究结论相互矛盾的原因可能与有机食品顾客的卷入程度有关。孙乃娟和郭国庆（2016）指出计算性承诺属于较低水平的承诺，无须顾客投入过多认知资源。然而，有机食品经常性购买者的间接贡献意愿受到情感价值和社会价值的驱动，促使顾客具有较高的卷入程度（Tandon et al.，2021），他们与意向或者偶然性购买者的行为动机存在显著差异（Lee，Hwang，2016），这是不同价值观发挥作用的结果（Aertsens et al.，2009；Eisingerwatzl et al.，2015）。

上述讨论表明，顾客异质性是重要的边界条件（Ho et al.，2022），能够解释品牌感知价值二阶维度对不同类型顾客的重要性为何不同。当经常性购买有机食品的顾客受到消极情感、高昂价格或社交风险等阻碍时，情境因素强烈的近因效应（Harman，Porter，2021）导致积极态度对顾客融入意愿的影响变得微不足道。顾客进入单一决策模式，品牌感知价值特定维度对顾客融入意愿产生阻碍作用（王建国，杜伟强，2016），导致"态度－行为"差距的发生。这种对比分析使有机食品消费者行为的研究从传统的产品属性驱动发展到顾客价值驱动（Finch，2006），也对消费者行为决策背后的合理性推理进行了更深入的洞察（Ryan，Casidy，2018）。

5.6　本章小结

第 5 章围绕品牌感知价值对有机食品顾客间接贡献意愿的影响开展研究，通过理论推演和数据分析验证了两个问题：①品牌感知价值二阶维度是否影响有机食品顾客的间接贡献意愿。②品牌感知价值二阶维度对直接贡献意愿和间接贡献意愿存在怎样的促进与阻碍作用。表5.8为本章假设检验结果。

表5.8 假设检验结果

假设	假设内容	检验结果
H3a	情感价值对有机食品顾客间接贡献意愿有显著的正向影响。	支持
H3b	社会价值对有机食品顾客间接贡献意愿有显著的正向影响。	支持

检验结果表明，对于有机食品经常性购买者，情感价值和社会价值对间接贡献意愿有显著的正向影响。综合第4章和第5章的发现，本研究引入行为推理理论构建"价值观－合理性－意愿"的解释性框架，分析品牌感知价值二阶维度对直接贡献意愿和间接贡献意愿的促进与阻碍作用。从促进作用来看，对于有机食品经常性购买者而言，较高水平的品牌感知价值二阶维度或者显著提升直接贡献意愿和间接贡献意愿，或者保障影响显著的因素发挥作用。从阻碍作用来看，较低水平的情感价值和经济价值会阻碍直接贡献意愿，较低水平的情感价值和社会价值会阻碍间接贡献意愿，这些价值维度通过离散事件的近因效应阻碍了顾客融入意愿的产生，成为导致有机食品顾客"态度－行为"差距的潜在原因。

这些发现表明顾客异质性是重要的边界条件，本研究进一步讨论了品牌感知价值二阶维度对经常性购买者与意向或偶然性购买者的重要性为何不同，精细刻画了品牌感知价值对直接贡献意愿和间接贡献意愿的差异化影响，对已有研究做出了有益的补充。通过这种对比分析，我们使有机食品消费者行为研究从产品属性驱动发展到顾客价值驱动，从直接贡献意愿拓展到间接贡献意愿，为充实理论体系提出了有价值的见解。

综合上述分析，第5章验证了品牌感知价值对间接贡献意愿的影响，分析了品牌感知价值二阶维度对直接贡献意愿和间接贡献意愿的促进与阻碍作用。那么品牌感知价值影响间接贡献意愿的传导机制是什么？边界条件又是什么？为了回答这些问题，第6章将深入剖析品牌感知价值对间接贡献意愿的影响机理。

第 6 章 品牌感知价值对有机食品顾客间接贡献意愿的影响机理

6.1 研究目的

移动互联时代的社交网络互动为顾客与企业的价值共创创造了机会，顾客能为企业反馈消费体验、启发产品创新，还能在顾客之间分享、沟通与讨论（焦勇兵等，2017）。在有机食品的新兴市场，规模庞大的意向或偶然性购买者或许出于情感体验不佳（Truong et al.，2021）、价格高昂、可获得性低等原因（Bryła，2016）暂时未能经常性购买。但通过激活价值观和合理性推理提升顾客的间接贡献意愿，不仅能够为企业间接贡献价值（Kumar，2017），而且有可能在阻碍因素减弱或消除的情况下促使他们转化为经常性购买者（Ryan，Casidy，2018）。尽管有机食品顾客间接贡献意愿的重要性如此突出（Roy et al.，2018），国内外却鲜有研究予以关注。

第 5 章检验了品牌感知价值二阶维度影响有机食品顾客间接贡献意愿的主效应，但其中的传导机制和边界条件尚未明晰。有学者指出信任是顾客融入意愿的前提（Roy et al.，2018），顾客的经常性购买体现了对品牌的信任，其间接贡献意愿也会更强（冯进展，蔡淑琴，2020）。那么在品牌感知价值影响有机食品顾客间接贡献意愿的过程中，品牌信任是否发挥作用？通过品牌信任品牌感知价值二阶维度对间接贡献意愿的影响与不通过品牌信任有何差异？品牌信任和直接贡献意愿在此过程中是否产生影响？本研究将验证和讨论这些问题。

此外，已有研究指出良好的企业形象能够提升市场份额、维持顾客忠诚（李惠璠等，2012），还会通过信任影响购买意愿（田阳等，2009）。在缺少内部线索的情况下，企业形象是重要的外部线索，引导顾客的购买意愿和评价（Ryan，Casidy，2018）。针对发达国家消费者的研究表明，环境意识（Lee，

Yun，2015）、环境利益（Massey et al.，2018）、环境友好性（Janssen，2018）和环境影响（Aitken et al.，2020）等因素对直接贡献意愿的影响得到广泛认可。对发展中国家消费者来说，环境保护因素对有机食品消费的作用也越来越大（Yu et al.，2014；Basha，Lal，2019）。鉴于此，许多企业努力通过向公众展示他们在环境保护方面的努力来改善其环境地位（Szabol，Webster，2021），这种对环境保护的承诺是对利益相关者期望的回应（Wu et al.，2021）。那么企业环保形象在品牌感知价值影响直接贡献意愿的过程中是否存在调节作用？如果回答是肯定的，这种调节作用在品牌感知价值影响间接贡献意愿的过程中是否同样存在？

为了回答上述问题，本章将深入探讨品牌感知价值对有机食品顾客间接贡献意愿的影响机理，通过理论推演和数据分析验证两个问题：①品牌信任和直接贡献意愿在品牌感知价值对间接贡献意愿的影响中是否起到链式中介作用。②企业环保形象在品牌感知价值对直接贡献意愿和间接贡献意愿的影响中是否起到调节作用。

6.2 假设推演

6.2.1 品牌信任的中介作用

顾客与企业之间的关系是连接评价和购买、推荐等顾客意愿的因果模型的核心（Chung et al.，2013），这种关系以信任和承诺为基础（Morgan，Hunt，1994）。当融入成为顾客价值管理的新目标时，企业更加需要了解信任在影响顾客的角色外行为中所扮演的角色，这些角色并不局限于重复购买或口碑推荐（Roy et al.，2018），还包括协同生产、协同创造和服务交付（Grönroos，Voima，2013）。因此，品牌感知价值、品牌信任、直接贡献意愿和间接贡献意愿之间的关系值得关注。

感知价值对品牌信任的正向影响得到已有研究的验证（Morgan，Hunt，1994）。在有机食品消费情境下，品牌感知价值二阶维度的功能价值（程玉桂，2016；Konuk，2018）、情感价值（刘敬严，2008；Watanabe et al.，2020）、经济价值（Zanolli et al.，2015；程玉桂，2016）和社会价值（Fazal－E－Hasan et al.，2018）分别被证实正向影响品牌信任。在间接贡献意愿的影响因素中，信任的影响不仅拥有理论依据（Van Doorn et al.，2010；Brodie et al.，2011），而且获得实证支持（Roy et al.，2018）。顾客在向他人推荐或在社交媒体谈论特定企业或品牌之前，会考虑他们在朋友之间或社交网络的个人形象和可信度（Itani et al.，2019），对品牌信任程度更高的顾客更有可能产生间接贡献意愿（Zhu et al.，2013）。因此，本研究提出如下假设：

H4a：品牌信任在功能价值对有机食品顾客间接贡献意愿的影响中起到中介作用。

H4b：品牌信任在情感价值对有机食品顾客间接贡献意愿的影响中起到中介作用。

H4c：品牌信任在经济价值对有机食品顾客间接贡献意愿的影响中起到中介作用。

H4d：品牌信任在社会价值对有机食品顾客间接贡献意愿的影响中起到中介作用。

6.2.2 品牌信任和直接贡献意愿的链式中介作用

顾客会创造性地将各种活动组合成反复出现的系统，以便支持其生活中的价值创造过程（Mickelsson，2013）。顾客在经常性购买有机食品的过程中获得了较高的体验价值（Grönroos，Voima，2013），形成稳定的顾客－品牌关系（Zhang et al.，2020），这些特征是间接贡献意愿的重要前因（Isla et al.，2018）。有学者还发现购买经验丰富的顾客会主动分享经验和知识，通过对他人施加社会影响与企业建立联系（Kumar et al.，2010）。

本研究第4章验证了品牌信任在品牌感知价值二阶维度与直接贡献意愿之间的中介作用。Yu等（2021）证实，品牌信任和顾客购买意愿在有机食品企业形象与顾客－企业协同行为的关系中起着多阶段的中介作用，为探明顾客的品牌信任、直接贡献意愿和间接贡献意愿之间的关系提供了实证依据。较高的品牌信任能够促进顾客经常性购买有机食品的行为，直接贡献意愿较高的顾客更有可能具有较高的间接贡献意愿（Pansari，Kumar，2017；冯进展，蔡淑琴，2020）。结合上述分析，本研究提出如下假设：

H5a：在功能价值对有机食品顾客间接贡献意愿的影响中，品牌信任与直接贡献意愿起到链式中介作用。

H5b：在情感价值对有机食品顾客间接贡献意愿的影响中，品牌信任与直接贡献意愿起到链式中介作用。

H5c：在经济价值对有机食品顾客间接贡献意愿的影响中，品牌信任与直接贡献意愿起到链式中介作用。

H5d：在社会价值对有机食品顾客间接贡献意愿的影响中，品牌信任与直接贡献意愿起到链式中介作用。

6.2.3 企业环保形象的调节作用

6.2.3.1 企业环保形象的涵义

企业形象被描述为与特定企业相关的认知、情感、附属于特定认知或情感的评价、总体评价和（或）联想模式的总和（Brown，1998）。很多顾客认为购买有机食品是"做正确的事情"，但做出购买行为并不容易（Hjelmar，2011）。顾客不仅需要充足的有机知识作为内部线索，而且需要可靠的企业信息作为外部线索，才能通过认知指导行为决策（孙彦等，2007）。对于拥有良好品牌声誉的公司来说，较高的认知度、积极的形象联想以及较低的风险认知都是关键优势（Delgado-Ballester，Munuera-Alemán，2001）。在顾客缺少内部线索的情况下，企业形象将成为重要的外部线索（Ryan，Casidy，2018），引导顾客评价、影响购买意愿，但现有文献很少研究企业形象对有机食品顾客融入意愿的作用效果（Yu et al.，2021）。

针对发达国家消费者的研究表明，环境保护是解释有机食品消费者行为的关键驱动因素（Magistris，2008），环境意识（Lee，Yun，2015）、环境利益（Massey et al.，2018）、环境友好性（Janssen，2018）和环境影响（Aitken et al.，2020）等因素对直接贡献意愿的影响得到广泛认可。对发展中国家消费者来说，环境保护因素对有机食品消费的作用也越来越大（Yu et al.，2014；Escobar-Lopez et al.，2017；Basha，Lal，2019）。已有研究表明，顾客购买有机食品的决策受其健康、环境保护等价值观驱动（Ryan，Casidy，2018），通过环境意识、环境利益等因素表达对人类行为的环境后果的态度（Culiberg，Rojšek，2008），这些因素是顾客价值观的组成部分。正因如此，有机食品品牌企业着意树立注重环境保护的企业形象，希望借此提升顾客的直接贡献意愿，而环境因素与间接贡献意愿的关系在已有研究中尚未得到足够关注。

在品牌感知价值影响顾客融入意愿的研究模型中引入环境保护变量，能够丰富促进或阻碍有机食品顾客融入意愿的外部因素，更加真实地呈现顾客的现实选择（Papista，Krystallis，2013）。根据行为推理理论，消费者行为决策是一个多重属性的动态评价过程（Papista et al.，2018）。即使是最具环保意识的消费者，也不会仅凭环境因素做出行为决策（Rokka，Uusitalo，2008），情境因素会发挥降低环境友好意愿、削弱价值观或态度的阻碍作用（Tanner，Kast，2003；Papista，Krystallis，2013）。为了探索环境保护因素在品牌感知价值影响顾客融入意愿的过程中的作用机理，本研究基于"企业形象"的概念，将"企业环保形象"定义为顾客对品牌或企业在减少环境污染、改善生态环境、推动可持续发展方面的评价（Follows，Jobber，1999；杨晓燕，周懿瑾，2006；汤峰等，2021）。

6.2.3.2 企业环保形象与品牌感知价值二阶维度的交互作用

已有研究证实，感知价值会影响企业形象，而企业形象与感知价值的交互作用共同影响顾客的行为决策（Hu et al.，2009；Lien et al.，2015）。上述研究中，感知价值均作为整体概念存在，在有机食品消费情境下针对品牌感知价值二阶维度与企业环保形象的相关研究仍然存在知识缺口。

根据双加工理论，人类决策与推理由基于直觉的启发式系统（Heuristic system）和基于理性的分析式系统（Analytic system）构成，后续研究中由此衍生出更适合中文语境、更易于理解的"认知－情感双加工"（陈晓曦等，2019）的命名方式。启发式系统又称为情感加工路径，是依赖直觉的并行加工系统，具有速度快、心理资源占据较少、反应自动化以及易受背景相似性影响等特征。分析式系统又称为认知加工路径，是依赖理性的串行加工系统，具有速度慢、心理资源占据较多、有意识参与和控制以及不易受背景相似性影响等特征（孙彦等，2007）。有机食品顾客通过认知指导行为决策时会呈现便利性和反思性两种行为模式（Hjelmar，2011）。便利性模式会使顾客在购买有机食品时受到付出与收益、经济成本及有机标签等因素的影响，反思性模式会使顾客在购买有机食品时深入思考健康、营养、环境保护和动物福利等问题。本研究基于双加工理论，讨论品牌感知价值二阶维度与企业环保形象的交互作用。

（1）功能价值与企业环保形象。

根据双加工理论，认知加工路径是慢速的、间接的、控制的和基于认知的（辛欣，任俊生，2018）。从品牌感知价值二阶维度的视角，顾客感知的功能价值体现了有机食品在品质、营养和健康方面的优势，这些因素会使健康意识和环境关注更高的顾客出现反思性模式（Hjelmar，2011）。有机食品的功能价值在于消除非有机生产中的有害化学物质和毒素，提高食品的营养价值，缓解人们对环境的担忧（Basha，Lal，2019）。企业环保形象与有机食品安全、健康、减少污染等自然属性直接相关（Chekima et al.，2017；Gomiero，2018；袁晓辉等，2021），是影响顾客主观感知和行为意愿的重要因素（Lien et al.，2015）。顾客对企业环保形象评价越高，对品牌企业产品及其属性的态度越积极（Aghekyan-Simonian et al.，2012），越有可能提升顾客对有机食品功能价值的感知。本研究据此推测功能价值与企业环保形象之间存在交互作用。

（2）情感价值与企业环保形象。

双加工理论指出，情感加工路径是快速的、直接的、自发的和基于情感的（辛欣，任俊生，2018）。对有机食品经常性购买者而言，情感是基于价值观表达的有机食品购买决策重点（Lind et al.，2007），基于情感价值的促进或阻碍作用，通过"价值观—合理性—意愿"的心理捷径作用于顾客融入意愿（王建国，杜伟强，2016）。在情感价值对直接贡献意愿和间接贡献意愿发挥主导作用的情况下，顾客通过情感加工路径进行的行为决策是快速和直接的，不会或者较少触发深入的思考与反思，也不容易受到企业环保形象等外部线索的影响。因此，本研究推测情感价值和企业环保形象之间并不存在交互作用。

（3）经济价值与企业环保形象。

有机食品经常性购买者感知的经济价值影响其融入意愿的过程同样通过认知加工路径完成，但已有研究指出有机食品的经济成本、可获得性和购买效率等经济价值因素会使顾客的认知进入便利性模式。在经常性购买有机食品的时候，面对产品价格变动、有机食品与非有机食品的价格比较等货币成本，以及所付出的时间和精力等非货币成本，注重实效的顾客更倾向于便利性模式，避免仔细思考和反思（Hjelmar，2011）。在此过程中，顾客通常不会从有机食品品牌企业的环境保护行为中获得直接的个人利益（Papista，Krystallis，2013）；而且关注其在减少环境污染、改善生态环境、推动可持续发展方面的表现，需要顾客耗费过多的认知资源（孙乃娟，郭国庆，2016）。本研究据此推测，经济价值与企业形象之间的交互作用或许并不存在。

（4）社会价值与企业环保形象。

顾客购买有机食品与健康的饮食习惯（Lim et al.，2014）、独特的生活方式（Du et al.，2017）和广泛的社会与环境目标（Hjelmar，2011）等相联系，这些因素在顾客追求社会认同的过程中扮演着重要角色（Welsch，Kühling，2009；Bartels，Reinders，2010）。当议题涉及有机食品的健康、营养、环境保护和动物福利时，顾客认知会呈现反思性模式（Hjelmar，2011），使行为决策过程涉及更多的认知和反思。品牌企业通过提供亲环境的有机食品树立企业环保形象，反映出企业负责任经营的水平和对社会责任的考虑（Miller，

Merrilees, 2013)。顾客表现出亲环境的购买行为可以检验顾客对可持续发展的承诺（Costa-Migeon et al., 2014），促使他们获得品牌或参照群体的认同感以及所属社交网络和群体内部的社会认同（Winterich et al., 2009）。据此，本研究推测，社会价值与企业环保形象之间存在交互作用。

6.2.3.3 品牌感知价值、企业环保形象、品牌信任与直接贡献意愿

已有研究尚未有直接将品牌感知价值、企业环保形象、品牌信任与直接贡献意愿纳入模型的，本研究梳理了相关成果间接探讨上述变量之间的关系。在品牌感知价值影响直接贡献意愿的路径中，第4章发现情感价值和经济价值对直接贡献意愿产生显著影响，是因为顾客在经常性购买有机食品的过程中受到情境因素的影响，出于追求心理捷径（王建国，杜伟强，2016）、降低购买所需努力的心理特征（Papista, Krystallis, 2013），直接、便捷地进行行为决策。因此，本研究推测，情感价值和经济价值影响直接贡献意愿的过程并未受到企业环保形象的调节。

在品牌感知价值通过品牌信任影响直接贡献意愿的路径中，企业形象对品牌信任和直接贡献意愿的影响得到学者的证实（Lin et al., 2010；杨肖丽等，2016；Pandey, Khare, 2017）。就企业环保形象来看，在国家环保形象领域，有学者发现消费者在评估亲环境产品的可信度时，会参考原产国的环保形象（Nuttavuthisit, Thøgersen, 2019）。当消费者认为原产国具有负面环保形象时，他们对亲环境产品的反应较差（Dekhili, Achabou, 2015）。在企业环保形象方面，企业树立环保形象的努力能够提高透明度、帮助顾客了解其是一家什么样的企业，有利于在顾客中建立忠诚度并得到更大的信任（Szabol, Webster, 2021）。在此过程中，企业会得到顾客认可，顾客的直接贡献意愿也得以提升（刘博，朱竑，2017）。

上述研究并未深入品牌感知价值二阶维度分析企业环保形象在上述路径中的作用机理，本研究对此加以补充。根据前述小节的理论推演，品牌感知价值二阶维度通过品牌信任影响直接贡献意愿的过程中，功能价值与企业环保形象以及社会价值与企业环保形象之间可能存在交互作用，顾客对企业环保形象评价越高，功能价值和社会价值通过品牌信任对直接贡献意愿的影响越大。本研究基于此提出如下假设：

H6a：企业环保形象正向调节功能价值通过品牌信任影响直接贡献意愿的间接关系。

H6b：企业环保形象正向调节社会价值通过品牌信任影响直接贡献意愿的

间接关系。

6.2.3.4 品牌感知价值、企业环保形象、品牌信任与间接贡献意愿

国内外讨论品牌感知价值、企业环保形象、品牌信任与间接贡献意愿之间关系的研究依然较少。在品牌感知价值影响间接贡献意愿的路径中，第5章证实情感价值和社会价值对间接贡献意愿产生显著影响。根据行为推理理论，顾客在经常性购买有机食品的过程中产生间接贡献意愿，也是基于情感价值和社会价值进行合理性推理的结果，不需要进行完整的信息加工而直接、便捷地促进间接贡献意愿（Westaby et al.，2010）。本研究据此推测，情感价值和社会价值影响间接贡献意愿的过程也未受到企业环保形象的调节。

在品牌感知价值通过品牌信任影响间接贡献意愿的路径中，企业环保形象的作用机理缺乏实证研究支持。学者们认为不同类型的间接贡献意愿以相同或相似的心理机制为基础，例如信任与承诺（Van Doorn et al.，2010；朱翊敏，于洪彦，2014）、体验价值（Roy et al.，2017）等。多项实证研究表明顾客对企业形象的感知对其推荐、帮助和分享等行为有显著的正向影响（Jung et al.，2018；张浩，2018）。Yu 等（2021）证实有机食品企业的能力形象和社会责任形象都能有效提升消费者信任，消费者信任和购买意愿在企业形象与顾客协同发展行为之间起到中介作用。

本研究从品牌感知价值二阶维度的视角推演企业环保形象在上述路径中的作用机理。在功能价值方面，顾客对品牌企业在减少环境污染、改善生态环境、推动可持续发展方面的评价越高（Follows，Jobber，1999；杨晓燕，周懿瑾，2006；汤峰等，2021），他们对有机食品自然属性和产品功效的较高期望越是得到满足，越有可能分享与品牌相关的积极事件、向他人推荐品牌或产品（Pansari，Kumar，2017）。在社会价值方面，有机食品品牌企业维护环保形象的举措推动企业与顾客和整个社会相联系（Kataria et al.，2021），这些联系加强了顾客的品牌信任（Rousseau et al.，1998），进而影响其间接贡献意愿（He，Lai，2014）。根据上述分析，本研究提出如下假设：

H7a：企业环保形象正向调节功能价值通过品牌信任影响间接贡献意愿的间接关系。

H7b：企业环保形象正向调节社会价值通过品牌信任影响间接贡献意愿的间接关系。

综上所述，本章以品牌感知价值二阶维度为自变量，以有机食品顾客间接贡献意愿为因变量构建研究模型（图 6.1），重点检验品牌信任和直接贡献意

愿的链式中介作用以及企业环保形象的调节作用。

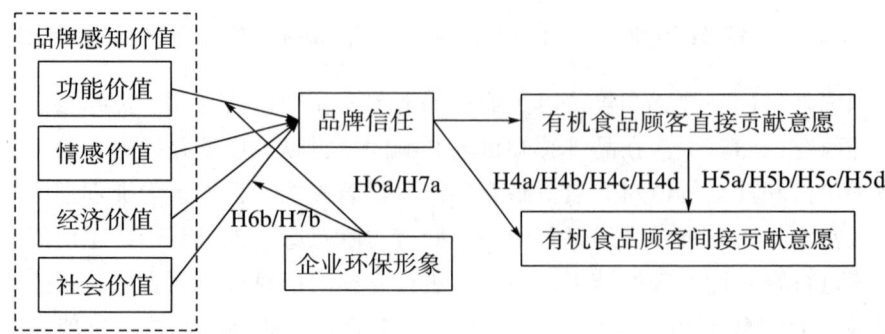

图 6.1 "品牌感知价值对有机食品顾客间接贡献意愿的影响机理"研究模型
资料来源：作者根据理论背景与研究假设推演绘制

6.3 研究设计

6.3.1 研究方法

本研究采用问卷调查方法收集数据，实施过程与第 5 章调查同步进行。数据分析使用 SPSS 22.0 软件，首先检验量表的信度和效度；其次进行描述性统计分析、揭示变量间的相关关系；再次采用 Bootstrap 方法检验链式中介作用；最后运用 Process 程序的系数乘积法结合调节变量线性函数验证有调节的中介作用。

本研究借鉴了国内外学者的创新方法检验有调节的中介作用。已有研究大部分主要采用亚组分析法或者差异分析法检验有调节的中介作用，但这些方法存在条件间接效应之差的显著性检验缺失、统计功效低、结果受调节变量条件取值影响和适用范围有限等不足（方杰等，2014）。本研究借鉴陈笃升和王重鸣（2015）率先在国内使用的检验方法，即结合 Hayes（2015）的系数乘积法和 SPSS 软件 Process 程序的 Johnson–Neyman 技术，通过绘制调节变量线性函数呈现有调节的中介作用的全貌。这种方法打破了传统简单斜率分析方法检验调节作用的局限，也弥补了通过间接效应取值差异验证调节作用的不足，得到诸多学者的认可（Bryan et al.，2013；Pérez–Conesa et al.，2017；Carissa et al.，2019），但国内运用这种方法的实证研究刚刚起步（陈笃升，王重鸣，

2015；马君等，2020）。

6.3.2 测量量表

本研究模型中包含品牌感知价值、企业环保形象、品牌信任、直接贡献意愿与间接贡献意愿五个变量。品牌感知价值、品牌信任、直接贡献意愿与间接贡献意愿的测量沿用第4章和第5章所使用的量表。

企业环保形象的测量量表以 Brown 和 Dacin（1997）开发、经田阳等（2009）翻译并在中国情境中验证的企业形象量表为基础，题项内容参考 Follows 和 Jobber（1999）率先使用并经杨晓燕和周懿瑾（2006）在中国情境检验的环境态度量表。量表共包含该企业"有助于改善生态环境""减少环境污染""有利于可持续发展"三个题项。所有题项全部采用 Likert5 级量表测量，从"非常不同意"到"非常同意"的五个选项分别计 1~5 分。调查问卷详见附录 3 "品牌感知价值对有机食品顾客间接贡献意愿的影响与机理"调查问卷。

6.3.3 数据收集

本研究继续选取有机食品品牌企业的会员顾客，确保调查对象对企业环保形象有足够的认知水平，实现消费者特征控制；沿用第5章选择综合品类有机食品品牌的方法，实现产品和品牌特征控制。收集环境和调查过程的控制方法与第5章一致，仍然将性别、年龄、学历和收入水平作为控制变量。

6.4 假设检验

6.4.1 信度和效度检验

6.4.1.1 信度检验

研究模型在第 5 章基础上加入中介变量品牌信任和调节变量企业环保形象之后，量表整体信度从 0.880 上升至 0.910。表 6.1 显示，各量表的 Cronbach's α 系数介于 0.826 至 0.921 之间，均明显高于 0.7 的判别标准（Nunnally，Bernstein，1994），表明量表信度较高。

表 6.1 量表的 Cronbach's α 系数

变量	题项数	Cronbach's α 系数
功能价值	4	0.895
情感价值	4	0.902
经济价值	3	0.877
社会价值	4	0.909
品牌信任	5	0.826
企业环保形象	3	0.839
直接贡献意愿	3	0.921
间接贡献意愿	4	0.887

6.4.1.2 效度检验

本研究所使用的测量量表均为发表于国内外权威期刊并运用于实证研究的成熟量表,正式使用前向同领域专家和博士生征求意见并开展预测试,结合反馈意见和预测试结果修正题项,量表的内容效度得到保证。

表 6.2 为量表的因子载荷、组合信度(CR)和平均方差抽取(AVE)。表中绝大部分变量的因子载荷超过 0.721,品牌信任第 5 题略低(0.611),仍大于 0.5 的判别标准(吴明隆,2010b);CR 均超过 0.880(>0.6)。所有变量的 AVE 最低为 0.531(>0.5),研究模型内在质量较为理想(吴明隆,2010b),量表的收敛效度符合要求。

表 6.2 量表的因子载荷、组合信度和平均方差抽取

变量	题项	因子载荷	组合信度(CR)	平均方差抽取(AVE)
品牌信任	我相信该品牌会考虑各项措施对顾客的影响	0.740	0.849	0.531
	如果我遇到问题,该品牌乐意为我提供帮助	0.805		
	该品牌在制定政策时很关心像我这样的顾客	0.752		
	我相信该品牌在沟通的过程中是真诚的	0.721		
	即使该品牌解释不太合理,我仍然愿意相信	0.611		

续表

变量	题项	因子载荷	组合信度（CR）	平均方差抽取（AVE）
企业环保形象	该企业有助于改善生态环境	0.857	0.862	0.676
	该企业减少环境污染	0.826		
	该企业有利于可持续发展	0.781		

表6.3中，每个变量的AVE的平方根均大于该变量与其他变量的相关系数，表明研究模型的变量之间差异显著（Fornell，Larcker，1981），量表具有良好的区别效度。

表6.3 量表的相关系数、AVE与AVE平方根

变量	功能价值	情感价值	经济价值	社会价值	品牌信任	环保形象	直接贡献意愿	间接贡献意愿
功能价值	1							
情感价值	0.664***	1						
经济价值	0.565***	0.658***	1					
社会价值	0.384***	0.440***	0.424***	1				
品牌信任	0.590***	0.678***	0.605***	0.487***	1			
企业环保形象	0.569***	0.661***	0.557***	0.414***	0.614***	1		
直接贡献意愿	0.491***	0.695***	0.661***	0.391***	0.579***	0.602***	1	
间接贡献意愿	0.541***	0.699***	0.590***	0.487***	0.661***	0.618***	0.684***	1
AVE	0.766	0.771	0.804	0.788	0.531	0.676	0.865	0.770
AVE平方根	0.875	0.878	0.897	0.888	0.729	0.822	0.930	0.877

注：* 表示 $P<0.05$，** 表示 $P<0.01$，*** 表示 $P<0.001$。

6.4.2 共同方法偏差检验

6.4.2.1 程序控制

本次问卷调查减少共同方法偏差影响的方式与第5章一致，从程序控制和

统计控制两方面着手（邓稳根等，2018）。程序控制包括线上线下调查渠道的结合使用，选取背景多样化的有机食品会员顾客作为受访者，在问卷中提示调查不署名、不留联系方式、不涉及个人隐私、题项没有标准答案、调查未受企业委托等。

6.4.2.2 统计控制

统计控制的方法为 Harman 单因素检验。将量表全部题项进行因子分析，未旋转的因子分析结果显示，特征根大于 1 的因子共有 6 个，解释变异总量为 71.351%。第一公因子的特征值解释了 47.257% 的变异量，并未超过心理科学研究常见的 50% 临界值（Hair et al., 1998；邓稳根等，2018），符合研究要求。

6.4.3 描述性统计与相关分析

6.4.3.1 品牌信任的描述性统计

表 6.4 中，会员顾客的品牌信任均值（$M_{信任-会员}=3.69$）高于第 4 章会员非会员混合的数据（$M_{信任-会员非会员}=3.51$），且标准差更低 [$S_{信任-会员}$（$=0.548$）<$S_{信任-会员非会员}$（$=0.693$）]，表明会员顾客的品牌信任评分与其均值之间的差异更小，印证了会员顾客对品牌的信任得到强化的观点（李晓英，周笑，2015）。

表 6.4 量表的均值和标准差

变量	平均值	标准差	题项	平均值	标准差
品牌信任	3.687	0.568	我相信该品牌会考虑各项措施对顾客的影响	3.83	0.703
			如果我遇到问题，该品牌乐意为我提供帮助	3.82	0.708
			该品牌在制定政策时很关心像我这样的顾客	3.57	0.755
			我相信该品牌在沟通的过程中是真诚的	3.89	0.729
			即使该品牌解释不太合理，我仍然愿意相信	3.32	0.802

续表

变量	平均值	标准差	题项	平均值	标准差
企业环保形象	3.831	0.633	该企业有助于改善生态环境	3.75	0.704
			该企业减少环境污染	3.89	0.724
			该企业有利于可持续发展	3.85	0.754

品牌信任的 5 个题项中"我相信该品牌在沟通的过程中是真诚的""我相信该品牌会考虑各项措施对顾客的影响"以及"如果我遇到问题,该品牌乐意为我提供帮助"均值最高,表明顾客对品牌企业关心与帮助顾客的意愿和能力有正面预期(袁登华等,2008)。"即使该解释不太合理,我仍然愿意相信"题项的均值明显低于其他题项,此现象与第 4 章的发现一致,可以解释为此题项的描述与中国消费者对信任的认知不够匹配。

6.4.3.2 企业环保形象的描述性统计

表 6.4 中,企业环保形象均值 $M_{环保形象}=3.83$。其中,企业环保形象均值最高的题项是"该企业减少环境污染"($M_{减少污染}=3.89$),体现了会员顾客对有机食品品牌企业环境保护的直接效果给予较高评价。题项"该企业有助于改善生态环境"得分略低($M_{改善生态}=3.75$),由此推测,会员顾客对有机食品品牌企业环境保护的间接效果缺乏足够的了解、关注或信任。

6.4.3.3 研究变量的相关分析

表 6.3 显示,品牌感知价值二阶维度、品牌信任、企业环保形象以及直接贡献意愿与间接贡献意愿之间均存在显著的正相关关系。此结果与研究假设一致,为研究模型的验证提供了初步支持。

6.4.4 中介效应检验

6.4.4.1 整体模型拟合检验

研究模型的判别标准与前述章节一致,整体模型拟合数据如表 6.5 所示,除了 NFI 之外,各指标均符合判别标准。NFI 指标接近 0.9,达到可接受水平(徐俊芳,陈景武,2009)。结构模型与样本数据拟合良好,但拟合程度比中介变量加入之前略有下降。

表 6.5 整体模型拟合数据

拟合指标	CFI	GFI	NFI	TLI	IFI	RMR	RMSEA	CMIN/DF
拟合数据	0.921	0.848	0.857	0.911	0.921	0.037	0.064	2.049
判别标准	>0.9	>0.8	>0.9	>0.75	>0.9	<0.05	<0.08	<3

6.4.4.2 假设检验结果

图 6.2 和图 6.3 分别为"品牌感知价值－品牌信任－间接贡献意愿"结构方程模型及其路径系数。

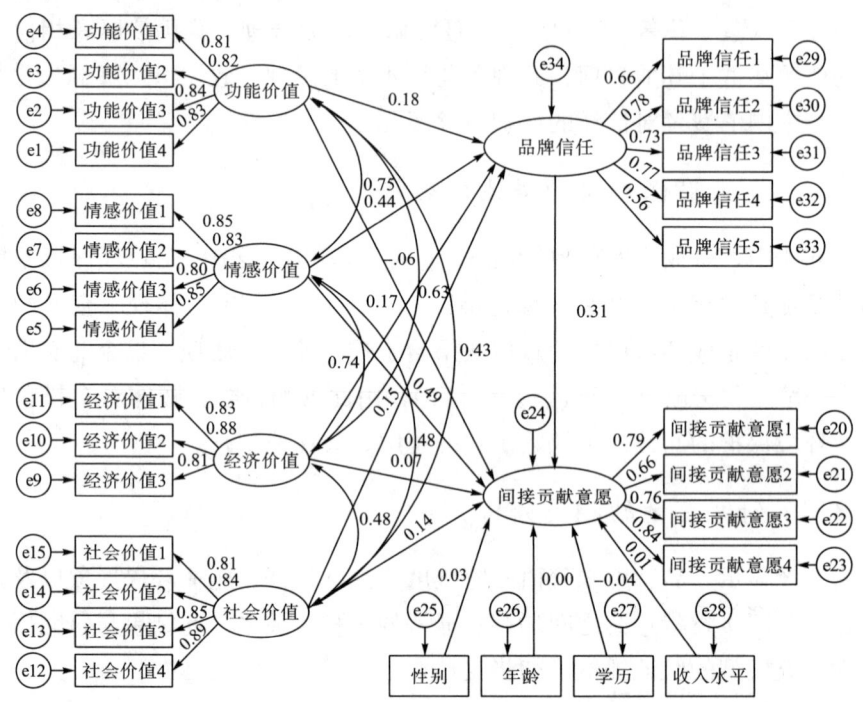

图 6.2 "品牌感知价值－品牌信任－间接贡献意愿"结构方程模型

资料来源：作者根据统计软件分析数据绘制

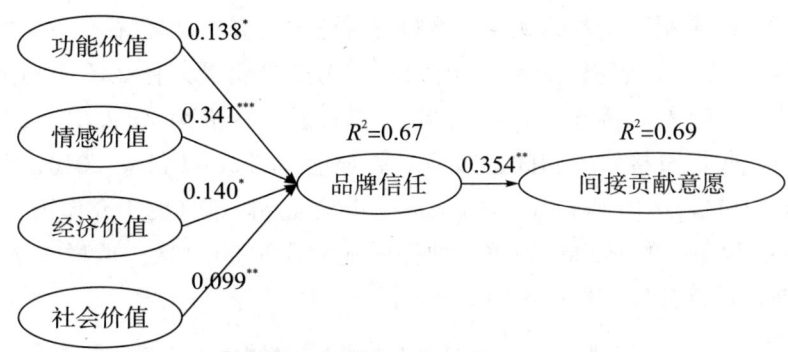

图 6.3　"品牌感知价值-品牌信任-间接贡献意愿"结构方程模型路径系数

注：*表示 $P<0.05$，**表示 $P<0.01$，***表示 $P<0.001$

资料来源：作者根据统计软件分析数据绘制

表 6.6 为直接效应的检验结果。情感价值和社会价值对间接贡献意愿有显著的正向影响（$\beta_{情感-间接}=0.434$，$P_{情感-间接}<0.001$；$\beta_{社会-间接}=0.107$，$P_{社会-间接}=0.010<0.05$），功能价值和经济价值对间接贡献意愿的影响不显著（$P_{功能-间接}=0.325$，$P_{经济-间接}=0.392>0.05$）。功能价值、情感价值、经济价值和社会价值对品牌信任的影响均为显著（$\beta_{功能-信任}=0.138$，$P_{功能-信任}=0.035<0.05$；$\beta_{情感-信任}=0.341$，$P_{情感-信任}<0.001$；$\beta_{经济-信任}=0.140$，$P_{经济-信任}=0.039<0.05$；$\beta_{社会-信任}=0.099$，$P_{社会-信任}=0.009<0.05$），品牌信任对间接贡献意愿的影响（$\beta_{信任-间接}=0.354$，$P_{信任-间接}=0.002<0.05$）同样显著。

表 6.6　直接效应的检验结果

路径关系	路径系数	标准误差	C.R.	P	显著性
功能价值-间接贡献意愿	−0.070	0.072	−0.985	0.325	不显著
情感价值-间接贡献意愿	0.434	0.097	4.477	***	显著
经济价值-间接贡献意愿	0.063	0.074	0.856	0.392	不显著
社会价值-间接贡献意愿	0.107	0.042	2.559	0.010	显著
功能价值-品牌信任	0.138	0.065	2.113	0.035	显著
情感价值-品牌信任	0.341	0.082	4.178	***	显著
经济价值-品牌信任	0.140	0.068	2.068	0.039	显著
社会价值-品牌信任	0.099	0.038	2.627	0.009	显著
品牌信任-间接贡献意愿	0.354	0.115	3.063	0.002	显著

注：*表示 $P<0.05$，**表示 $P<0.01$，***表示 $P<0.001$

本章继续采用第 4 章的观点，检验与讨论主效应不显著情况下的"广义中介效应"，根据研究情境合理地提出问题，例如自变量为什么不影响因变量，并给予恰当的解释（温忠麟，叶宝娟，2014）。本章沿用 Zhao 等（2010）的方法，重点关注直接效应和间接效应是否显著（Zhao et al., 2010；温忠麟，叶宝娟，2014），运用 Bootstrap 方法进一步验证品牌信任的中介作用。检验使用 Process 程序中的 model4，重复抽样样本量选择 5000 次，取样方法为偏差校正的非参数百分位，置信区间为 95%。

表 6.7 品牌信任中介效应的检验结果

路径关系	效应类型	效应值	BootLLCI	BootULCI	含 0	显著性
功能价值－间接贡献意愿	总效应	−0.022	−0.172	0.130	是	不显著
功能价值－间接贡献意愿	直接效应	−0.070	−0.223	0.089	是	不显著
功能价值－品牌信任－间接贡献	间接效应	0.049	0.005	0.143	否	显著
情感价值－间接贡献意愿	总效应	0.555	0.368	0.748	否	显著
情感价值－间接贡献意愿	直接效应	0.434	0.216	0.660	否	显著
情感价值－品牌信任－间接贡献	间接效应	0.121	0.033	0.277	否	显著
经济价值－间接贡献意愿	总效应	0.113	−0.059	0.276	是	不显著
经济价值－间接贡献意愿	直接效应	0.063	−0.111	0.224	是	不显著
经济价值－品牌信任－间接贡献	间接效应	0.050	0.001	0.132	否	显著
社会价值－间接贡献意愿	总效应	0.142	0.044	0.243	否	显著
社会价值－间接贡献意愿	直接效应	0.107	0.009	0.210	否	显著
社会价值－品牌信任－间接贡献	间接效应	0.035	0.007	0.087	否	显著

注：置信区间不含 0 为显著，含 0 为不显著

"功能价值－品牌信任－间接贡献意愿"路径上，直接效应的置信区间 [−0.223, 0.089] 含 0，间接效应的置信区间 [0.005, 0.143] 不含 0，表明功能价值通过品牌信任影响间接贡献意愿，间接效应为 0.049。"情感价值－品牌信任－间接贡献意愿"路径的直接效应 [0.216, 0.660] 和间接效应 [0.033, 0.277] 的置信区间均不含 0，说明品牌信任在情感价值与间接贡献意愿之间起到中介作用，直接效应为 0.434，间接效应为 0.121。"经济价值－品

牌信任-间接贡献意愿"路径上,直接效应的置信区间［-0.111,0.224］含0,间接效应的置信区间［0.001,0.132］不含0,表明经济价值通过品牌信任影响间接贡献意愿,间接效应为0.050。"社会价值-品牌信任-间接贡献意愿"路径的直接效应［0.009,0.210］和间接效应［0.007,0.087］的置信区间均不含0,说明品牌信任在社会价值与间接贡献意愿之间起到中介作用,直接效应为0.107,间接效应为0.035。假设H4a、H4b、H4c和H4d均得到验证。

6.4.5 链式中介效应检验

链式中介作用的检验方法经实证研究比较,选择偏差矫正的非参数百分位的Bootstrap方法检验效果最好(Taylor et al.,2008;陈瑞等,2013)。为了验证品牌感知价值二阶维度与间接贡献意愿之间两个次序中介变量的中介路径关系(图6.4),本研究借鉴陈瑞、郑毓煌和刘文静(2013)以及盛光华、岳蓓蓓和葛万达(2020)等学者的做法,运用SPSS 22.0软件中的Process程序进行检验。

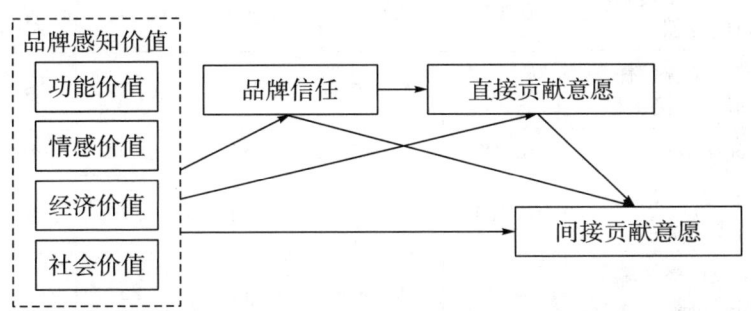

图6.4 "品牌感知价值-品牌信任-直接贡献意愿-间接贡献意愿"链式中介模型
资料来源:作者根据参考文献与研究假设推演绘制

选择Process程序中与图6.4研究模型匹配度最高的model6,重复抽样样本量选择5000次,取样方法为偏差校正的非参数百分位,置信区间为95%。如中介路径的置信区间不含0,则中介作用显著。

表6.8中,"功能价值-品牌信任-直接贡献-间接贡献"路径的置信区间［0.050,0.144］不含0,功能价值和直接贡献意愿的链式中介作用显著,间接效应为0.092。"情感价值-品牌信任-直接贡献-间接贡献"路径的置信区间［0.012,0.072］不含0,情感价值和直接贡献意愿的链式中介作用显著,间接效应为0.038。"经济价值-品牌信任-直接贡献-间接贡献"路径的

置信区间 [0.029, 0.107] 不含 0, 经济价值和直接贡献意愿的链式中介作用显著,间接效应为 0.063。"社会价值-品牌信任-直接贡献-间接贡献"路径的置信区间 [0.047, 0.116] 不含 0, 社会价值和直接贡献意愿的链式中介作用显著,间接效应为 0.078。假设 H5a、H5b、H5c 和 H5d 均得到验证。

表 6.8 品牌信任和直接贡献意愿链式中介效应的检验结果

路径关系	效应值	BootSE	BootLLCI	BootULCI	含 0	显著性
总间接效应	0.352	0.039	0.277	0.429	否	显著
功能价值-品牌信任-间接贡献	0.168	0.036	0.099	0.242	否	显著
功能价值-直接贡献-间接贡献	0.092	0.029	0.037	0.152	否	显著
功能价值-品牌信任-直接贡献-间接贡献	0.092	0.024	0.050	0.144	否	显著
总间接效应	0.371	0.053	0.273	0.480	否	显著
情感价值-品牌信任-间接贡献	0.167	0.042	0.089	0.254	否	显著
情感价值-直接贡献-间接贡献	0.166	0.037	0.099	0.242	否	显著
情感价值-品牌信任-直接贡献-间接贡献	0.038	0.015	0.012	0.072	否	显著
总间接效应	0.438	0.045	0.351	0.530	否	显著
经济价值-品牌信任-间接贡献	0.194	0.037	0.124	0.270	否	显著
经济价值-直接贡献-间接贡献	0.182	0.036	0.114	0.257	否	显著
经济价值-品牌信任-直接贡献-间接贡献	0.063	0.020	0.029	0.107	否	显著
总间接效应	0.256	0.033	0.192	0.322	否	显著
社会价值-品牌信任-间接贡献	0.123	0.026	0.076	0.177	否	显著
社会价值-直接贡献-间接贡献	0.054	0.025	0.008	0.105	否	显著
社会价值-品牌信任-直接贡献-间接贡献	0.078	0.018	0.047	0.116	否	显著

注:置信区间不含 0 为显著,含 0 为不显著。

6.4.6 调节效应检验

6.4.6.1 检验方法与步骤

根据理论推演，企业环保形象可能调节功能价值和社会价值通过品牌信任影响直接贡献意愿和间接贡献意愿的关系，形成有调节的中介作用。本研究借鉴了陈笃升和王重鸣（2015）率先在国内使用的方法，即结合 Hayes（2015）的系数乘积法和 SPSS 软件 Process 程序的 Johnson-Neyman 技术，通过绘制调节变量的线性函数呈现有调节的中介效应的全貌。检验分三个步骤：①检验自变量与调节变量的交互项对中介变量的影响；②将调节变量在均值基础上减少和增加一个标准差形成高、中、低三种水平，通过三种水平之下自变量对因变量条件间接效应显著性的差异判断条件间接效应的存在；③根据判定指标 Index 判断有调节的中介作用的显著性（陈笃升，王重鸣，2015）。

在上述检验中，本研究依然以性别、年龄、学历和收入水平作为控制变量。其中，收入水平在企业环保形象调节"功能价值－直接贡献意愿"[0.002，0.125]路径的置信区间不含 0，达到显著水平，但该路径的调节作用并不显著。除此以外，性别、年龄、学历和收入水平对直接贡献意愿和间接贡献意愿均无显著影响。

6.4.6.2 自变量与调节变量的交互项对中介变量的影响

检验选择 Process 程序中的 model8，同步检验企业环保形象对主效应的调节作用，以及对"功能价值/社会价值－品牌信任－直接贡献意愿/间接贡献意愿"间接关系有调节的中介作用。重复抽样样本量选择 5000 次，取样方法为偏差校正的非参数百分位，置信区间为 95%。

检验结果显示，功能价值与企业环保形象的交互项影响直接贡献意愿[－0.0048，0.2529]和间接贡献意愿[－0.0052，0.1900]的置信区间均含 0，情感价值与企业环保形象的交互项影响直接贡献意愿[－0.0017，0.2093]和间接贡献意愿[－0.0322，0.1332]的置信区间均含 0，经济价值与企业环保形象的交互项影响直接贡献意愿[－0.1156，0.1580]和间接贡献意愿[－0.0941，0.1269]的置信区间均含 0，社会价值与企业环保形象的交互项影响直接贡献意愿[－0.1876，0.0789]和间接贡献意愿[－0.1426，0.0565]的置信区间均含 0。因此品牌感知价值二阶维度与企业环保形象的交互项对直接贡献意愿和间接贡献意愿的影响均不显著，印证了本研究在理论推演中的观点，即企业环保形象可能在品牌感知价值通过品牌信任影响顾客融入意愿的间接关系中发挥有调节的中介作用。

表 6.9 中，第一步为检验交互项对中介变量的影响。运用系数乘积法验证有调节的中介作用，自变量与调节变量的交互项对中介变量的影响显著是后续分析的前提（陈笃升，王重鸣，2015）。判断显著性的方法为观察置信区间是否含 0，如果置信区间不含 0，交互项对中介变量的影响显著。检验结果表明，功能价值与企业环保形象的交互项影响品牌信任的置信区间 [−0.109，0.097] 含 0，影响不显著。社会价值与企业环保形象的交互项影响品牌信任的置信区间 [0.027，0.238] 不含 0，影响为显著。

表 6.9 有调节的中介效应检验结果

自变量—调节变量交互	因变量	交互项对中介变量的影响			条件间接效应			有调节的中介作用		
		系数	置信区间	显著性	低值	中值	高值	系数	置信区间	显著性
功能价值—环保形象	直接贡献意愿	−0.006	−0.109	0.097	不显著	显著	显著	显著	−0.003	−0.060	0.073	不显著
社会价值—环保形象		0.132	0.027	0.238	显著	显著	显著	显著	0.081	0.014	0.142	显著
功能价值—环保形象	间接贡献意愿	−0.006	−0.109	0.097	不显著	显著	显著	显著	−0.003	−0.063	0.072	不显著
社会价值—环保形象		0.132	0.027	0.238	显著	显著	显著	显著	0.072	0.011	0.130	显著

注：中介变量为品牌信任，置信区间不含 0 为显著，含 0 为不显著。

此外，本研究同步检验了情感价值与企业环保形象 [−0.048，0.128]、经济价值与企业环保形象 [−0.006，0.225] 对品牌信任的影响，上述组合的置信区间均含 0，影响不显著，与本研究的理论推演一致。

6.4.6.3 自变量对因变量的条件间接效应

表 6.9 中，第二步为检验自变量对因变量的条件间接效应，将调节变量企业环保形象的均值分别减少和增加一个标准差，形成高、中、低三种水平，通过三种水平之下自变量对因变量条件间接效应显著性的差异判断条件间接效应的存在。表 6.10 为条件间接效应的检验结果。

表 6.10　条件间接效应的检验结果

自变量	中介变量	调节变量	因变量	调节变量水平	系数	标准误差	BootLLCI	BootULCI	含0	显著性
社会价值	品牌信任	企业环保形象	直接贡献意愿	3.198	0.072	0.033	0.011	0.142	否	显著
				3.831	0.123	0.027	0.073	0.180	否	显著
				4.463	0.174	0.035	0.107	0.244	否	显著
			间接贡献意愿	3.198	0.064	0.028	0.010	0.121	否	显著
				3.831	0.110	0.022	0.068	0.154	否	显著
				4.463	0.155	0.030	0.096	0.212	否	显著

注：置信区间不含 0 为显著，含 0 为不显著。

常用于检验有调节的中介效应的亚组分析法认为，如果在低、中、高三种水平之下，一部分自变量对因变量条件间接效应的影响显著而另一部分不显著，则有调节的中介作用显著。如果三种水平均显著或不显著，则有调节的中介作用不显著。但这种方法存在条件间接效应之差的显著性检验缺失、统计功效低、结果受调节变量条件取值影响和适用范围有限等不足（方杰等，2014）。

为了说明条件间接效应全部显著或不显著并不一定意味着有调节的中介效应不存在，本研究以表 6.10 中企业环保形象正向调节社会价值通过品牌信任影响直接贡献意愿的间接关系为例，对此现象加以说明。企业环保形象均值为 3.831，当调节变量取值分别为低、中、高三个水平时（低水平＝均值－标准差＝3.198，中水平＝均值＝3.831，高水平＝均值＋标准差＝4.463），自变量社会价值对因变量直接贡献意愿的条件间接效应全部显著。但是，此结果可能由于使有调节的中介作用显著的调节变量取值并不在均值加减一个标准差的区间之内［下一小节验明该取值（3.165）＜低水平（3.198）］，因此不能根据低、中、高三个水平下条件间接效应的显著性简单推断有调节的中介作用是否显著，而是应当继续进行第三步检验。

6.4.6.4　有调节的中介效应的检验

表 6.9 中，第三步为有调节的中介效应的检验，通过 Process 程序运算得出判定指标及其置信区间，以置信区间不含 0 为判断有调节的中介效应显著的标准。根据此标准可知，企业环保形象对功能价值通过品牌信任影响直接贡献意愿［－0.060，0.073］与间接贡献意愿［－0.063，0.072］的间接关系均无显著的调节作用。而企业环保形象正向调节社会价值通过品牌信任影响直接贡

献意愿 [0.014，0.142] 与间接贡献意愿 [0.072，0.110] 的间接关系。假设 H6a 和 H7a 未获支持，H6b 和 H7b 得到验证。

6.4.6.5 有调节的中介效应线性函数的绘制与分析

为了解决调节变量的低、中、高取值可能无法展示完整间接效应的问题，本研究通过绘制线性函数展示有调节的中介效应的全貌，具体方法为运用 Johnson-Neyman 技术运算出 95% 的置信带和显著域并绘制图形，呈现有调节的中介效应的完整曲线（Sun et al.，2014；陈笃升，王重鸣，2015）。本研究以企业环保形象正向调节"社会价值－品牌信任－直接贡献意愿"的间接关系为例，展示有调节的中介效应的线性函数曲线。

表 6.11 为运用 Process 程序的 Johnson-Neyman 技术运算得出企业环保形象对"社会价值－品牌信任－直接贡献意愿"的调节作用的具体系数和置信区间。数据显示，当调节变量企业环保形象的取值<3.165 时，$P>0.05$ 且置信区间含 0，表明此取值范围内企业环保形象有调节的中介效应不显著；当企业环保形象的取值≥3.165 时，$P≤0.05$ 且置信区间不含 0，此取值范围内企业环保形象有调节的中介效应显著，表明取值范围 [3.165，5.000] 为有调节的中介效应的显著域。

表 6.11 企业环保形象对"社会价值－品牌信任－直接贡献意愿"间接关系的调节作用

调节变量取值	系数	标准差	T 值	P	BootLLCI	BootULCI	显著性
2.000	−0.041	0.112	−0.364	0.716	−0.261	0.179	不显著
2.150	−0.021	0.104	−0.199	0.842	−0.226	0.184	不显著
2.300	−0.001	0.097	−0.010	0.992	−0.192	0.190	不显著
2.450	0.019	0.090	0.211	0.833	−0.157	0.195	不显著
2.600	0.039	0.082	0.470	0.639	−0.124	0.201	不显著
2.750	0.059	0.075	0.777	0.438	−0.090	0.207	不显著
2.900	0.078	0.069	1.142	0.255	−0.057	0.214	不显著
3.050	0.098	0.062	1.579	0.116	−0.024	0.221	不显著
3.165	0.113	0.058	1.969	0.050	0.000	0.227	显著
3.200	0.118	0.056	2.102	0.037	0.007	0.229	显著
3.350	0.138	0.051	2.720	0.007	0.038	0.238	显著
3.500	0.158	0.046	3.431	0.000	0.067	0.248	显著
3.650	0.178	0.042	4.203	0.000	0.094	0.261	显著

续表

调节变量取值	系数	标准差	T值	P	BootLLCI	BootULCI	显著性
3.800	0.197	0.040	4.958	0.000	0.119	0.276	显著
3.950	0.217	0.039	5.583	0.000	0.141	0.294	显著
4.100	0.237	0.040	5.980	0.000	0.159	0.315	显著
4.250	0.257	0.042	6.127	0.000	0.174	0.340	显著
4.400	0.277	0.046	6.078	0.000	0.187	0.366	显著
4.550	0.297	0.050	5.912	0.000	0.198	0.395	显著
4.700	0.316	0.056	5.693	0.000	0.207	0.426	显著
4.850	0.336	0.062	5.462	0.000	0.215	0.458	显著
5.000	0.356	0.068	5.239	0.000	0.222	0.490	显著

图6.5以曲线的方式完整展示了有调节的中介效应。横坐标为调节变量取值，纵坐标为有调节的中介效应系数，位于中间的实线为表6.11中的系数拟合而成的有调节的中介效应的线性函数，上方和下方的虚线为BootLLCI和BootULCI数据拟合而成的95%置信区间。在调节变量企业环保形象取值为3.165处的竖向虚线标明了显著性临界点，当调节变量取值大于等于临界点时，竖向虚线右侧的置信区间不含0，即企业环保形象对社会价值通过品牌信任影响直接贡献意愿的调节作用是显著的。

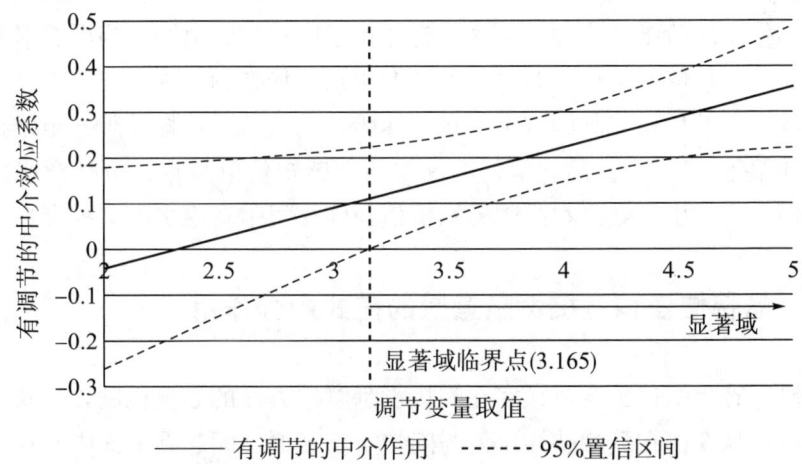

图6.5 企业环保形象在"社会价值－品牌信任－直接贡献意愿"
间接关系中有调节的中介效应曲线

资料来源：作者根据统计软件分析数据绘制

在表6.10条件间接效应的检验结果中，企业环保形象的低、中、高三个水平的取值均处于显著域之内（低水平 3.198，中水平 3.831，高水平 4.463，均位于显著性临界点 3.165 右侧）。因此，并非有调节的中介作用不显著，而是由于显著域范围较大，覆盖了条件间接效应的取值范围。

企业环保形象对"社会价值－品牌信任－间接贡献意愿"间接关系的调节作用的具体系数和置信区间与表 6.11 数据相同，调节变量企业环保形象的显著性临界点为 3.165，取值范围 [3.165, 5.000] 为有调节的中介效应的显著域，此取值范围内企业环保形象存在有调节的中介作用。

6.5 分析与讨论

6.5.1 品牌信任的中介作用

检验结果显示，功能价值（$\beta_{功能-信任}=0.138$，$P=0.035<0.05$）、情感价值（$\beta_{情感-信任}=0.341$，$P<0.001$）、经济价值（$\beta_{经济-信任}=0.140$，$P=0.039<0.05$）和社会价值（$\beta_{社会-信任}=0.099$，$P=0.009<0.05$）均通过品牌信任对间接贡献意愿产生显著影响。顾客的信任是发展绿色产品市场的先决条件（Nuttavuthisit, Thøgersen, 2015），在良好的顾客－品牌关系基础上，品牌感知价值二阶维度会通过品牌信任作用于间接贡献意愿。当顾客对有机食品品牌建立了足够的信任感时，不仅会产生品牌依恋的心理特征和重复购买意愿，而且会主动传播与品牌有关的积极体验、动员他人选择品牌甚至维护品牌声誉（陆娟等，2011）。品牌信任不仅在品牌感知价值与直接贡献意愿之间起中介作用，这种中介效应在品牌感知价值与间接贡献意愿之间同样存在。

6.5.2 品牌信任和直接贡献意愿的链式中介作用

本研究着重探讨了会员顾客在间接贡献意愿方面的心理机制，证实品牌信任和直接贡献意愿在品牌感知价值与间接贡献意愿之间起到链式中介作用。感知价值和信任是有机食品顾客行为决策的关键心理活动（王建华，李佳敏，2021），会员顾客与品牌建立了交易型或关系型的心理契约（Rousseau, 1998；王小娟等，2017），受到品牌感知价值驱动而经常性购买有机食品，其行为体现了品牌信任的影响。而直接贡献意愿较强的顾客更有可能产生较强的间接贡献意愿（Pansari，Kumar，2017；冯进展，蔡淑琴，2020）。品牌信任和直接贡献意愿在品牌感知价值与间接贡献意愿之间起到重要的纽带作用。

6.5.3 主效应和中介效应的对比分析

对比第 5 章主效应和第 6 章中介效应的检验结果，本研究区分了品牌感知价值二阶维度影响间接贡献意愿的两条路径（图 6.6）。第一条路径是品牌感知价值二阶维度对间接贡献意愿的影响。在经常性购买有机食品的过程中，顾客感知到情感价值和社会价值的近因效应（Harman，Porter，2021），不需要进行完整的信息加工而直接、便捷地产生间接贡献意愿（Westaby et al.，2010）。虽然间接贡献意愿的产生与有机食品顾客保护环境、推动可持续发展等利他目的有关，但顾客的内在动机仍然是获得社会认同、提升社会形象等不够纯粹的利他主义（Hartmann，Ibanez，2006；Papista et al.，2018）。由此可知，在情感价值和社会价值影响间接贡献意愿的过程中，顾客与企业扮演着获得和交付价值的二元性角色，从价值角度最好地概括了企业-顾客关系（Kumar，2017）。此路径仍然是某种形式的"交易"，其影响是直接、便捷的。

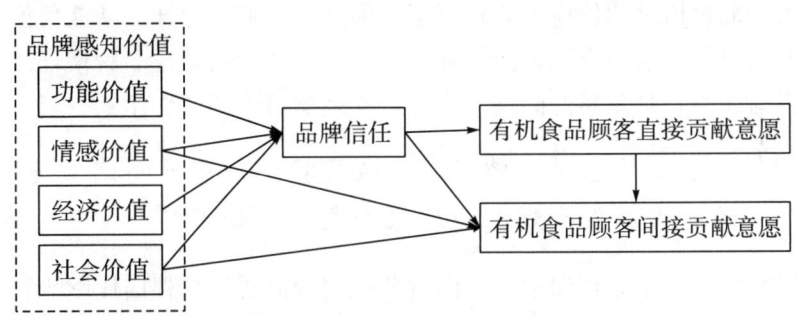

图 6.6　主效应和中介效应对比分析

资料来源：作者根据假设检验结果绘制

第二条路径是品牌感知价值二阶维度通过品牌信任对间接贡献意愿的影响。顾客与品牌建立了可持续的实质关系，更有可能对品牌感知价值各个维度给予较高评价并缓和其消极影响（Papista et al.，2018），顾客与企业之间实现从交易到关系再到融入的演进。第二条路径依然重在关系，其影响是间接、完整的。

6.5.4 企业环保形象的调节作用

6.5.4.1 功能价值通过品牌信任影响直接贡献意愿与间接贡献意愿的间接关系并未受到企业环保形象的调节

检验结果表明,功能价值通过品牌信任影响直接贡献意愿与间接贡献意愿的间接关系并未受到企业环保形象的调节,其原因或许是有机食品经常性购买者感知的功能价值存在积累效应(Tandon et al.,2020)。本研究的调查对象为经常性购买有机食品的会员顾客,该群体对有机食品的安全、健康和营养等功能价值产生较强的感知(Bryła,2016;Janssen,2018),并稳定地保持在较高水平($M_{功能}=4.02$)。根据心理阈值理论,由于经常性购买者感知的功能价值存在积累效应,顾客对功能价值变化的感知反应形成了较高的心理阈值,如果刺激变化强度低于阈值则无法感知(罗纪宁,1999)。当有机食品品牌企业通过应用有机生产和溯源技术、有机知识和环保效果宣传等方式改善企业环保形象时,顾客对企业环保形象的评价可能出现提升,但这种刺激强度低于经常性购买者功能价值感知反应的心理阈值。因此,在顾客感知的功能价值没有突然缺失或大幅下降的前提下,企业环保形象对功能价值通过品牌信任影响直接贡献意愿与间接贡献意愿的间接关系并未产生显著的调节作用。

6.5.4.2 社会价值通过品牌信任影响直接贡献意愿与间接贡献意愿的间接关系受到企业环保形象的正向调节

本研究证实了企业环保形象正向调节社会价值通过品牌信任影响直接贡献意愿与间接贡献意愿的间接关系。形成这种影响机理的原因在于,社会价值通过品牌信任影响直接贡献意愿与间接贡献意愿的过程是通过顾客的认知加工路径完成的(辛欣,任俊生,2018)。而企业环保形象触发了认知加工路径的反思性模式(Hjelmar,2011),加强了顾客的思考与反思。

有机食品顾客感知的社会价值体现为收获社会效益(Füller,2010)、满足社交需求和提升社会形象等(邵景波等,2017;甘春梅,许嘉仪,2020)。但当前的有机食品市场存在监管不足、有机标签欺诈、集体声誉受损等问题(莫家颖等,2016),在无法判断有机食品的功能性和真实性的情况下,选择可靠的企业或品牌成为顾客行为决策的关键途径(Yu et al.,2021)。有机食品品牌企业在减少环境污染、改善生态环境、促进可持续发展等方面的行动,有助于顾客获得正向的企业环保形象信息,降低因购买遭受损失的风险以及因影响、协同、增强和动员等失败导致社交关系受损的风险(Ryu,Feick,2007)。因此,良好的企业环保形象能使社会价值通过品牌信任对直接贡献意愿和间接贡献意愿的影响得到加强(Currás-Pérez et al.,2018)。

6.6 本章小结

在第 5 章验明主效应的基础上,本章进一步探讨品牌感知价值对有机食品顾客间接贡献意愿的影响机理,通过理论推演和数据分析验证两个问题:①品牌信任和直接贡献意愿在品牌感知价值对间接贡献意愿的影响中是否起到链式中介作用。②企业环保形象在品牌感知价值影响顾客融入意愿的关系中是否起到调节作用。表 6.12 为本章假设检验结果。

表 6.12 假设检验结果

假设	假设内容	检验结果
H4a	品牌信任在功能价值对有机食品顾客间接贡献意愿的影响中起到中介作用。	支持
H4b	品牌信任在情感价值对有机食品顾客间接贡献意愿的影响中起到中介作用。	支持
H4c	品牌信任在经济价值对有机食品顾客间接贡献意愿的影响中起到中介作用。	支持
H4d	品牌信任在社会价值对有机食品顾客间接贡献意愿的影响中起到中介作用。	支持
H5a	在功能价值对有机食品顾客间接贡献意愿的影响中,品牌信任与直接贡献意愿起到链式中介作用。	支持
H5b	在情感价值对有机食品顾客间接贡献意愿的影响中,品牌信任与直接贡献意愿起到链式中介作用。	支持
H5c	在经济价值对有机食品顾客间接贡献意愿的影响中,品牌信任与直接贡献意愿起到链式中介作用。	支持
H5d	在社会价值对有机食品顾客间接贡献意愿的影响中,品牌信任与直接贡献意愿起到链式中介作用。	支持
H6a	企业环保形象正向调节功能价值通过品牌信任影响直接贡献意愿的间接关系。	未支持

续表

假设	假设内容	检验结果
H6b	企业环保形象正向调节社会价值通过品牌信任影响直接贡献意愿的间接关系。	支持
H7a	企业环保形象正向调节功能价值通过品牌信任影响间接贡献意愿的间接关系。	未支持
H7b	企业环保形象正向调节社会价值通过品牌信任影响间接贡献意愿的间接关系。	支持

检验结果表明，对于有机食品经常性购买者，品牌信任在品牌感知价值二阶维度对间接贡献意愿的影响中均起到中介作用。同时，品牌信任与直接贡献意愿在品牌感知价值二阶维度对间接贡献意愿的影响中起到链式中介作用。对比品牌感知价值与间接贡献意愿之间的主效应和中介效应可发现，品牌感知价值二阶维度对间接贡献意愿的影响同样存在路径差异。品牌感知价值二阶维度影响间接贡献意愿的路径以"交易"为导向，情感价值和社会价值直接、便捷地发挥作用。品牌感知价值通过品牌信任影响间接贡献意愿的路径以"关系"为导向，品牌感知价值的全部维度间接、完整地发挥作用。

本研究还验证了企业环保形象在品牌感知价值对顾客融入意愿的影响中的调节作用。检验结果表明，社会价值通过品牌信任影响直接贡献意愿与间接贡献意愿的间接关系受到企业环保形象的正向调节。顾客对企业环保形象评价越高，社会价值通过品牌信任影响其直接贡献意愿和间接贡献意愿的程度越强。此发现解释了环境保护因素对顾客融入意愿作用较弱的原因，丰富了对品牌感知价值与顾客融入意愿之间的调节变量和路径的理解（陈笃升，王重鸣，2015）。

第 4 章、第 5 章和第 6 章分别探讨了品牌感知价值对有机食品顾客直接贡献意愿与间接贡献意愿的影响与机理，为充实有机食品消费者行为知识体系提供了有价值的见解。然而，这些理论发现在有机食品行业实践中是否具有可行性？"品牌感知价值对有机食品顾客融入意愿的影响"模型如何转化为可操作的激励策略？第 7 章将运用案例研究方法印证各项理论发现，并提出有机食品顾客融入意愿的激励策略体系。

第 7 章　有机食品顾客融入意愿的激励策略体系

7.1　研究目的

国际有机农业运动联盟（IFOAM）强调，有机农业是保护和延续土壤、自然生态与人类健康的生产体系，结合了传统农业、创新思维和科学技术，能使人类的生存环境得到有效保护，也能促进自然界所有生命之间的公平与和谐共生[1]。IFOAM还提出了"有机3.0时代"的远大抱负和共同公益目标，即促使人们理解和接受以有机原则为基础的可持续农业体系和市场，并在此过程中贯穿创新的、向最佳实践不断改进的、透明诚信、包容合作和系统功能完整的以及能反映真实价值的文化（Willer, Lenoud, 2016）。

在国际有机组织积极倡导有机新理念的同时，世界各国有机食品企业却遭遇了重重困难。曾经凭借质量和认证形成品牌壁垒、稳居有机食品领导者地位的美国高端有机食品企业Wholefoods，因未能对竞争对手"高性价比"和"更高端"的夹击做出有效改变而导致顾客流失、竞争力和业绩下降，最终被亚马逊收购[2]。日本知名的有机食品企业Radish Boya同样被电信巨头NTT DOCOMO收购[3]。与发达国家的成熟市场不同，中国有机食品市场面临着起步阶段特有的困境。此外，由于市场开发不足，有机食品推广需要耗费高昂成本和漫长周期，顾客细分与市场定位、消费者信任、市场开发与价值挖掘等的

---

[1] 周泽江：《发展有机农业与有机食品，不仅仅是为了健康》，《新农村（黑龙江）》，2015年第10期，第41～43页。

[2] 郑峻：《五年前，亚马逊花137亿美元买了这家超市》，https://finance.sina.com.cn/tech/internet/2022-08-31/doc-imizmscv8446037.shtml。

[3] 陈励君：《全球运营商/企业智慧家庭布局分析——NTT DoCoMo篇》，https://www.sohu.com/a/159808232_515599。

不足都成为有机食品品牌企业可持续发展的掣肘。

在提高有机食品市场成熟度的道路上，营销是最有价值的环节。在经济全球化和互联网高度渗透的时代背景下，营销的核心职能经历了从"增加价值""提供价值"到"共创价值"的演化（于洪彦，2011）。企业与顾客的关系早已超越供需边界，顾客对企业的诉求从产品和价格转移至所获得的价值，互联网和信息技术赋予顾客与企业共同创造价值的全新能力（朱良杰等，2017）。各领域关于顾客融入意愿的理论研究方兴未艾（Ramaswamy，Ozcan，2016；Itani et al.，2019；Ho et al.，2022），然而国内外有机食品消费者行为研究却对顾客融入意愿缺乏足够关注，有机食品品牌企业迫切需要基于理论创新的策略建议。

本章以第 4 章、第 5 章和第 6 章的实证发现为基础，运用多案例研究方法，从顾客价值理论与顾客融入理论的视角分析有机食品品牌企业的商业实践，尝试将"品牌感知价值对有机食品顾客融入意愿的影响"研究的理论发现转化为具有可操作性的顾客融入意愿激励策略体系，帮助有机食品品牌企业解决"怎么办"的问题。

7.2 体系模型

顾客的价值获取与价值创造是战略管理的核心主题和企业管理者的必修课题（童文锋，杜义飞，2021），对企业的竞争优势和经营绩效具有决定性的意义（张新安，2010）。第 4 章、第 5 章和第 6 章已证实品牌感知价值二阶维度对有机食品顾客直接贡献意愿与间接贡献意愿的影响与机理存在差异，通过顾客细分理解其对企业绩效的差异化影响是制定顾客融入意愿激励策略体系的重要前提（Wang et al.，2004）。

基于前述各项理论发现，本章提出有机食品顾客融入意愿激励策略体系模型，该模型分为营销战略和营销策略两个层次（图 7.1）。营销战略层次以直接贡献意愿与间接贡献意愿水平为依据，建立顾客融入意愿细分矩阵。两类意愿的不同水平是顾客价值观和合理性的共同呈现，可以作为制定细分群体营销战略的基础（Truong et al.，2021），使顾客融入行为的整体效益最大化（Ho et al.，2022）。营销策略层次区分直接贡献意愿与间接贡献意愿，以品牌感知价值二阶维度中促进作用的提升和阻碍作用的消除为主，以品牌信任的增强和企业环保形象的优化为辅，系统性地提出有机食品顾客融入意愿的激励策略。

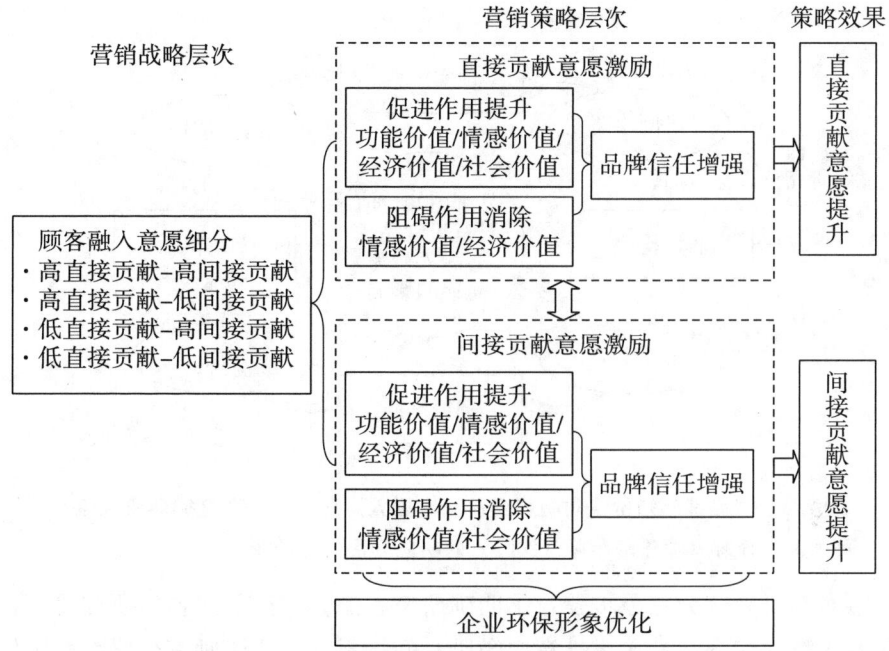

图 7.1　有机食品顾客融入意愿激励策略体系模型
资料来源：作者根据文献资料和研究发现绘制

7.3　研究设计

7.3.1　研究方法

结合建构主义和实证主义研究范式的全循环研究能够建立有力、坚实且具有类推性的理论（陈晓萍等，2008）。本研究首先基于有机食品顾客购买数据的聚类分析、顾客的深度访谈与内容分析，归纳其行为规律；其次通过理论推演和假设检验，分别探讨品牌感知价值二阶维度对直接贡献意愿与间接贡献意愿的影响与机理；再次采用多案例设计和多层次分析相结合的研究方法（王金红，2007；陈晓萍等，2008），为构建理论提供更复杂的描述和更有力的解释，提高理论发现在不同情境的普适性（Miles，Huberman，1994），最终形成全循环研究的闭环（图 7.2）。

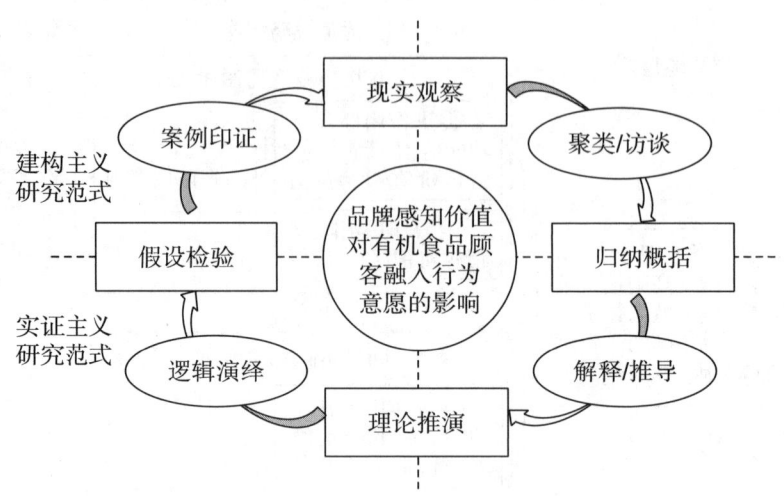

图 7.2　"品牌感知价值对有机食品顾客融入意愿的影响"全循环研究流程
资料来源：作者参考陈晓萍等（2008）的研究方法专著绘制

多案例研究分为三个步骤：①明确研究目的。根据前述各项研究发现，从顾客融入意愿细分、直接贡献意愿激励与间接贡献意愿激励三个层次对案例企业开展研究，观察和理解有机食品品牌企业在促进顾客融入意愿方面的实践活动。②通过目的性抽样选取与研究最匹配的样本企业。从公开出版物、学术文献、新闻报道、有机食品品牌企业资料以及顾客访谈等多元化渠道收集案例资料。③通过案例观察与对比分析提出有机食品顾客融入意愿的激励策略体系。

7.3.2　样本选择

多案例研究的理想样本量为 4 至 10 个（姚凯，李智，2018），本研究根据研究目的筛选出 6 家有机食品品牌企业作为案例研究对象（表 7.1）：①在国别方面，发达国家和发展中国家影响有机食品消费者需求的因素可能不同（Rana，Paul，2017），故案例企业从美国、瑞士和日本的成熟市场和中国的新兴市场中选择。②在品牌影响力方面，国内外的案例企业均享有较高的品牌知名度和美誉度，即使部分企业被收购，仍然保持良好运营状况，能够通过多元化渠道获得丰富资料。③在经营管理方面，发达国家的 3 家企业均成立于 20 世纪 90 年代之前，而 3 家中国企业创立于 21 世纪初，经受了市场考验，具备较强的经营管理实力。④在产品品类方面，除了瑞士品牌 H 专注于婴幼儿有机食品之外，其他 5 家企业的业务范围均覆盖综合品类有机食品，能够通过提高购买便利性、增强品牌信任和增加转移障碍等实现顾客保留（刘建华等，2010）。⑤在顾客类型方面，发达国家企业并不依赖会员制，而3家中国企业均采用会员制模式，有助于企业获取顾客预付资金、锁定客户来源（王宁等，2015）、收集海量顾客数据并精准预测顾客流失和有效挽留（Radosavljevik et al.，2010）等。

表7.1 有机食品品牌企业案例概况

品牌企业名称	国家	市场成熟度	经营范围	成立时间	产品品类	顾客类型
品牌W	美国	成熟阶段	全国	1978	综合品类	非会员制
品牌R	日本	成熟阶段	全国	1988	综合品类	会员制
品牌H	瑞士	成熟阶段	全国	1933	细分品类	非会员制
品牌D	中国	起步阶段	区域	2005	综合品类	会员制
品牌Z	中国	起步阶段	区域	2007	综合品类	会员制
品牌A	中国	起步阶段	区域	2008	综合品类	会员制

资料来源：本章所涉及的案例品牌资料与数据均来源于表中案例品牌的官方网站

7.3.3 信度与效度检验

案例研究的信度可以通过科学选择研究对象、设计案例研究流程和发展案例研究资料库来实现（王金红，2007）。本研究以国别、品牌影响力、经营时间、产品品类、顾客类型以及资料丰富程度为标准，选择了6个代表性的有机食品品牌企业；基于文献成果和研究发现构建研究模型，从顾客融入意愿细分、直接贡献意愿激励与间接贡献意愿激励三个层次进行分析研究；通过多样化渠道收集案例资料并建立案例研究资料库。这些方法共同确保案例研究的信度符合要求。

案例研究的效度可通过使用多样化的案例资料和在多案例研究中重复使用来实现（王金红，2007）。本研究的资料来源包含公开出版物、学术文献、新闻报道以及有机食品品牌企业资料，与第3章的深度访谈素材形成证据链，通过案例内部和案例之间的对比分析提高研究效度。

7.4 案例分析与策略建议

7.4.1 顾客融入意愿细分策略

7.4.1.1 顾客融入意愿细分矩阵

明确异质性顾客的行为特征、理解其对企业绩效的差异化影响（Mohsen, Dacko, 2013），是激励顾客融入意愿的重要任务（Taghikhah et al., 2021）。基于顾客细分设计的营销策略远比传递有机食品的通用信息更加有效（Mohsen, Dacko, 2013）。基于价值视角的顾客细分研究并不多见，代表性观点中，Thakur和Workman（2016）依据服务成本和对企业的价值构建了顾客组合管理矩阵，将顾客分为白金、黄金、白银和青铜四个投资组合。Kumar（2017）以重复购买和盈利能力作为价值细分标准，将顾客命名为"真正的朋友""藤壶""蝴蝶"和"陌生人"四种类型。但是上述细分所依赖的服务成本、企业价值以及盈利能力等均以顾客的货币价值为标准，忽略了顾客尤其是群体规模有限的有机食品顾客的非货币价值潜力（Willer, Lenoud, 2017）。

董晓舟和陈信康（2017）根据顾客的角色内行为和角色外行为区分其货币价值和非货币价值，本研究借鉴此方法，以直接贡献意愿与间接贡献意愿为依据，建立有机食品顾客融入意愿细分矩阵（图7.3），从营销战略的视角，将有机食品顾客融入意愿划分为"高直接贡献－高间接贡献""高直接贡献－低间接贡献""低直接贡献－高间接贡献"以及"低直接贡献－低间接贡献"四类。

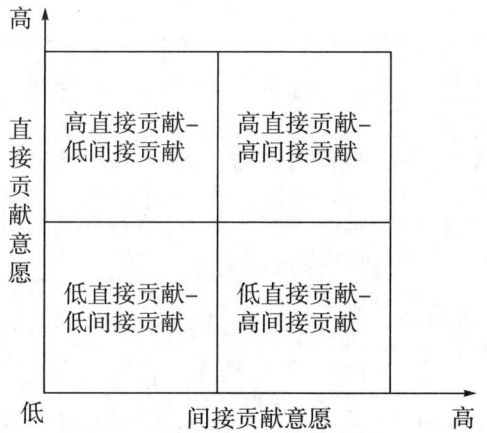

图 7.3　有机食品顾客融入意愿细分矩阵

资料来源：作者根据文献资料和研究发现绘制

图 7.3 中纵轴为直接贡献意愿，意愿越高的顾客对企业的直接贡献价值越大。横轴为间接贡献意愿，意愿越高的顾客对企业的间接贡献价值越大。本研究第 3 章的聚类分析发现在经常性购买的过程中，有机食品顾客的直接贡献意愿会发生强化、保持、弱化和停滞四类变化，但深度访谈和内容分析显示，直接贡献意愿和间接贡献意愿存在高低反差的顾客群体真实存在，值得企业给予足够的关注。

7.4.1.2　顾客融入意愿细分的案例分析

表 7.2 从会员制（Zhang et al.，2020）、产品品类、服务模式（尹世久等，2013）和关系营销（Ravald，Grönroos，1996）几项营销战略出发，列举了品牌 Z、品牌 A、品牌 W 和品牌 H 的案例信息。

表 7.2　顾客融入意愿细分的案例对比

营销策略	品牌 Z	品牌 A	品牌 W	品牌 H
会员制战略	会员卡根据预付费金额分为 1 万元、2 万元、5 万元和 10 万元卡别，顾客可在其官方网站配送清单中选择产品。	会员卡预付费金额从 1.58 万至 10 万元不等，预付费金额不同的顾客享受不同的价格优惠和增值活动。	未实行会员制，以线下连锁有机超市为主要渠道，为广大消费者提供综合品类的有机食品。	未实行会员制，以线上商城为主要渠道，提供婴幼儿有机食品。

续表

营销策略	品牌 Z	品牌 A	品牌 W	品牌 H
产品品类战略	销售肉禽蛋、蔬菜、水果、米面粮油等综合品类有机食品。	销售肉禽蛋、蔬菜、水果、米面粮油等综合品类有机食品。	销售肉禽蛋、蔬菜、水果、粮油等综合品类有机食品。	销售牛奶粉、羊奶粉、米粉、果泥等婴幼儿有机食品。
服务模式战略	服务C端用户,通过网络渠道展示、集客、获得订单,通过自建物流完成配送。	服务C端用户,通过线下门店和网络渠道展示、集客、获得订单,自建物流完成配送。	服务C端用户,通过线下连锁门店展示、集客、获得订单,并无物流配送。	服务C端用户,通过线上商城展示、集客、获得订单,并无物流配送。
关系营销战略	推出有机农场观光采摘等增值活动吸引顾客推荐和分享,尝试微信公众号和朋友圈营销,增加品牌信任。	推出有机农场观光采摘、食神大赛等增值活动吸引顾客推荐和分享,实施推荐奖励计划,尝试微信朋友圈营销。	2018年,被收购之后关闭了品牌W的奖励计划,给予会员用户优惠福利。	企业官网上开辟婴幼儿喂养专区,给顾客提供母乳喂养、添加辅食、家庭餐食等育儿知识,未实行奖励计划或增值服务。

在会员制战略方面,3个中国企业全部采用了会员制模式。这种模式能够帮助企业获取顾客预付资金、锁定顾客来源(王宁等,2015),提升直接贡献意愿。另外,企业与顾客之间的互动更频繁(Hollebeek,2011),交易契约关系和心理契约关系都更加稳定(Hyder,Lönnstedt,2012),也更有利于提升间接贡献意愿。从顾客融入意愿细分的角度,会员制模式对四类细分顾客的融入意愿都有促进作用,因而成为中国有机食品购买的主要渠道之一(Zhang et al.,2020)。与之相比较,美国品牌W和丹麦品牌H处于成熟度较高的有机食品市场,并不依赖会员制模式。在产品品类战略方面,除了品牌H专注于婴幼儿有机食品以外,其他企业全部选择了综合品类。这种选择降低了顾客转移的风险,提高了购买有机食品的便利性(Parasuraman,1997;刘建华等,2010;尹世久等,2013),提升了直接贡献意愿。同时,由于顾客与企业的互动频率和程度增加,顾客也会更加积极地投入间接贡献(朱翊敏,于洪彦,2014)。

在服务战略方面,发达国家有机食品的价格通常为非有机食品的1.2~2.1倍。中国有机食品品牌企业为了提升顾客满意度、增加顾客黏度,通常采用兴建农场、自建物流配送体系、开辟线上和线下销售渠道等全产业链模式。这种模式虽然对直接贡献意愿与间接贡献意愿产生积极影响,但增加了生产成本、运营成本和营销成本,使有机食品价格达到非有机食品的 2~5 倍乃至 8~10 倍[①],降低了直接贡献意愿(Sirieix et al.,2014)。在关系营销战略方面,案例企业均采取措施改善顾客情感体验(刘敬严,2008)、增进顾客-企业关系质量(Batra et al.,2012)。中国企业较为重视通过改善产品体验、组织品牌增值活动等提升顾客的价值感知(朱强,王兴元,2016),发达国家企业更倾向于为顾客提供专业知识、专属福利等以达成相同目的。通过对案例企业营销战略选择的描述可知,有机食品品牌企业受市场成熟度、细分市场和产品品类等因素影响,在提升顾客融入意愿方面宜采取差异化的营销策略。

7.4.1.3 顾客融入意愿细分的策略建议

本研究基于顾客融入意愿细分提出以下策略建议(图 7.4)。

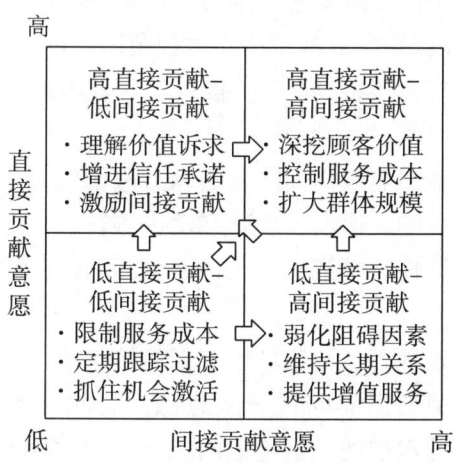

图 7.4 顾客融入意愿细分的策略建议

资料来源:作者根据文献资料和研究发现绘制

(1)扩大"高直接贡献-高间接贡献"群体规模,通过双重路径深度挖掘顾客价值。

此类顾客的直接贡献意愿和间接贡献意愿双高,对企业而言是价值极高的顾客群体,体现出较高的品牌感知价值和品牌信任。针对此类顾客的营销策略

---

① 张一弛:《在中国,有机食品是不是一门好生意?》,https://m.thepaper.cn/baijiahao_9961487。

应为着力扩大顾客群体规模，控制服务成本，通过直接贡献意愿和间接贡献意愿的双重路径深度挖掘顾客价值。

在直接贡献意愿方面，有机食品市场上绝大部分的销售额是由一小部分顾客购买产生的（Willer，Lenoud，2017），此类顾客存在群体规模较小的局限，企业应通过恰当的激励策略促使其他类型顾客向此类顾客转化，实现顾客群体的价值最大化。与品牌 W、品牌 Z 等采用相同的综合品类战略的品牌企业，可以通过促进顾客的重复购买、交叉购买、升级购买等方式为企业增加直接贡献价值（Verhoef et al.，2001）。在间接贡献意愿方面，实施会员制战略的品牌企业应充分借助会员社区和社交媒体的优势，凭借此类顾客高水平的直接贡献行为将其塑造成为会员顾客甚至非会员顾客群体中的关键意见领袖（Key Opinion Leader，KOL），鼓励顾客在社交网络中更加积极地分享产品体验和增值活动，展示品牌关系和企业形象，扮演"形象代言人"角色（董晓舟，陈信康，2017）。此外，此类顾客具有较高的忠诚度、满意度和信任感，可能因意识到自身对企业的价值而要求优质服务和低廉价格（Reinartz，kumar，2002），品牌企业应确保服务成本维持在可控范围之内。

（2）识别阻碍"高直接贡献－低间接贡献"顾客的关键因素，消除感知社交风险。

此类顾客直接贡献意愿较高而间接贡献意愿偏低，为企业创造价值的途径更多体现为购买而非影响、协同、增强和动员等行为。针对此类顾客群体的营销策略重在识别阻碍间接贡献意愿的关键因素，增进品牌信任，消除感知社交风险。

第 4 章和第 5 章发现，低情感价值和低经济价值会阻碍直接贡献意愿，低情感价值和低社会价值会阻碍间接贡献意愿，因此"高直接贡献－低间接贡献"顾客更多受到较低水平的社会价值的负向影响。为了扭转这种的状态，品牌企业应细致入微地理解顾客在社交方面的价值诉求（张新安，2010），通过树立品牌形象、增强企业与顾客的互动等方式增进顾客对品牌企业的信任（Van Doorn et al.，2010）。品牌企业还可以通过建立有机生产溯源体系、加强生产与经营过程的可视化、与顾客实现即时信息分享等措施，增强功能价值对间接贡献意愿的保障作用，消除或减弱顾客对社交风险的感知。由于品牌感知价值通过品牌信任和直接贡献意愿作用于间接贡献意愿，品牌企业可以尝试实施间接贡献行为的奖励计划（欧霞，陆定光，2016），鼓励顾客利用频繁购买的机会参与间接贡献行为，所获奖励还可以起到降低购买成本、提高经济价值的效果。品牌 Z 和品牌 A 正是采用了此种措施。

(3) 降低"低直接贡献－高间接贡献"顾客的经济障碍，提高增值服务水平和"性价比"感知。

此类顾客直接贡献意愿偏低而间接贡献意愿较高，为企业创造价值的途径更多体现为间接贡献行为。针对此类顾客的营销策略应以降低顾客直接贡献意愿的经济障碍、提高增值服务水平和"性价比"感知为主。

根据第 4 章和第 5 章的发现，此类顾客的直接贡献意愿或许受到有机食品价格昂贵（Sirieix et al.，2014）、可获得性低（Bryła，2016）等因素阻碍，但其间接贡献意愿可能受到情感体验（Truong et al.，2021）、社会认同（Winterich et al.，2009）等因素驱动，导致直接贡献意愿与间接贡献意愿出现反差。品牌企业应分析并降低直接贡献意愿的经济障碍，例如通过扩大顾客群体和生产规模降低有机食品生产和流通的货币成本，通过增加产品品种、确保供应稳定、拓展购买渠道等提高产品可获得性。品牌企业还可以在合理控制服务成本的基础上提供增值服务，提高顾客对"性价比"的感知。激活此类顾客的价值观和合理性推理，不仅能够为企业间接贡献价值（Kumar，2017），而且依托良好的长期关系，有可能在阻碍因素减弱或消除的情况下提高直接贡献意愿（Ryan，Casidy，2018），实现顾客价值回升。品牌 H、品牌 Z、品牌 A 的营销策略均印证了上述建议的有效性。

(4) 提高"低直接贡献－低间接贡献"顾客的价值感知和品牌信任，找准机会激活顾客状态。

此类顾客的直接贡献意愿与间接贡献意愿均较低，顾客可能因会员制预付金额留存、独特产品的吸引、特殊事件导致顾客－企业关系尚存转机等暂未流失，但其长期沉默会耗费企业资源、影响品牌形象和顾客满意度。针对此类顾客的营销策略应以提高顾客的价值感知和品牌信任为基础，找准机会激活顾客状态。

虽然获取新顾客的成本远高于挽留老顾客（Bhattacharya，1998），但有机食品品牌企业不应直接舍弃此类顾客。但应当避免在长期沉默的顾客群体上耗费过多资源。对于表达了关系退出意向的顾客，企业可及时过滤和止损；对于尚存挽留机会的顾客，企业应分析特定事件对顾客的负面影响并找准机会激活其状态，例如就负面高峰事件道歉并修复情感（Harman，Porter，2021）、创造积极的关键事件（Van Doorn，Verhoef，2008）等，推动其向其他类型顾客转化。

7.4.2 直接贡献意愿激励策略

7.4.2.1 品牌感知价值提升的案例分析

第 4 章证实了情感价值和经济价值对有机食品顾客直接贡献意愿产生显著影响。研究推测，功能价值和社会价值的影响不显著，却起到保健因素的作用（刘百灵等，2017），必须达到可接受水平，才能促使激励因素发挥作用（Alrawahi et al.，2020）。根据上述理论发现，本研究参照第 2 章文献综述的梳理，从产品、服务、品牌和关系四个方面（白琳，陈圻，2006），对比分析案例企业提升品牌感知价值、激励直接贡献意愿的策略（表 7.3）。

表 7.3　品牌感知价值提升的案例对比

价值维度	影响因素与案例对比			
	产品	服务	品牌	关系
情感价值	品牌 W：改善产品和打造高端、精美的超市环境 品牌 A：门店装修和产品陈列具有时尚、舒适、温馨的特征，营造美好的消费场景	品牌 W：讲述有机产品背后的故事 品牌 A：提供门店管家、营养师咨询等温馨服务 品牌 Z：提供家庭客户专线服务	品牌 R：商品实现可持续发展目标 品牌 H：建立网络社群，分享育儿经和照片 品牌 A：发起边远山区精准扶贫等公益活动	品牌 Z：组织有机农场观光采摘 品牌 D：建立顾客体验中心 品牌 A：组织农场采摘、食神大赛等会员专属活动
经济价值	品牌 Z：持会员卡订购享受优惠价格 品牌 A：会员根据预付金额享受不同等级的优惠价和增值服务	品牌 R：提供产品宅配服务 品牌 W：价格出错将全额退款并免费提供产品 品牌 A：提供极速达服务，下单一小时配送到家	品牌 W：定位为"选用顶级精品有机食材的高端食品超市" 品牌 A：全城 20 余家线下门店为会员提供服务	品牌 W：为所属电商平台会员提供特别折扣和优惠 品牌 D：推行积分支付计划 品牌 A：积分抵扣购物金额活动

续表

价值维度	影响因素与案例对比			
	产品	服务	品牌	关系
功能价值	品牌Z：全年供应20类有机产品，使用自有品牌，提供产品产地、质量和认证信息 品牌D：11个基地分品类跨区域布局	品牌R：提供量身定制的产品以满足多样化需求 品牌A：所有线下门店提供有机产品认证查询服务	品牌R：环境保护型标准 品牌Z：制定有机质量标准 品牌H：德米特质量保证	品牌R：为顾客提供放射性物质检测报告 品牌A：APP提供产品溯源报告查询链接
社会价值	品牌Z：推出《品牌Z有机生活》刊物 品牌R：提供以各种方式引导道德消费的产品和服务	品牌D：打造有机茶餐厅 品牌A：建设集售卖、餐饮、休闲和娱乐于一体的集市	品牌W：被誉为"美国食品超市界的顶级精品、有机产业的爱马仕" 品牌D：推广健康安全的有机生活方式	品牌W：设立品牌W基金会、儿童基金、全城基金等 品牌D：组织有机农庄健康跑、植树等公益活动

（1）情感价值和经济价值的提升。

情感价值和经济价值的提升以加强促进作用、消除阻碍作用为目标。已有研究指出从21世纪初开始，情感价值的重要性甚至已经超过了功能价值（Ko et al.，2010；Truong et al.，2021），第4章和第5章的发现印证了此观点。在情感价值的提升方面，品牌W和品牌A都着重打造有机食品连锁门店的消费环境，用时尚的装饰和精美的陈列为顾客带来愉悦的情感体验（赖红波，2019）。便捷和创新的服务也有助于提升情感价值、消除负面情感的阻碍作用（白琳，陈圻，2006；崔海云，施建军，2013）。例如品牌Z的家庭客户服务专线，品牌A的门店管家服务、营养师指导等，均是借助顾客与企业员工之间的互惠关系促进情感性的体验价值（马颖杰，杨德锋，2014）。假如顾客遭遇负面事件，专门的服务渠道和人员也能够及时、有效地响应。品牌R的"道德商品"和品牌H的母婴网络社群则分别从社会责任（Currás-Pérez et al.，2018）与人际互动（申光龙等，2016）的角度提升顾客对情感价值的感知。

根据双加工理论，顾客的购买决策由情感加工和认知加工同时发挥作用（孙彦等，2007），第4章确认经济价值与情感价值一样对直接贡献意愿存在显著影响。有机食品生产方式和运营成本导致的高昂价格（Zhang et al.，2020）会阻碍顾客的购买意愿（Sirieix et al.，2014），品牌企业在控制和降低生产与运营成本的同时,纷纷推出会员价格优惠方案和积分抵扣奖励计划等,以提高经济价值(欧霞,陆定光,2016)。品牌 Z 的会员顾客凭借会员身份可享受优惠价格,品牌 A 提供极速达服务、下单一小时产品配送到家,这些策略有效降低了顾客的感知付出。另外,品牌 W 设定"高端精品有机超市"定位,品牌 D 推行积分支付计划,品牌 A 的 20 余家线下门店均能为顾客提供服务,这些策略提高了顾客对"性价比"和增值服务的价值感知,消除或减弱了较低经济价值的阻碍作用(Wang et. al, 2004;Bryła, 2016)。

(2) 功能价值和社会价值的保持。

功能价值和社会价值的提升以巩固保障作用为目标。功能价值和社会价值虽然对有机食品顾客的直接贡献意愿并无显著影响,但其保健因素性质决定必须保持在可接受水平,才能促使激励因素发挥作用。在功能价值维度,品牌 Z 强调全年供应 20 余个品类的有机产品并提供产品产地、质量和认证的详细信息。品牌 A 通过手机 APP 为顾客提供产品溯源报告查询。品牌 R 与顾客开展基于产品的互动(申光龙等,2016),降低顾客对核辐射污染的风险感知。品牌 W 在企业官网开辟了质量标准专栏,提高顾客对产品质量的认识。对比发现,品牌 Z、品牌 A 等中国企业更加突出产品品类的丰富程度、有机种植基地的布局以及详细的产品信息和有机认证,希望借此提高顾客对功能价值的认知与信任。而品牌 R、品牌 W 等发达国家企业则通过强调产品质量标准、打造标杆企业、树立品牌声望等实现相同目的。

在社会价值维度,品牌 D 和品牌 A 兴建了集产品售卖、顾客体验和形象宣传于一体的线下体验店,推广有机生活理念,令顾客在购买过程中获得更多的社会认同和形象改善等社会效益(Füller,2010)。品牌 W 享有"有机产业的爱马仕"的美誉,开展形式多样的公益基金会慈善活动,也有利于顾客因"有机生活方式"获得社会认同(Du et al.,2017)。将功能价值和社会价值维持在较高水平,对顾客的直接贡献意愿有积极的保障作用。

7.4.2.2 品牌感知价值提升的策略建议

综合上述分析,本研究对品牌感知价值提升提出如下策略建议。

(1) 情感价值提升:将营销重心和资源配置从突出产品和价格优势转移至创造积极的情感体验。

结合理论发现和案例分析可知,情感是基于价值观表达的购买决策重点(Lind et al.,2007),情感价值凌驾于其他价值维度之上,成为经常性购买者最重要的动机(Truong et al.,2021)。当经常性购买有机食品的顾客遭遇负面事件时，可能激发单一决策模式而出现"一票否决"的结果，强烈的近因效应（Harman，Porter，2021）将会阻碍后续的购买意愿（王建国，杜伟强，2016）。

有机食品品牌企业应当将营销重心和资源配置从突出产品和价格优势转移至创造积极的情感体验，借助优质的产品和服务与顾客建立情感连接。更重要的是，品牌企业需要重塑关注顾客满意度和情感状态服务流程，建立顾客－企业的即时沟通渠道，及时、有效地化解和消除负面事件对直接贡献意愿的消极影响。

（2）经济价值提升：控制生产和运营成本，减少价格溢价，提高感知获得与付出的比值。

本研究证实了较低水平的经济价值对直接贡献意愿的阻碍作用，深度访谈和内容分析表明，有机食品经济价值偏低，普遍存在有机食品绝对价格高昂（Sirieix et al.，2014）和性价比相对不高（Truong et al.，2021）两种情况。

有机食品品牌企业可以从两方面着手提升经济价值：一方面，尽可能控制生产和运营成本，减少价格溢价形成的阻碍（Basha，Lal，2019；Taghikhah et al.，2021）。另一方面，也是可行性更高的策略，即提高感知获得与付出的比值。在中国有机食品市场上，实行会员制模式和差别定价、增加有机食品供应品类、降低非货币成本等是有机食品品牌企业的普遍选择，也是企业和顾客建立互惠关系的有效途径。企业可以通过强化品质保证、提供增值服务、树立企业形象、改善消费体验等策略提高顾客的感知获得，通过设置会员定价体系、给予预付费折扣、配送上门、推行顾客奖励计划等策略降低感知付出，从而降低较低水平的经济价值对直接贡献意愿的阻碍作用。

（3）功能价值保持：保证有机食品生产的质量标准和稳定性，增加有机认证和品质管控的透明度。

本研究发现有机食品经常性购买者感知的功能价值并未对直接贡献意愿产生显著影响，这一点与有机食品品牌企业的实践经验存在较大的不同。有机食品的功能价值是顾客基于逻辑处理的购买决策重点（Lind et al.，2007），还能降低因推荐失败导致社交关系受损的风险（Ryu，Feick，2007），对直接贡献意愿和间接贡献意愿起到保健因素作用，能降低不确定性带来的劝阻效应（Lo et al.，2016），促使激励因素发挥作用。

保持功能价值需要有机食品品牌企业完善生产运营、保障产品品质，除了保证有机食品生产的质量标准和稳定性之外，提供充足的产品溯源和认证信息、介绍企业的品质管控体系、开放生产基地等都是增加有机认证和品质管控透明度的有效策略。此外，企业还可以建立高于国家和行业标准的质量管理体系、树立有机生产的品牌声望，通过品牌的力量为有机食品的功能价值背书。

（4）社会价值保持：把握顾客利己和利他的双重心理动机，凸显有机食品消费的社会效益。

研究结果显示，社会价值不是显著影响直接贡献意愿的激励因素，顾客在有机食品购买决策中赋予社会价值相对较低的权重（徐昭君，胡海，2016），但社会价值对直接贡献意愿也存在保障作用（Costa-Migeon et al.，2014）。

有机食品品牌企业应当把握经常性购买者的利己和利他的双重心理动机（范钧，孔静伟，2009）。在利己方面，顾客选择有机食品是一种阐述和支撑自我概念的表达（Sierra et al.，2015），也可能受到面子意识（施卓敏等，2014）、社会声誉（Antonetti, Maklan, 2015）、社交手段和载体需要（袁晓辉等，2021）等因素驱使。在利他方面，顾客对环境保护、可持续发展和社会责任等利他因素的关注也会逐渐增加（Rana, Paul, 2017）。有机食品品牌企业需要理解并重视这些心理动机，采取恰当措施提高顾客源于直接贡献意愿和间接贡献意愿的社交效益，例如宣传有机生产的亲社会特征（Hwang, Chung, 2019）、提高参照群体的社会接受程度（Watanabe et al.，2020）、鼓励顾客参与道德消费（Rana, Paul, 2017）、组织社区活动和慈善事业、促进环境保护等（Van Doorn et al.，2010）。

7.4.2.3 品牌信任增强的案例分析

第4章验证了品牌信任在情感价值、经济价值和社会价值与有机食品顾客直接贡献意愿之间的中介作用，因此增强品牌信任对激励直接贡献意愿不可或缺。关系营销是顾客价值视角的营销策略获得成功的重要环节（Pansari, Kumar, 2017），而品牌信任是关系营销的关键中介变量，因此本研究从顾客和企业两个层次对案例企业进行分析（表7.4）。

表 7.4 品牌信任增强的案例对比

分析层次	品牌 W	品牌 R	品牌 H	品牌 Z	品牌 D	品牌 A
顾客层次	建立公益基金	为顾客赠送有机蔬菜超值豪华礼包，增强顾客信任感	打造分享育儿经和照片的母婴社群，提高产品可信度	定期编写有机生活刊物	邀请顾客参观有机农场，亲身体验有机生产方式	举办有机农场开放日活动，让顾客体验有机生产流程

续表

分析层次	品牌 W	品牌 R	品牌 H	品牌 Z	品牌 D	品牌 A
企业层次	官网设立有机食品和转基因生物知识专栏	持续经营30余年，服务11万家庭会员	通过欧盟有机认证和德米特质量保证	连续十年翻译和发布世界有机农业概况与趋势预测报告	官网设立有机理念和知识专栏，提升顾客有机理念和知识	举办"小鸡进城"等公益活动，推动精准扶贫

表 7.4 中展示了六个案例增强品牌信任的具体措施。从顾客层面，案例企业均强调提升顾客感知价值和降低感知风险的作用（金玉芳等，2006）。品牌 R 的有机蔬菜超值豪华礼包、品牌 D 和品牌 A 的有机农场开放日活动等都印证了此观点。品牌 Z 为顾客定期编写有机生活刊物。品牌 D 官网的有机专栏推广有机知识和食品安全意识（尹世久等，2017），帮助顾客提高判断能力。品牌 H 的网络社群加强了企业与顾客的互动（柴俊武，2007）。品牌 W 为顾客设立多个公益基金。这些策略都有利于品牌企业在顾客中树立值得信赖的形象（贺爱忠等，2009）。

从企业层面，品牌 R 突出持续经营 30 年、服务 11 万家庭会员。品牌 Z 连续十年发布世界有机农业概况与趋势预测报告，目的在于强调企业规模、知名度和美誉度以及服务承诺等（张红霞，2018）。品牌 W 和品牌 D 的官网专栏加强了企业与顾客的信息交流（尹世久等，2017），提高了企业经营管理的透明度。品牌 A 发起的"小鸡进城"等精准扶贫活动强调了企业的社会责任感（Kang，Hustvedt，2014），有助于提高顾客和社会公众对有机食品品牌企业的信任感。

7.4.2.4 品牌信任增强的策略建议

综合上述分析，本研究对增强品牌信任提出如下策略建议。

（1）顾客层面：主动进行高效沟通，促进品牌感知价值的动态评估，发挥企业声誉和消费者口碑的积极作用。

已有研究指出，对有机食品及其认证监管体系缺乏信任是阻碍顾客直接贡献意愿的因素（Nuttavuthisit，Thøgersen，2015），直接贡献意愿的激励策略必须将增强品牌信任纳入其中。

在顾客层面，增强品牌信任的核心在于提升感知价值、降低感知风险，品牌企业可以通过经验机制、计算机制和转移机制实现该目的（Doney，Canon，

1997；万广圣，晁钢令，2014）。根据经验机制，企业需要在顾客经常性购买有机食品的过程中主动进行高效沟通，加深顾客对品牌的了解，解决有机食品产品属性"隐匿性"的问题（袁晓辉等，2021）。根据计算机制，企业应当促进顾客对购买有机食品的感知获得与感知付出的动态评价，帮助顾客基于感知价值最大化做出行为决策（Eggert，Ulaga，2002）。根据转移机制，企业还应当将企业声誉和消费者口碑的积极作用转移至品牌信任（Truong et al.，2021）。这些机制都需要品牌企业通过官方渠道、人际互动、社交媒体等渠道与顾客实时共享信息，方可弱化信息不对称导致的不确定性、提高品牌可信度。

（2）企业层面：提供差异化的产品和服务，由生产经营能力、社会责任活动和环境保护等正面形象增强外部线索。

本研究明确了品牌信任在品牌感知价值对直接贡献意愿和间接贡献意愿的影响中起到中介作用。由于消费者受到有机食品市场监管不足和标签欺诈等影响（莫家颖等，2016），仅强调有机标签不足以建立消费者信心（Truong et al.，2021），仍需要企业层面的不懈努力。

有机食品品牌企业通过提供差异化的产品和服务，满足顾客的多重价值诉求，加强生产经营能力、社会责任活动和环境保护等良好形象的外部线索作用（Ryan，Casidy，2018），有助于增强品牌信任。例如为顾客创造体验产品与服务的机会，提供产品溯源信息查询，打造虚拟品牌社区，鼓励顾客间的交流与分享，借助医生、生产者联盟和公共权威的力量证实有机食品的真实性和功能性（Vega-Zamora et al.，2019），提高企业社会责任活动水平，促使具有利他价值观的顾客形成利他性归因并提高可信度等（Bigné-Alcaniz et al.，2009），从而增强品牌信任的传导机制。

7.4.3 间接贡献意愿激励策略

第 5 章发现情感价值和社会价值对有机食品顾客间接贡献意愿产生显著影响。研究推测，功能价值和经济价值的影响不显著，同样起到保健因素的作用（刘百灵等，2017），保持在可接受水平方可发挥激励因素的促进作用（Alrawahi et al.，2020）。第 6 章还证实品牌信任和直接贡献意愿在品牌感知价值二阶维度与间接贡献意愿之间起到链式中介作用。本研究针对案例企业提升品牌感知价值、激励间接贡献意愿的策略进行分析。

7.4.3.1 品牌感知价值提升的案例分析

除了 7.4.2.1 小节提及的品牌感知价值提升策略之外，本节从激励间接贡献意愿的角度加以补充。

(1) 情感价值和社会价值。

在情感价值维度，顾客与企业的关系形成并建立起情感纽带时，就会从交易阶段、关系阶段发展到融入阶段（Pansari，Kumar，2017），情感价值不仅影响直接贡献意愿，对间接贡献意愿也存在显著的正向作用。品牌 W 讲述有机产品背后故事的营销策略，为顾客提供极佳的情感体验，激发了顾客的直接贡献意愿与间接贡献意愿。例如顾客会从宣传册和官网上读到小鸡罗西的故事：罗西是一只用有机方式喂养的小鸡，在被加工成高品质鸡肉产品之前享受着美好的生活。这些产品故事彰显了品牌 W 重视健康、关注动物福利的理念，还促进了顾客之间的人际互动以及品牌故事在社交媒体的传播。品牌 A 着力打造线下门店时尚、舒适、温馨的环境，为顾客指定专属服务人员，用美好的消费场景和熟悉的人际关系提升情感体验，唤醒顾客的愉悦心情，达到促进直接贡献意愿与间接贡献意愿的目的。

在社会价值维度，案例企业较为注重带给顾客获得社会认同、改善社交形象等社会效益（Füller，2010）。品牌 W 凭借"美国食品超市界的顶级精品""有机产业的爱马仕"等美誉，成为重视健康、追求高品质生活的中高收入顾客购买有机食品的首选品牌，令顾客从分享有机生活方式的过程中获得社会认同（Du et al.，2017）乃至社会地位和声誉（Antonetti，2015）。品牌 D 定期组织顾客家庭参与有机农庄亲子游、健康跑、公益植树等增值活动，为顾客创造了社交话题。这些具有良好品牌关系的顾客更有可能因丰富的产品知识和消费经验向他人推荐企业和产品，或者通过社交媒体发布品牌信息、表达购买感受，进而获得实用性和享乐性的利益（朱翊敏，于洪彦，2016；Itani et al.，2019）。

(2) 功能价值和经济价值。

在功能价值维度，有机食品的功能价值为间接贡献意愿打下了产品属性基础，使顾客因间接贡献行为失败导致社交关系受损的风险更低（Ryu，Feick，2007）。品牌 Z 全年供应 20 余个品类的自有品牌有机产品，同时提供详细的产品产地、质量和认证信息。品牌 A 充分运用手机 APP 为顾客提供产品溯源报告的查询入口，方便顾客在社交媒体上一键转发，这些策略遵循了间接贡献意愿需要理性认知支持的规律（甘春梅，许嘉仪，2020），巩固了功能价值对间接贡献意愿的保障作用。

在经济价值维度，有机食品的经济价值增强了顾客的间接贡献意愿。品牌 W、品牌 A 和品牌 Z 都给予会员顾客额外的价格优惠，通过激励直接贡献意愿，进一步提升间接贡献意愿。品牌 W 还推行了服务补偿策略，如出现价格错误，将全额退款并免费提供产品。品牌 D 和品牌 A 也有形式各异的会员顾客激励计划。这些策略提高了顾客满意度、降低了价格敏感度，还能使顾客向他人推荐产品与服务、在社交媒体分享、向企业提供反馈以及帮助其他顾客的时候，减少经济价值过低导致的担忧。

7.4.3.2 品牌感知价值提升的策略建议

综合上述分析，本研究对品牌感知价值提升补充如下策略建议。

（1）情感价值提升：创新线上线下消费场景，增加顾客的情感依恋和愉悦感受，优化用户界面，促进互动。

Kumar（2017）指出情感是间接贡献意愿发生的重要原则之一，对经常性购买有机食品的顾客，情感性承诺更加有利于发展顾客融入意愿（Bowden，2009）。有机食品品牌企业可以通过创新线上和线下的消费场景，激发经常性购买者的情感性承诺。

在线下场景方面，品牌企业可以考虑优化空间设计和商品陈列，增加顾客的情感依恋和愉悦感受（Ho et al.，2022），还可以改善影响员工－顾客人际交往的情境因素（Stern，2000），令良好的服务体验对间接贡献意愿产生最强影响（Harman，Porter，2021）。在线上场景方面，品牌企业应当优化各类客户端的用户界面，整合产品知识、烹饪菜谱、趣味游戏等促进顾客互动的应用设计，增强 APP 准确导航、快速响应和信息分享的功能，改善顾客的在线体验。这些措施都有可能使顾客因情感价值的关键效果而提升间接贡献意愿。

（2）社会价值提升：品牌活动增强自我效能和社会认同，树立知名度和美誉度，降低社交关系受损担忧。

第 5 章证实顾客所感知的情感价值和社会价值可对间接贡献意愿产生显著影响。阻碍顾客产生间接贡献意愿的原因除了负面情感体验，还有损害个人形象和社交关系的担忧（Kushwah et al.，2019）。有机食品品牌企业应从提升促进作用、消除阻碍作用两方面制定营销策略。

社会价值的促进作用可通过各式各样的活动实现，例如通过专人服务、无条件退换产品等提高顾客－品牌关系质量（Batra et al.，2012）；通过开展有机知识讲座、邀请顾客参观生产基地等增强品牌信任；通过组织参与感较强的线下活动、在社交媒体发表趣味话题等引导顾客推荐和分享，增加顾客群体和社会公众对有机食品品类的认知和兴趣。消除阻碍作用则体现为降低社交关系受损担忧，要求品牌企业建立严格甚至高于国家标准的质量监督体系，提高品牌的知名度和美誉度（Janssen, Hamm, 2012）；通过线上和线下渠道向顾客传递有机生活方式理念和生产知识，让顾客在分享和帮助他人中获得自我效能感（Oh, Syn, 2015）；打造品牌虚拟社区和社交媒体等交流平台，塑造顾客的在线影响力和意见领袖形象（Nardi et al., 2004）等，使顾客对幸福、快乐和可持续的追求与有机食品相联系（Apaolaza et al., 2017；Watanabe et al., 2020），对间接贡献意愿产生积极影响。

（3）功能价值保持：突出溯源信息、有机技术、质量标准与控制等的认知加工支持，给予顾客充分信心。

本研究推测功能价值虽然未对间接贡献意愿产生显著影响，但同样扮演了保健因素角色，为顾客的间接贡献意愿决策提供了认知加工的支持（孙彦等，2007）。除此以外，品牌感知价值二阶维度之间存在相互作用，顾客对功能价值的感知可能通过良好体验转化为行动（Ho et al., 2022），还可能转化为积极情感促进间接贡献意愿（Truong et al., 2021）。

有机食品品牌企业应当遵循理性认知规律，展示产品生产与溯源信息，突出有机农业技术积累，强调技术标准与质量控制的能力，借助权威机构和第三方认证加强公信力，这些策略有助于推动功能价值的转化，给予顾客实施间接贡献行为更充分的信心（Wongkitrungrueng et al., 2020）。

（4）经济价值保持：分析成本效益，减少经济阻碍，推行奖励计划，激发直接和间接贡献意愿相互促进。

本研究证实经济价值对间接贡献意愿并无显著影响，但顾客对有机食品"物有所值"和"物超所值"的价值感受可能通过影响品牌信任和直接贡献意愿促进间接贡献意愿。

有机食品品牌企业应当进行成本效益分析，以确定通过控制成本降低价格或者提高收益的潜在空间，增强顾客或潜在顾客参与间接贡献行为的信心。同时，那些受到经济因素的暂时阻碍而直接贡献价值低、间接贡献价值高的顾客有可能在感知收获与感知付出比值提高的过程中，向直接和间接贡献意愿双高的状态转化，扩大有机食品经常性购买者的规模（Willer, Lenoud, 2017），企业借助消费者需求的增加获得更丰厚的利润（Tandon et al., 2021）。在保持经济价值方面，为积极参与间接贡献意愿的顾客提供积分抵扣、积分支付、老带新奖励等奖励计划，也是激发直接贡献意愿和间接贡献意愿相互促进的有效策略。

7.4.3.3 企业环保形象优化的案例分析

第 6 章发现表明,企业环保形象在社会价值通过品牌信任影响直接贡献意愿与间接贡献意愿的间接关系中起着正向调节作用。本研究据此开展案例分析。

企业环保形象体现为顾客对有机食品企业或品牌在减少环境污染、改善生态环境、推动可持续发展方面的评价。以品牌 W 为例,其官网上发布了"对抗食物浪费""减少、再利用和回收"等环境管理措施,彰显了企业"促进环境管理,让我们的地球在未来更加幸福"等价值观。中国品牌 Z 则从 2012 年开始连续 11 年参与编译和发布中文版《世界有机农业概况与趋势预测报告》,赢得了"为推动世界有机农业的发展做出了重要贡献"的积极评价,还因此获得达沃斯论坛"全球成长型公司"的荣誉,架设了一座中国与国际有机行业的沟通桥梁,树立了中国有机食品行业标杆企业的形象。品牌 Z 将"环境友好、公平贸易"写入了企业的经营理念,还制定了《品牌 Z 有机产品质量标准》,对有机食品的生产环境和生产过程进行严格、规范的管理。2021 年 12 月,品牌 Z 举行了"碳中和下的可持续发展"圆桌论坛,就"有机商业实践"和"碳达峰、碳中和目标"等话题与各界专家开展讨论,积极表达了有机食品品牌企业的环境保护理念和举措。不少品牌都通过官网、微信公众号、微博等渠道详细介绍企业在环境保护、可持续发展和公益慈善方面的理念与活动,对其环境保护方面的措施和效果等进行充分展示。

7.4.3.4 企业环保形象优化的策略建议

综合上述分析,本研究为企业环保形象优化提出如下策略建议。

(1) 优化环保形象:发挥价值观和战略的引领作用,强调环保理念和举措,加强多渠道的环境保护沟通。

有机食品自然属性和社会属性的无形性会使处于信息不对称状态的顾客和社会公众选择风险规避(袁晓辉等,2021)。已有研究指出,企业环保形象可以减少甚至消除顾客源自金钱、社会和安全的感知风险(白长虹,2001),成为有机食品品牌企业的关键优势(Ryan,Casidy,2018),帮助顾客在缺乏内在线索的情况下做出选择(Román,Sanchez-Siles,2018)。

企业环保形象是有机食品的自然属性和社会属性在顾客心中的联想,是顾客关注健康和环境保护等价值观驱动意愿的载体(Ryan,Casidy,2018),如果能与品牌企业的核心价值观和战略相结合，更能促使顾客按照"价值观—态度—意愿"主线做出积极的行为决策。企业还可以充分发挥移动互联网和社交媒体工具的作用，借助官网、微信公众号、博客、会员刊物、APP 和微信小程序等窗口对企业在环境保护方面的理念和举措加以宣传，获得顾客对有机食品事业的认同（Vanhamme et al，2012）。这些策略能够起到加强环境保护沟通的良好效果，突出企业形象的外部线索作用，进而促进有机食品顾客的间接贡献意愿。

（2）促进环保形象与社会价值互动：提升环境保护的社会效益，鼓励顾客通过利己动机实现利他效果。

有学者认为，即使是最具环保意识的消费者，也不会仅凭环境因素做出行为决策（Rokka，Uusitalo，2008），情境因素会发挥阻碍作用，降低环境友好意愿、削弱价值观或态度影响（Tanner，Kast，2003；Papista，Krystallis，2013）。聚焦于中国有机食品新兴市场的研究也指出，中国消费者群体的绿色消费文化和社会规范并非主流，他人或群体的偏好与认同等并未显著影响顾客的购买意愿（解芳等，2019）。正因如此，企业环保形象并未作用于品牌感知价值影响顾客融入意愿的过程，而是对社会价值通过品牌信任影响直接贡献意愿与间接贡献意愿的间接关系起到调节作用。

有机食品品牌企业优化环保形象的策略需要通过与社会价值的交互作用发挥积极影响。企业应当在宣传环境保护理念和举措的同时，通过环境保护知识推广、有机生活方式营造、发起参与性较强的顾客群体活动等方式，提升源自品牌或参照群体的认同感，并将这种认同感作为顾客间接贡献意愿的奖励（Winterich et al.，2009），使顾客在实现社会价值的同时达成利他价值，从购买有机食品的行为或影响、协同、增强和动员等行为中收获幸福感和满足感（Papista，Krystallis，2013）。

7.5　本章小结

本章基于第 4 章、第 5 章和第 6 章的理论发现提出有机食品顾客融入意愿的激励策略体系模型，运用多案例研究方法对比分析 6 家国内外较具代表性的有机食品品牌企业的商业实践，从顾客融入意愿细分、直接贡献意愿激励和间接贡献意愿激励着手，提出"三层次十六项策略"体系（表 7.5），指导有机食品品牌企业解决顾客融入意愿激励"怎么办"的问题。

表 7.5　有机食品顾客融入意愿的激励策略体系

策略层次	策略内容
顾客融入 意愿细分	(1) 扩大"高直接贡献－高间接贡献"群体规模，通过双重路径深度挖掘顾客价值。 (2) 识别阻碍"高直接贡献－低间接贡献"顾客的关键因素，消除感知社交风险。 (3) 降低"低直接贡献－高间接贡献"顾客的经济障碍，提高增值服务水平和"性价比"感知。 (4) 提高"低直接贡献－低间接贡献"顾客的价值感知和品牌信任，找准机会激活顾客状态。
直接贡献 意愿激励	(5) 情感价值提升：将营销重心和资源配置从突出产品和价格优势转移至创造积极的情感体验。 (6) 经济价值提升：控制生产和运营成本，降低价格溢价，提高感知获得与付出的比值。 (7) 功能价值保持：保证有机食品生产的质量标准和稳定性，增加有机认证和品质管控的透明度。 (8) 社会价值保持：把握顾客利己和利他的双重心理动机，凸显有机食品消费的社会效益。 (9) 顾客层面：主动开展高效沟通，促进品牌感知价值的动态评估，发挥企业声誉和消费者口碑的积极作用。 (10) 企业层面：提供差异化的产品和服务，由生产经营能力、社会责任活动和环境保护等正面形象增强外部线索。
间接贡献 意愿激励	(11) 情感价值提升：创新线上线下消费场景，增加顾客的情感依恋和愉悦感受，优化用户界面促进互动。 (12) 社会价值提升：品牌活动增强自我效能和社会认同，树立知名度和美誉度，降低社交关系受损担忧。 (13) 功能价值保持：突出溯源信息、有机技术、质量标准与控制等的认知加工支持，给予顾客充分信心。 (14) 经济价值保持：分析成本效益，减少经济阻碍，推行奖励计划，激发直接和间接贡献意愿相互促进。 (15) 优化环保形象：发挥价值观和战略的引领作用，强调环保理念和举措，加强多渠道的环境保护沟通。 (16) 促进环保形象与社会价值互动：提升环境保护的社会效益，鼓励顾客通过利己动机实现利他效果。

第 8 章 研究结论与展望

尽管传统的"价值观－态度－意愿"理论已被应用于理解有机食品消费者行为，但本研究基于行为推理理论的合理性观点，试图弥补价值观、态度和意愿之间缺失的环节，从更现实的、多重价值维度的视角为有机食品消费者行为研究提供了新的见解。本研究逐层深入地分析和解答了三个核心问题，即"有机食品消费情境下品牌感知价值和顾客融入意愿的涵义是什么""品牌感知价值能否影响有机食品顾客融入意愿"以及"品牌感知价值如何影响有机食品顾客融入意愿"。

本研究重点关注品牌感知价值二阶维度的促进或阻碍作用，通过合理性在价值观和意愿之间架设桥梁，精细刻画了品牌感知价值对有机食品顾客融入意愿的影响与机理。本章将总结各项研究发现和理论解释，陈述可能的理论贡献和管理启示，反思研究局限并提出后续研究的设想。

8.1 研究结论

8.1.1 品牌感知价值对有机食品顾客融入意愿的影响模型

本研究基于文献回顾和研究述评，厘清了有机食品消费情境下品牌感知价值和顾客融入意愿的涵义，通过有机食品顾客行为特征的聚类分析和有机食品顾客融入意愿的内容分析，推演了品牌感知价值影响顾客融入意愿的过程。具体来说，本研究在已有文献的基础上，明确了品牌感知价值二阶维度由功能价值、情感价值、经济价值和社会价值构成，引入了顾客融入意愿的整体观点，选择了直接贡献意愿和间接贡献意愿的双重路径开展研究。

本研究以经常性购买有机食品的顾客作为研究对象，筛选有机食品品牌会员顾客的购买数据，根据 RFM 模型的核心变量对其进行聚类分析，将顾客划分为四个统计学差异显著的集群,并将其命名为强化型、保持型、弱化型和停滞型,印证了有机食品顾客的直接贡献意愿会发生变化的观点,为构建研究模型奠定基础。针对四类顾客进一步开展深度访谈和内容分析,研究发现直接贡献意愿的变化和间接贡献意愿的发生均与品牌感知价值的动态评价有关,并且功能价值、情感价值、经济价值和社会价值四个维度的影响存在差异。研究还发现在品牌感知价值影响有机食品顾客直接贡献意愿和间接贡献意愿的过程中,品牌信任和企业环保形象的影响可被观察。

基于此,本研究确定自变量为"品牌感知价值二阶维度",因变量为"直接贡献意愿"和"间接贡献意愿",引入中介变量"品牌信任"和调节变量"企业环保形象",构建了"品牌感知价值对有机食品顾客融入意愿的影响"理论模型。虽然"感知价值与顾客意愿"的研究框架被学术界广泛应用于有机食品消费者行为研究以及其他研究情境,但此理论模型在有机食品消费领域仍然具有适用性和独特性:首先,此模型的自变量深入品牌感知价值二阶维度,精细刻画了有机食品多重价值维度的差异化影响,探讨了各个价值维度对异质性顾客有所不同的原因,提高了对有机食品顾客"态度-行为"差距的解释力。其次,此模型的因变量从直接贡献意愿拓展至间接贡献意愿,将购买、影响、协同、增强和动员等价值创造行为纳入统一的顾客融入意愿理论框架,为有机食品消费情境下的间接贡献意愿研究增加了实证依据,为有机食品消费者行为知识体系进行有益的补充。最后,此模型引入了中介变量品牌信任和调节变量企业环保形象,充分体现了有机食品的信任品属性和环境保护特征,揭示了品牌感知价值对有机食品顾客融入意愿的影响机理。

8.1.2 品牌感知价值对有机食品顾客直接贡献意愿的影响与机理

本研究以经常性购买有机食品的会员顾客和非会员顾客为调查对象,考察品牌感知价值对有机食品顾客直接贡献意愿的影响与机理,通过理论推演和数据检验得出两项结论。

8.1.2.1 品牌感知价值二阶维度中,情感价值和经济价值对直接贡献意愿的影响显著

检验结果表明,对于有机食品经常性购买者,品牌感知价值二阶维度的影响有所不同。情感价值和经济价值对直接贡献意愿有显著的正向影响,并且情感价值的影响程度高于经济价值。分析与讨论指出,情感是基于价值观表达的

购买决策重点，情感价值凌驾于其他价值维度之上，成为经常性购买者最重要的动机。关于较高水平的经济价值促进直接贡献意愿的发现与已有研究一致，但较低水平的经济价值对直接贡献意愿的阻碍作用更值得关注。

与已有研究的不同之处在于，本研究发现功能价值和社会价值对直接贡献意愿的影响不显著，进而推测其原因在于顾客的异质性导致功能价值和社会价值的重要性发生变化。研究还证实，对有机食品的经常性购买者来说，无论是会员顾客还是非会员顾客，情感价值和经济价值均对直接贡献意愿产生显著影响，但两类顾客的差异体现为会员顾客情感价值的作用强度高于非会员顾客，而经济价值的作用强度低于非会员顾客。

8.1.2.2 品牌信任在情感价值、经济价值和社会价值对直接贡献意愿的影响中起着中介作用

本研究证实品牌信任在情感价值、经济价值和社会价值对直接贡献意愿的影响中起着中介作用，充分说明了品牌信任对有机食品顾客的重要意义。良好的情感体验、物有所值的价值感受和积极的社会效益都会增强顾客对品牌的信任，进而对直接贡献意愿产生间接影响。品牌信任在功能价值对直接贡献意愿的影响中未起到中介作用，本研究将原因归结为功能价值受到样本特殊性的干扰。

对比品牌感知价值与直接贡献意愿之间的主效应和中介效应发现，品牌感知价值二阶维度对有机食品顾客直接贡献意愿的影响存在路径差异。品牌感知价值影响直接贡献意愿的路径以"交易"为导向，情感价值和经济价值直接、便捷地发挥作用。品牌感知价值通过品牌信任影响直接贡献意愿的路径以"关系"为导向，除了受样本特殊性干扰的功能价值之外，品牌感知价值的其他维度间接、完整地发挥作用。

8.1.3 品牌感知价值对有机食品顾客间接贡献意愿的影响与机理

本研究以经常性购买有机食品的会员顾客为调查对象，探讨品牌感知价值对有机食品顾客间接贡献意愿的影响与机理。与直接贡献意愿相比，间接贡献意愿能为有机食品品牌企业带来财务绩效、企业声誉、市场监督、竞争优势乃至雇员和产品创意等多重收益，然而关于有机食品顾客间接贡献意愿的研究却极为匮乏。本研究重点考察品牌感知价值对间接贡献意愿的影响与机理，通过理论推演和数据检验得出四项结论。

8.1.3.1 品牌感知价值二阶维度中，情感价值和社会价值对间接贡献意愿的影响显著

检验结果表明，对于有机食品经常性购买者，情感价值和社会价值对间接贡献意愿有显著的正向影响，并且情感价值的影响程度高于社会价值。分析与讨论指出，情感是顾客融入意愿的基本原则之一，情感价值是间接贡献意愿因果模型的核心，有助于顾客形成人与人之间的友谊、获得自我表达和自我实现。同时，有机食品顾客感知的社会价值具有利己和利他的特征，顾客在社会交换过程中获得的服务、信息和关爱等社会利益促进了间接贡献意愿的发生。

本研究还发现功能价值和经济价值对间接贡献意愿并无显著的正向影响，由此推测间接贡献意愿更多的是受到心理动机的驱动，也更注重体验中收获的价值。

8.1.3.2 品牌感知价值特定维度对直接贡献意愿和间接贡献意愿起着促进与阻碍作用

本研究引入行为推理理论构建"价值观－合理性－意愿"的解释性框架，分析品牌感知价值二阶维度对直接贡献意愿和间接贡献意愿的促进与阻碍作用。从促进作用来看，对于有机食品经常性购买者而言，较高水平的情感价值和经济价值显著提升直接贡献意愿，较高水平的功能价值和社会价值保障情感价值和经济价值发挥作用。较高水平的情感价值和社会价值显著提升间接贡献意愿，较高水平的功能价值和经济价值保障情感价值和社会价值发挥作用。从阻碍作用来看，较低水平的情感价值和经济价值会阻碍直接贡献意愿，较低水平的情感价值和社会价值会阻碍间接贡献意愿，这些价值维度通过离散事件的近因效应阻碍了顾客融入意愿的产生。

这些发现表明顾客异质性是重要的边界条件，本研究进一步讨论了品牌感知价值二阶维度对经常性购买者与意向或偶然性购买者的重要性为何不同，精细刻画了品牌感知价值对直接贡献意愿和间接贡献意愿的差异化影响。本研究的系列发现对消费者购买或不购买有机食品、部分消费者的价值观和态度未能持续转化为行动、部分消费者的直接贡献意愿和间接贡献意愿出现反差等问题均能给予合理的理论解释，对已有研究做出了有益的补充。

8.1.3.3　品牌信任与直接贡献意愿在品牌感知价值对间接贡献意愿的影响中起着链式中介作用

检验结果表明，对于有机食品经常性购买者，品牌信任在品牌感知价值二阶维度对间接贡献意愿的影响中均起到中介作用。同时，品牌信任与直接贡献意愿在品牌感知价值对间接贡献意愿的影响中起到链式中介作用。由此可知，品牌信任是有机食品等信任品市场持续发展的重要前提，品牌信任和直接贡献意愿在品牌感知价值影响间接贡献意愿的过程中发挥了重要的传导作用。

对比品牌感知价值与间接贡献意愿之间的主效应和中介效应发现，品牌感知价值二阶维度对间接贡献意愿的影响同样存在路径差异。品牌感知价值影响间接贡献意愿的路径以"交易"为导向，情感价值和社会价值直接、便捷地发挥作用。品牌感知价值通过品牌信任影响间接贡献意愿的路径以"关系"为导向，品牌感知价值的全部维度间接、完整地发挥作用。

8.1.3.4　企业环保形象在社会价值通过品牌信任影响直接贡献意愿与间接贡献意愿的间接关系中起着正向调节作用

检验结果表明，社会价值通过品牌信任影响直接贡献意愿与间接贡献意愿的间接关系，受到企业环保形象的正向调节。顾客对企业环保形象评价越高，社会价值通过品牌信任影响其直接贡献意愿和间接贡献意愿的程度越强。此发现解释了环境保护因素对顾客融入意愿作用较弱的原因，丰富了对品牌感知价值与顾客融入意愿之间的调节变量和路径的理解。研究还运用系数乘积法和Johnson-Neyman技术绘制了调节变量线性函数，呈现了有调节的中介效应的全貌，实现了研究方法的改进。

8.1.4　有机食品顾客融入意愿的激励策略体系

基于各项实证研究的理论发现，本研究提出有机食品顾客融入意愿激励策略体系模型，运用多案例研究方法对比分析6家国内外有机食品品牌企业的商业实践，并据此设计有机食品顾客融入意愿的激励策略体系。

8.1.4.1　有机食品顾客融入意愿激励策略体系模型

有机食品顾客融入意愿激励策略体系模型由营销战略和营销策略两个层次组成。营销战略层次通过顾客细分明确异质性顾客群体的行为特征，理解其对企业绩效的差异化影响。本研究以直接贡献意愿与间接贡献意愿为依据，将有机食品顾客划分为"高直接贡献－高间接贡献""高直接贡献－低间接贡献""低直接贡献－高间接贡献"以及"低直接贡献－低间接贡献"四类，并分别提出顾客融入意愿细分的策略建议。

营销策略层次分别讨论直接贡献意愿和间接贡献意愿的激励策略。直接贡献意愿的激励策略以"品牌感知价值对有机食品顾客直接贡献意愿的影响与机理"的研究发现为理论依据，核心目标为提升对直接贡献意愿产生显著影响的情感价值和经济价值，消除低情感价值和低经济价值的阻碍作用。对直接贡献意愿并无显著影响的功能价值和社会价值，也需要借助合理的策略保持在可接受的水平，确保激励因素发挥作用。增强品牌信任也是直接贡献意愿激励策略不可或缺的组成部分。

间接贡献意愿的激励策略根据"品牌感知价值对有机食品顾客间接贡献意愿的影响与机理"的研究发现设计，核心目标为提升对间接贡献意愿产生显著影响的情感价值和社会价值，消除低情感价值和低社会价值的阻碍作用。虽然功能价值和经济价值对间接贡献意愿的影响并不显著，但是其保健因素性质决定了这两个价值维度的保持同样不可忽略。最后，企业环保形象的优化有助于社会价值通过品牌信任促进直接贡献意愿和间接贡献意愿的产生。

8.1.4.2　有机食品顾客融入意愿"三层次十六项激励策略"体系

本研究结合实证研究的理论发现和案例企业的商业实践，从顾客融入意愿细分、直接贡献意愿激励和间接贡献意愿激励着手，提出"三层次十六项激励策略"体系（表7.5），指导有机食品品牌企业解决顾客融入意愿激励"怎么办"的问题。

8.2　理论贡献

8.2.1　构建"品牌感知价值对有机食品顾客融入意愿的影响"模型

本研究构建了"品牌感知价值对有机食品顾客融入意愿的影响"模型，深化了顾客价值理论和顾客融入理论的知识体系。价值共创与顾客融入是管理学、心理学和社会学等多学科关注的重要概念，也是国内外学者的研究热点。文献综述表明，已有研究或者考察感知价值对有机食品顾客购买意愿的影响，或者探讨内外部因素与影响、协同、增强和动员等行为意愿的关系，鲜有研究在有机食品顾客的价值获取与价值贡献之间建立联系。本研究从顾客价值的视角出发，将有机食品消费者行为研究从产品属性驱动发展到顾客价值驱动，将自变量感知价值向二阶维度深化、向有机食品品牌聚焦，还将因变量从直接贡献意愿拓展至间接贡献意愿，细化了顾客价值理论和顾客融入理论的研究情境，丰富了研究对象和影响机理，使知识体系更加完备。

8.2.2 分析品牌感知价值对顾客融入意愿的促进与阻碍作用

本研究基于行为推理理论提出了"价值观－合理性－意愿"框架并进行实证检验，为"价值观－态度－意愿"理论做出有益补充。尽管传统的"价值观－态度－意愿"理论已被应用于理解有机食品消费者意愿，但已有研究忽略了情境因素对有机食品顾客的价值观和态度的削弱作用，对有机食品消费情境下特有的"态度－行为"差距也缺乏解释力。本研究基于行为推理理论，提出"价值观－合理性－意愿"的全新框架，并通过实证研究加以检验。研究发现，有机食品顾客的直接贡献意愿和间接贡献意愿都与品牌感知价值的动态评价有关，品牌感知价值二阶维度的促进和阻碍作用成为顾客合理性推理的核心，在价值观与意愿之间架设桥梁。本研究加深了对有机食品消费者行为的理解，为"价值观－态度－意愿"理论做出有益的补充。

8.2.3 识别品牌感知价值影响顾客融入意愿的差异化路径

本研究识别了品牌感知价值影响顾客融入意愿的两条路径和作用特征，拓展了顾客价值理论的应用情境。已有研究通常将品牌感知价值作为整体概念纳入研究模型，未能精细刻画其二阶维度对顾客融入意愿的差异化影响。本研究对比品牌感知价值二阶维度对直接贡献意愿和间接贡献意愿的影响，以及通过品牌信任对两类意愿的影响，找到了其中的共性规律。品牌感知价值影响顾客融入意愿时以"交易"为导向，特定价值维度直接、便捷地发挥作用；品牌感知价值通过品牌信任影响顾客融入意愿时以"关系"为导向，全部价值维度间接、完整地发挥作用。此发现剖析了品牌感知价值对顾客融入意愿的差异化影响，拓展了顾客价值理论在有机食品消费者行为研究中的应用情境。

8.2.4 揭示品牌感知价值对顾客融入意愿的影响机理

本研究发现企业环保形象对社会价值通过品牌信任影响顾客融入意愿的间接关系存在调节作用，为顾客融入理论补充了实证依据。已有文献尚未开展对有机食品顾客融入意愿的系统研究，有机食品品牌企业也难以寻得激励顾客融入意愿的理论指导。本研究以有机食品经常性购买者为调查对象，提出并验证了企业环保形象对社会价值通过品牌信任影响顾客融入意愿的间接关系存在调节作用。此发现有助于理解有机食品顾客的价值观、合理性和意愿之间的关系，对关于环境保护因素对顾客融入意愿作用较弱的现象给予了合理的理论解释，初步揭示了品牌感知价值影响顾客融入意愿的影响机理，为顾客融入理论补充了有机食品消费情境下的实证依据。本研究还整合各项理论发现，构建了有机食品顾客融入意愿的激励策略体系，加深了营销学者、企业管理者和政策制定者对顾客融入意愿的认知，为解决激励有机食品顾客融入意愿"怎么办"的问题提供了多层次、多角度的理论指导。

8.3 管理启示

8.3.1 建议有机食品品牌企业针对顾客价值诉求开展精准营销

本研究揭示了品牌感知价值对有机食品经常性购买者的差异化影响，有助于有机食品品牌企业关注异质性顾客的价值诉求。有机食品品牌企业过往的营销实践通常以传递有机食品通用信息，强化其安全、健康、营养等功能价值为核心。本研究的发现揭示了品牌感知价值对有机食品经常性购买者的差异化影响，证实了情感价值和经济价值对直接贡献意愿的显著影响，以及情感价值和社会价值对间接贡献意愿的显著影响。此发现与已有研究结论和企业实践经验并不一致，启发了有机食品品牌企业关注经常性购买者与意向或偶然性购买者不同的价值诉求。在此基础上，有机食品品牌企业应当优化营销资源的配置，保持功能价值的推广水平，同时增加在改善情感体验、提升性价比、营造社交氛围、增强品牌信任、优化企业环保形象等方面的投入，针对异质性顾客不同的价值诉述，制定精准的营销策略激励直接贡献意愿或间接贡献意愿，最终达成提升企业绩效的目标。

8.3.2 提示有机食品品牌企业降低情境因素的削弱作用

本研究提示了有机食品品牌企业应重视经常性购买者的合理性推理，降低情境因素对顾客价值观和态度的削弱作用。顾客融入意愿已经成为许多企业衡量营销效能和财务绩效的重要指标，而有机食品品牌企业却对其缺乏足够关注。品牌企业是我国有机食品行业最具活力的经济单位，也是实现有机食品多重维度价值的组织载体，其生产经营过程中必须面对有机食品顾客群体规模过小和"态度-行为"差距的巨大挑战。本研究的实证结果突出了对有机食品消费者最重要的价值及影响机理，提示有机食品品牌企业应重视经常性购买者的合理性推理，降低情境因素对顾客价值观和态度的削弱作用，为有机食品品牌企业的营销策略提供了新方向，使价值创造对不同消费者群体更具吸引力。借助有效的激励策略，有机食品品牌企业能够维护经常性购买者的品牌关系质量，推动偶然性购买者向经常性购买者转化，吸引潜在的意向购买者，深度挖掘不同类型顾客的潜在价值。

8.3.3 倡导有机食品品牌企业激励顾客融入意愿，促进价值共创

本研究倡导有机食品品牌企业提升品牌感知价值，增强品牌信任，优化环保形象，促进顾客参与价值共创，推动有机食品行业可持续发展。与发达国家相比，中国的有机食品品牌企业还在实践中探索发展方向和营销策略。食品安全事件激起了社会公众的食品安全危机意识，信任缺失的现象也从传统食品负向溢出到有机食品。推动我国有机食品行业充分有序发展的前提是广大的有机食品生产者、企业管理者和政策制定者都能全面认知有机食品顾客融入意愿的影响因素与作用机理，本研究因而倡导企业提升品牌感知价值，增强品牌信任，优化企业环保形象。互联网时代的价值共创需要顾客与企业共同参与，企业还应当将有机食品的生产者、供应商、渠道商、雇员、政府监管部门、媒体以及社会公众等均视为价值网络不可或缺的成员，提高利益相关者对有机食品多重维度价值的认同。只有社会各界共同关注和参与，才能推动有机食品行业高质量发展。

8.4 研究局限与研究展望

8.4.1 本研究以经常性购买有机食品的会员顾客为研究对象，有待将调查范围扩大至更广泛的非会员顾客

为了确保有机食品购买行为真实发生、以良好的顾客－品牌关系质量为研究基础等，本研究选取了有机食品经常性购买者作为研究对象，并筛选了有机食品品牌企业的会员顾客收集数据、实施访谈。第 3 章的深度访谈以及第 4 章的问卷调查都设置了非会员顾客的对照组，对比分析发现会员顾客和非会员顾客在品牌感知价值对直接贡献意愿的影响中结论一致，两者的区别仅体现为作用强度。但此发现仍需通过后续研究在非会员顾客群体中进一步检验。

第 5 章和第 6 章仍然选择了会员顾客作为研究对象，旨在以会员顾客良好的品牌关系为基础，更好地观察和分析品牌感知价值对间接贡献意愿的影响。受限于研究时间和资源条件，本研究暂时未能将间接贡献意愿的研究对象扩大到非会员顾客，有待后续研究继续分析和讨论不同类型的经常性购买者在融入意愿的影响因素与作用机理方面的差异。

8.4.2 研究主体为综合品类的有机食品品牌企业，未能考察产品品类对核心变量的潜在影响

为了确保调查对象的同质性，本研究在问卷调查时设置了"综合品类有机食品品牌企业"的甄别题项。在案例分析与策略建议部分，本研究所关注的案例企业均为发达国家或中国生产经营规模较大、品牌知名度和影响力较高的代表性企业，除了瑞士品牌 H 之外均生产或销售综合品类有机食品。已有研究发现，肉类、牛奶、面包、蔬菜等有机食品产品品类或许对顾客行为决策产生潜在影响，而受到品牌企业数据获取困难、有机食品品类繁多以及研究时间和资源不足等限制，本研究暂未将有机食品细化至产品品类并考察产品品类对核心变量的潜在影响，后续可以在这方面探寻新的研究机会。

8.4.3 研究方法存在一定的局限性，质性研究的内容分析和量化研究的数据检验仍然依靠顾客的自我陈述报告

本研究运用深度访谈法和问卷调查法收集数据，虽然对消费者特征、产品和品牌特征等进行数据来源控制，对收集环境、调查过程等进行收集过程控制，还通过了共同方法偏差检验，但研究测量和检验的主要数据仍为受访者的自我陈述报告。

本研究限于时间和资源条件，暂未结合实验法、准实验法、田野调查法等开展研究。后续研究可以增加实验法、准实验法等可操控性更强的方法，例如通过实验法控制功能价值，解释功能价值对直接贡献意愿和间接贡献意愿影响不显著的原因，验证本研究的发现等。此外，随着有机食品品牌企业的发展和移动互联网的普及，后续研究可以更多地运用实地调查法、现场试验法等更具创新性的研究方法，借助社交媒体扩大样本数量、应用网络爬虫获取客观数据、通过品牌社区沟通访谈等，进一步提高研究质量和效率。

参考文献

[1] 白长虹. 西方的顾客价值研究及其实践启示[J]. 南开管理评论, 2001 (2): 51-55.

[2] 白琳, 陈圻. 顾客感知价值驱动因素研究新进展[J]. 外国经济与管理, 2006, 28 (7): 39-45.

[3] 卜庆娟, 金永生, 李朝辉. 互动一定创造价值吗?——顾客价值共创互动行为对顾客价值的影响[J]. 外国经济与管理, 2016, 38 (9): 21-37.

[4] 卜庆娟, 金永生, 李朝辉. 虚拟品牌社区顾客价值共创互动行为的测量及验证[J]. 当代财经, 2016 (5): 76-86.

[5] 卜庆娟, 金永生, 李朝辉. 顾客如何青睐"社区"与"品牌"——基于价值共创视角的顾客体验价值对顾客忠诚的影响[J]. 营销科学学报, 2017, 13 (2): 1-17.

[6] 陈笃升, 王重鸣. 组织变革背景下员工角色超载的影响作用: 一个有调节的中介模型[J]. 浙江大学学报（人文社会科学版）, 2015, 45 (3): 143-157.

[7] 陈静, 于洪彦, 刘容. 服务型企业顾客融入驱动机制研究——基于体验的视角[J]. 管理世界, 2017 (7): 184-185.

[8] 陈明红, 郑洁萍, 漆贤军. 移动社交媒体用户信息共享持续意愿研究[J]. 情报理论与实践, 2017, 40 (4): 37-43.

[9] 陈瑞, 郑毓煌, 刘文静. 中介效应分析: 原理、程序、Bootstrap方法及其应用[J]. 营销科学学报, 2013, 9 (4): 120-135.

[10] 陈卫平, 谭思, 王笑丛. 会员制农场的员工管理如何影响会员续约?——惠州四季分享有机农场的个案研究[J]. 江淮论坛, 2018 (2): 11-17.

[11] 陈晓萍, 徐淑英, 樊景立. 组织与管理研究的实证方法[M]. 北京: 北京大学出版社, 2008.

[12] 陈晓曦，陈凤玲，李斌，等. 好奇影响灵感产生的现象与机制：认知与情绪双加工路径［J］. 心理科学进展，2019，27（1）：1-10.

[13] 崔海云，施建军. 服务创新、顾客体验价值与休闲农业企业绩效［J］. 南京社会科学，2013（11）：33-38.

[14] 邓稳根，黎小瑜，陈勃，等. 国内心理学文献中共同方法偏差检验的现状［J］. 江西师范大学学报（自然科学版），2018，42（5）：447-453.

[15] 邓新明. 消费者为何喜欢"说一套，做一套"——消费者伦理购买"意向-行为"差距的影响因素［J］. 心理学报，2014，46（7）：1014-1031.

[16] 丁家永. 营销环境下消费者情感过程及其影响因素分析［J］. 南京师大学报（社会科学版），2006（5）：109-112.

[17] 董平. 有机食品标识和品牌知名度对消费者行为的影响［J］. 商业时代，2014（22）：18-20.

[18] 董晓舟，陈信康. 企业视角的顾客价值度量与细分——基于顾客未来货币价值与非货币价值的实证研究［J］. 财贸研究，2017（3）：85-94.

[19] 杜伟强，曹花蕊. 基于自身短期与社会长远利益两难选择的绿色消费机制［J］，心理科学进展，2013（5）：775-784.

[20] 方杰，张敏强，顾红磊，等. 基于不对称区间估计的有调节的中介模型检验［J］. 心理科学进展，2014，22（10）：1660-1668.

[21] 冯进展，蔡淑琴. 虚拟品牌社区中契合顾客识别模型及实例研究［J］. 管理学报，2021，17（9）：1364-1372.

[22] 甘春梅，许嘉仪. 感知价值对社会化商务用户意愿的影响研究［J］. 情报科学，2020，38（10）：68-73.

[23] 高键. 消费者行为理性对绿色感知价值的机制研究——以计划行为理论为研究视角［J］. 当代经济管理，2018，40（1）：16-20.

[24] 高鹏，李纯青，褚玉杰，等. 短视频顾客灵感的触发机制及其对顾客融入的影响［J］. 心理科学进展，2020，28（5）：731-745.

[25] 关兵，范德成. 基于消费者行为视角的我国有机食品发展研究［J］. 理论探讨，2013（3）：100-102.

[26] 韩小芸，田甜，孙本纶. 旅游虚拟社区成员"感知-认同-契合行为"模式的实证研究［J］. 旅游学刊，2016，31（8）：61-70.

[27] 赫茨伯格，莫斯纳，斯奈德曼. 赫茨伯格的双因素理论［M］. 张湛，译. 北京：中国人民大学出版社，2009.

[28] 黄彪文，吴帮乐. "有机食品"在中国的话语框架与意义建构［J］. 自然辩证法研究，2020，36（4）：118−124.

[29] 荆宁宁，李德峰. 顾客契合研究综述［J］. 外国经济与管理，2015，37（7）：33−45.

[30] 赖红波. 设计驱动创新微观机理与顾客感知情感价值研究［J］. 科研管理，2019，40（3）：1−9.

[31] 里夫，赖斯，菲克. 内容分析法：媒介信息量化研究技巧［M］. 2版. 嵇美云，译. 北京：清华大学出版社，2010.

[32] 李丹，周宏，周力. 品牌溢价与农产品质量安全——来自江苏水稻种植的例证［J］. 财经研究，2021（2）：34−48.

[33] 李佳敏，张晓飞. 品牌感知价值对顾客重复购买意愿的影响：顾客情绪的中介作用［J］. 商业经济研究，2020（18）：63−66.

[34] 李黎. 顾客价值理论研究现状与未来发展趋势——基于CNKI的文献计量分析［J］. 消费经济，2017（3）：85−90.

[35] 刘百灵，夏惠敏，李延晖，等. 保健和激励双因素视角下影响移动支付意愿的实证研究［J］. 管理学报，2017（4）：600−608.

[36] 刘建华，周翠翠，王东晨. 基于信任和转移障碍的顾客保留：案例研究［J］. 管理世界，2010（4）：131−144.

[37] 刘敬严. 顾客感知价值决定要因与关系质量的影响研究［J］. 软科学，2008，22（5）：18−22.

[38] 刘林艳. 价值创造视角下服务化战略的效应研究［J］. 科研管理，2019（2）：134−143.

[39] 刘鲁川，李旭，张冰倩. 社交媒体用户的负面情绪与消极使用行为研究评述［J］. 情报杂志，2018（1）：105−121.

[40] 刘振华. 感知价值对不同互补品购买意愿的影响——核心产品品牌形象的调节作用［J］. 商业经济研究，2017（24）：45−48.

[41] 卢成仁. 社会转型，食物系统转变与伦理重构：有机农业中的"中国经验"［J］. 江淮论坛，2020（2）：152−158.

[42] 卢成仁，郭锐. 规范冲突与信任重建：中国有机农业的问题与实践［J］. 浙江学刊，2020（6）：26−37.

[43] 陆娟，张振兴，杨青青. 基于品牌联合的食品品牌信任提升研究［J］. 商业经济与管理，2011（1）：76−85.

[44] 罗佳佳. 品牌依恋、品牌承诺、顾客忠诚之间关系的研究综述［J］. 社

会科学前沿，2018，7（4）：400-405.

[45] 马特，郭艳红，董大海. 客户终身价值前沿探析与未来展望［J］. 科技与管理，2011，13（6）：89-93.

[46] 莫家颖，余建宇，龚强，等. 集体声誉、认证制度与有机食品行业发展［J］. 浙江社会科学，2016（3）：4-17.

[47] 宁连举，孙中原，刘茜. 基于知识图谱的顾客契合研究热点与趋势评述［J］. 科研管理，2019（12）：213-224.

[48] 欧霞，陆定光. 品牌体验对感知价值、品牌忠诚度的影响研究——以香港化妆品行业为例［J］. 新闻大学，2016（3）：133-139.

[49] 单娟，崔晨虹. 奢侈品线上易获得性与购买意愿的倒 U 形关系研究［J］. 南开管理评论，2020（5）：51-63.

[50] 邵景波，张君慧，蔺晓东. 什么驱动了顾客契合行为？——形成机理分析与实证研究［J］. 管理评论，2017，29（1）：155-165.

[51] 申光龙，彭晓东，秦鹏飞. 虚拟品牌社区顾客间互动对顾客参与价值共创的影响研究——以体验价值为中介变量［J］. 管理学报，2016（12）：1808-1816.

[52] 帅青红，李成林，蒋佳霖. 商业银行客户细分与金融资产投资偏好——基于交易行为的新视角［J］. 财经科学，2020（4）：25-36.

[53] 宋长鸣，李剑，徐娟. 菜价波动背景下消费者蔬菜购买行为变化研究［J］. 统计与决策，2016（3）：110-114.

[54] 孙乃娟，郭国庆. 顾客承诺、自我提升与顾客公民行为：社会交换理论视角下的驱动机制与调节作用［J］. 管理评论，2016（12）：187-197.

[55] 孙乃娟，卢强，李辉. 体验价值驱动下网购顾客公民行为形成机制研究［J］. 财经论丛，2016（3）：70-77.

[56] 孙晓娥. 深度访谈研究方法的实证论析［J］. 西安交通大学学报（社会科学版），2012，32（3）：101-106.

[57] 孙彦，李纾，殷晓莉. 决策与推理的双系统——启发式系统和分析系统［J］. 心理科学进展，2007，15（5）：721-726.

[58] 汤峰，刘晓龙，李彬，等. 政府环保形象、互联网使用与公众环境治理满意度——基于 CGSS2015 的实证分析［J］. 中国人口·资源与环境，2021，31（7）：107-115.

[59] 陶鹏德，王国才，赵彦辉. 零售商自有品牌感知价值对购买意愿影响的实证研究［J］. 南京社会科学，2009（9）：40-45.

[60] 铁翠香. 网络口碑效应实证研究——基于信任和感知价值的中介作用 [J]. 情报科学, 2015 (8): 72-78.

[61] 田阳, 王海忠, 陈增祥. 公司形象对消费者信任和购买意向的影响机制 [J]. 商业经济与管理, 2009 (9): 65-72.

[62] 童利忠, 雷涛. 自有品牌的品牌信任对品牌形象与购买意愿的中介作用研究 [J]. 软科学, 2014, 28 (9): 105-108.

[63] 童文锋, 杜义飞. 原力: 再造企业价值战略 [M]. 北京: 机械工业出版社, 2021.

[64] 万广圣, 晁钢令. 消费者品牌信任研究述评与展望 [J]. 现代管理科学, 2014 (8): 42-44.

[65] 王建国, 杜伟强. 基于行为推理理论的绿色消费行为实证研究 [J]. 大连理工大学学报 (社会科学版), 2016, 37 (2): 13-18.

[66] 王建国, 王建明, 杜宇. 绿色消费态度行为缺口的研究进展 [J]. 财经论丛, 2017 (11): 95-103.

[67] 王建华, 李佳敏. 信息不对称下消费者对安全认证农产品的认知、情感与意愿研究——基于华东地区 12 市的实证研究 [J]. 世界农业, 2021 (12): 94-106.

[68] 王金红. 案例研究法及其相关学术规范 [J]. 同济大学学报 (社会科学版), 2007, 18 (3): 87-95.

[69] 王宁, 孙飞, 单晓红, 等. 预付式消费方式下的商品定价策略 [J]. 系统工程, 2015 (8): 111-116.

[70] 王晓红, 胡士磊, 张雪燕. 消费者缘何言行不一: 绿色消费态度-行为缺口研究述评与展望 [J]. 经济与管理评论, 2018, 34 (5): 52-62.

[71] 王小娟, 万映红, 程佳. B2C 情境下顾客心理契约结构及不同关系期的差异研究 [J]. 东北大学学报 (社会科学版), 2017 (3): 247-252.

[72] 王永钦, 刘思远, 杜巨澜. 信任品市场的竞争效应与传染效应: 理论和基于中国食品行业的事件研究 [J]. 经济研究, 2014 (2): 141-154.

[73] 王云翠, 童万菊, 蒲顺昌. 国内顾客契合研究述评 [J]. 情报探索, 2019 (5): 112-120.

[74] 魏闯, 于兆吉, 金仲. 社会化媒体下顾客契合研究综述 [J]. 沈阳工业大学学报 (社会科学版), 2017 (3): 256-263.

[75] 卫海英, 杨国亮. 企业-顾客互动对品牌信任的影响分析——基于危机预防的视角 [J]. 财贸经济, 2011 (4): 79-84.

[76] 魏胜，姚梦雪，雷喆，等. 有机食品感知属性对顾客融入的影响 [J]. 江苏农业科学，2020（23）：318-324.

[77] 魏想明，袁晴. 顾客参与价值共创发展探讨 [J]. 科技创业月刊，2019，32（5）：151-154.

[78] 温忠麟，侯杰泰，马什赫伯特. 潜变量交互效应分析方法 [J]. 心理科学进展，2003，11（5）：593-599.

[79] 温忠麟，侯杰泰，马什赫伯特. 结构方程模型检验：拟合指数与卡方准则 [J]. 心理学报，2004（2）：186-194.

[80] 温忠麟，叶宝娟. 中介效应分析：方法和模型发展 [J]. 心理科学进展，2014，22（5）：731-745.

[81] 吴明隆. 问卷统计分析实务：SPSS 操作与应用 [M]. 重庆：重庆大学出版社，2010.

[82] 吴明隆. 结构方程模型：AMOS 的操作与应用 [M]. 重庆：重庆大学出版社，2010.

[83] 吴文秀，张宏梅. 人口统计和行为特征对旅游移动平台顾客融入的影响 [J]. 旅游导刊，2018（1）：37-55.

[84] 肖慧，刘风豹. 有机食品消费的价值认同与地点的重新连接 [J]. 江西农业学报，2017（12）：137-142.

[85] 解芳，盛光华，龚思羽. 全民环境共治背景下参照群体对中国居民绿色购买行为的影响研究 [J]. 中国人口资源与环境，2019，29（8）：66-75.

[86] 辛欣，任俊生. "双重加工"理论的演化与反思 [J]. 当代经济研究，2018（3）：49-54.

[87] 程玉桂. 有机食品可追溯与网络消费信任研究 [J]. 江西社会科学，2016（4）：197-203.

[88] 徐俊芳，陈景武. 结构方程模型在心理健康研究中的正确应用 [J]. 现代预防医学，2009（12）：2220-2223.

[89] 徐文成，薛建宏，毛彦军. 信息不对称环境下有机食品消费行为分析 [J]. 中央财经大学学报，2017（3）：59-67.

[90] 徐昭君，胡海. 基于专业知识的价值属性与绿色购买行为 [J]. 企业经济，2015（3）：179-183.

[91] 薛永基，白雪珊，胡煜晗. 感知价值与预期后悔影响绿色食品购买意向的实证研究 [J]. 软科学，2016，30（11）：131-135.

[92] 杨晓燕,周懿瑾. 绿色价值:顾客感知价值的新维度[J]. 中国工业经济,2006(7):110-116.

[93] 杨肖丽,孙亚男,张萍. 消费者有机农产品信任度决定因素分析——基于沈阳市的调查[J]. 经济经纬,2016(11):36-41.

[94] 姚唐,邱琪,穆琳,等. 社会支持视角下顾客在线互助心理和行为机制[J]. 心理科学进展,2017(6):912-922.

[95] 尹世久,王小楠,吕珊珊. 品牌、认证与消费者信任倾向——以有机牛奶为例[J]. 华中农业大学学报(社会科学版),2017(4):45-54.

[96] 尹世久,吴林海,徐迎军. 信息认知、购买动因与效用评价:以广东消费者安全食品购买决策的调查为例[J]. 经济经纬,2014,31(3):102-107.

[97] 尹世久,徐迎军,陈默. 消费者有机食品购买决策行为与影响因素研究[J]. 中国人口·资源与环境,2013,23(7):136-141.

[98] 于洪彦,尤明宣. 顾客融入行为量表开发[J]. 税务与经济,2015(5):1-9.

[99] 袁登华,罗嗣明,唐春燕,等. 品牌信任的前因后果驱动机制研究[J]. 心理科学,2008(6):1334-1338.

[100] 袁晓辉,吕长文,肖亚成. 信任对城市居民有机食品消费行为的影响机理分析[J]. 中国农业资源与区划,2021,42(4):217-228.

[101] 原欣伟,伟李延,窦天苗. 基于2000—2017年SSCI期刊论文的品牌社区研究[J]. 情报探索,2018(3):115-123.

[102] 张红霞. 消费者对网购食品安全信任的影响因素分析[J]. 软科学,2018(5):116-119.

[103] 张新安. 中国消费者的顾客价值形成机制:以手机为对象的实证研究[J]. 管理世界,2010(1):107-121.

[104] 张新圣,刘洪燕,崔晓林. 顾客价值理论的回顾及对我国市场营销的启示[J]. 经济师,2013(2):27-29.

[105] 赵景林,赵红. 虚拟品牌社区社会资本、品牌关系质量和消费者创新能力的关系研究[J]. 科学学与科学技术管理,2019,40(8):71-86.

[106] 郑文清,李玮玮. 营销策略对顾客感知价值的驱动研究[J]. 当代财经,2012(11):80-89.

[107] 朱强,王兴元. 产品创新性感知对消费者购买意愿影响机制研究——品牌来源国形象和价格敏感性的调节作用[J]. 经济管理,2016(7):

107－118.

[108] 朱翊敏，于洪彦. 顾客融入行为与共创价值研究述评［J］. 管理评论，2014，26（5）：111－119.

[109] 朱翊敏，于洪彦. 奖励类型与调节聚焦对顾客推荐意愿的影响研究［J］. 商业经济与管理，2016（1）：43－52.

[110] 庄晓萍，袁昌兵，魏秋江，等. 行为推理理论：理解行为成因的新视角［J］. 心理学进展，2014（4）：447－456.

[111] Aertsens J, Verbeke W, Mondelaers K, et al. Personal determinants of organic food consumption: a review［J］. British Food Journal, 2009, 111（10）: 1140－1167.

[112] Apaolaza V, Hartmann P, D'souza C, et al. Eat organic－Feel good? The relationship between organic food consumption, health concern and subjective wellbeing［J］. Food Quality and Preference, 2018, 63: 51－62.

[113] Aschemann－Witzel J, Zielke S. Can't buy me green? A review of consumer perceptions of and behavior toward the price of organic food［J］. Journal of Consumer Affairs, 2017, 51（1）: 211－251.

[114] Azzurra A, Massimiliano A, Angela M. Measuring sustainable food consumption: A case study on organic food［J］. Sustainable Production and Consumption, 2019, 17: 95－107.

[115] Basha M B, Lal D. Indian consumers' attitudes towards purchasing organically produced foods: An empirical study［J］. Journal of Cleaner Production, 2019, 215（4）: 99－111.

[116] Batra R, Ahuvia A, Bagozzi R P. Brand love［J］. Journal of Marketing, 2012, 76（3）: 1－16.

[117] Brodie R J, Hollebeek L D, Juric B, et al. Customer Engagement: Conceptual Domain, Fundamental Propositions and Implications For Research［J］. Journal of Service Research, 2011, 14（3）: 252－271.

[118] Brown T J, Dacin P A. The company and the product: corporate associations and consumer product responses［J］. Journal of Marketing, 1997, 61（1）: 68－84.

[119] Bruneau V, Swaen V, Zidda P. Are loyalty program members really engaged? Measuring customer engagement with loyalty programs［J］.

Journal of Business Research, 2018, 91 (10): 144−158.

[120] Bryła P. Organic food consumption in Poland: Motives and barriers [J]. Appetite, 2016, 105 (10): 737−746.

[121] Chekima B, Chekima K, Chekima K. Understanding factors underlying actual consumption of organic food: The moderating effect of future orientation [J]. Food Quality and Preference, 2019 (74): 49−58.

[122] Chekima B, Oswald A I, Wafa S A W S K, et al. Narrowing the gap: Factors driving organic food consumption [J]. Journal of Cleaner Production, 2017, 166: 1438−1447.

[123] Chung J Y, Lee J, Heath R L. Public relations aspects of brand attitudes and customer activity [J]. Public Relations Review, 2013, 39 (5): 432−439.

[124] Cojuharenco I, Cornelissen G, Karelaia N. Yes, I can: Feeling connected to others increases perceived effectiveness and socially responsible behavior [J]. Journal of Environmental Psychology, 2016, 48 (12): 75−86.

[125] Costa-Migeon S, Zepeda L, Sirieix L. Exploring the social value of organic food: a qualitative study in France [J]. International Journal of Consumer Studies, 2014, 38 (3): 228−237.

[126] Currás-Pérez R, Dolz-Dolz C, Miquel-Romero, et al. How social, environ-mental, and economic CSR affects consumer-perceived value: Does perceived consumer effectiveness make a difference? [J]. Corporate Social Responsibility and Environmental Management, 2018, 25 (5): 733−747.

[127] Dean M, Raats M M, Shepherd R. Moral concerns and consumer choice of fresh and processed organic foods [J]. Journal of Applied Social Psychology, 2008, 38 (8): 2088−2107.

[128] Du S L, Bartels J, Reinders M, et al. Organic consumption behavior: A social identification perspective [J]. Food Quality and Preference, 2017 (62): 190−198.

[129] Du S, Bhattacharya C B, Sen S. Reaping relational rewards from corporate social responsibility: The role of competitive positioning [J]. International Journal of Research in Marketing, 2007, 24 (3):

224-241.

[130] Erdem T, Keller K L, Kuksov D, et al. Understanding branding in a digitally empowered world [J]. International Journal of Research in Marketing, 2016 (1): 3-10.

[131] Fazal-E-Hasan S M, Ahmadi H, Mortimer G, et al. Examining the role of consumer hope in explaining the impact of perceived brand value on customer - brand relationship outcomes in an online retailing environment [J]. Journal of Retailing and Consumer Services, 2018, 41 (3): 101-111.

[132] Follows S B, Jobber D. Environmentally responsible purchase behavior: a test of a consumer model [J]. European Journal of Marketing, 1999, 34 (5): 723-746.

[133] Friend S, Malshe A, Fisher G. What drives customer re-engagement? The foundational role of the sales-service interplay in episodic value co-creation [J]. Industrial Marketing Management, 2020, 84 (11): 271-286.

[134] Füller J. Refining virtual co-creation from a consumer perspective [J]. California Management Review, 2010, 52 (2): 98-122.

[135] Ghosh D, Shah J, Swami S. Product greening and pricing strategies of firms under green sensitive consumer demand and environmental regulations [J]. Annals of Operations Research, 2020, 290 (7): 491-520.

[136] Gomiero T. Food quality assessment in organic vs. conventional agricultural produce: Findings and issues [J]. Applied Soil Ecology, 2018, 123: 714-728.

[137] Graf A, Maas P. Customer value from a customer perspective: acomprehen-sive review [J]. Journal Für Betriebswirtschaft, 2008, 58 (4): 1-20.

[138] Grayson K, Johnson D, Chen D F R. Is firm trust essential in a trusted environment? how trust in the business context influences customers [J]. Journal of Marketing Research, 2008, 45 (2): 241-256.

[139] Grönroos C, Voima P. Critical service logic: Making sense of value creation and co-creation [J]. Journal of the Academy of Marketing

Science, 2013, 41 (3): 133—150.

[140] Hayes A F. Introduction to mediation, moderation, and conditional process analysis: A Regression-Based Approach [M]. New York: The Guilford Press, 2013.

[141] Hayes A F. An index and test of linear moderated mediation [J]. Multivariate Behavioral Research, 2015, 50 (1): 1—22.

[142] Hjelmar U. Consumers' purchase of organic food products. A matter of convenience and reflexive practices [J]. Appetite, 2011, 56 (2): 336—344.

[143] Holbrook M B. Consumption experience, customer value, and subjective personal introspection: An illustrative photographic essay [J]. Journal of Business Research, 2006, 59 (6): 714—725.

[144] Hollebeek L D, Srivastava R K, Chen T. S-D logic-informed customer engagement: integrative framework, revised fundamental propositions, and application to CRM [J]. Journal of the Academy of Marketing Science, 2016, 47 (1): 161—185.

[145] Hu H H, Kandampully J, Juwaheer T D. Relationships and impacts of service quality, perceived value, customer satisfaction, and image: an empirical study [J]. Service Industries Journal, 2009, 29 (2): 111—125.

[146] Hughes A M. Strategic database marketing [M]. Chicago: Probus Publishing Company, 1994.

[147] Hwang J, Chung J. What drives consumers to certain retailers for organic food purchase: The role of fit for consumers' retail store preference [J]. Journal of Retailing and Consumer Services, 2019, 47 (3): 293—306.

[148] Islam J, Rahman Z. The transpiring journey of customer engagement research in marketing: A systematic review of the past decade [J]. Management Decision, 2016, 54 (8): 2008—2034.

[149] Itani O S, Kassar A-N, Loureiro S M C. Value get, value give: The relationships among perceived value, relationship quality, customer engagement, and value consciousness [J]. International Journal of Hospitality Management, 2019, 80 (7): 78—90.

[150] Jaakkola E, Alexander M. The role of customer engagement behavior in value co-creation: A service system perspective [J]. Journal of Service Research, 2014, 17 (3): 247-261.

[151] Janssen M. Determinants of organic food purchases: Evidence from household panel data [J]. Food Quality and Preference, 2018 (68): 19-28.

[152] Kataria S, Saini V K, Sharma A K, et al. An integrative approach to the nexus of brand loyalty and corporate social responsibility [J]. International Review on Public and Nonprofit Marketing, 2021, 18 (1): 1-25.

[153] Khan S N, Mohsin M. The power of emotional value: Exploring the effects of values on green product consumer choice behavior [J]. Journal of Cleaner Production, 2017, 150 (5): 65-74.

[154] Kim S, Ham S, Moon H, et al. Experience, brand prestige, perceived value (functional, hedonic, social and financial), and loyalty among GROCERANT customers [J]. International Journal of Hospitality Management, 2019 (1): 169-177.

[155] Ko S, Norum P, Hawley J M. Consumer value structures reflected in clothing advertisements [J]. Journal of Fashion Marketing and Management, 2010, 14 (3): 451-468.

[156] Koller M, Floh A, Zauner A. Further insights into perceived value and consumer loyalty: A "Green" perspective [J]. Psychology & Marketing, 2011, 28 (12): 1154-1176.

[157] Konuk F A. The role of store image, perceived quality, trust and perceived value in predicting consumers' purchase intentions towards organic private label food [J]. Journal of Retailing and Consumer Services, 2018, 43 (7): 304-310.

[158] Kumar V. A theory of customer valuation: Concepts, metrics, strategy, and implementation [J]. Journal of Marketing, 2017, 82 (1): 1-19.

[159] Kumar V, Aksoy L, Donkers B, et al. Undervalued or overvalued customers: capturing total customer engagement value [J]. Journal of Service Research, 2010, 13 (3): 297-310.

[160] Lee E-M, Lee H-J, Pae J-H, et al. The important role of corporate social responsibility capabilities in improving sustainable competitive advantage [J]. Social Responsibility Journal, 2016, 12 (4): 642-653.

[161] Li G, Li G, Kambele Z. Luxury fashion brand consumers in China: Perceived value, fashion lifestyle, and willingness to pay [J]. Journal of Business Research, 2012, 65 (10): 1516-1522.

[162] Liao J, Huang M, Xiao B. Promoting continual member participation in firm-hosted online brand communities: An organizational socialization approach [J]. Journal of Business Research, 2017, 71 (2): 92-101.

[163] Lien C-H, Wen M-J, Huang L-C, et al. Online hotel booking: The effects of brand image, price, trust and value on purchase intentions [J]. Asia Pacific Management Review, 2015, 20 (4): 210-218.

[164] Lim W M, Yong L S, Suryadi K. Consumers' perceived value and willingness to purchase organic food [J]. Journal of Global Marketing, 2014, 27 (5): 298-307.

[165] Liu A, Niyongira R. Chinese consumers food purchasing behaviors and awareness of food safety [J]. Food Control, 2017, 79: 185-191.

[166] Liu R, Pieniak Z, Verbeke W. Consumers' attitudes and behaviour towards safe food in China: A review [J]. Food Control, 2013, 33 (1): 93-104.

[167] Lo L-Y, Lin S-W, Hsu L-Y. Motivation for online impulse buying: A two-factor theory perspective [J]. International Journal of Information Management, 2016 (36): 759-772.

[168] Massey M, O'Cass A, Otahal P. A meta-analytic study of the factors driving the purchase of organic food [J]. Appetite, 2018, 125 (6): 418-427.

[169] Mittal V, Katrichis J M, Kumar P. Attribute performance and customer satisfaction over time: evidence from two field studies [J]. Journal of Services Marketing, 2001, 15 (5): 343-356.

[170] Mondelaers K, Verbeke W, Huylenbroeck G V, et al. Importance of health and environment as quality traits in the buying decision of organic products [J]. British Food Journal, 2009, 111 (10): 1120-1139.

[171] Morgan R M, Hunt S D. The commitment-trust theory of relationship marketing [J]. Journal of Marketing, 1994, 58 (3): 20-38.

[172] Muhammad A, Wang X, Alireza N, et al. Determinant factors influencing organic food purchase intention and the moderating role of awareness: A comparative analysis [J]. Food Quality and Preference, 2018 (63): 144-150.

[173] Ng S C, Sweeney J C, Plewa C. Customer engagement: A systematic review and future research priorities [J]. Australasian Marketing Journal, 2020, 28 (4): 235-252.

[174] Nuttavuthisit K, Thøgersen J. The importance of consumer trust for the emergence of a market for green products: The case of organic food [J]. Journal of Business Ethics, 2015, 140 (2): 1-15.

[175] Oh S, Syn S Y. Motivations for sharing information and social support in social media: a comparative analysis of Facebook, Twitter, Delicious, YouTube and Flickr [J]. Journal of the Association for Information Science and Technology, 2015 (10): 2045-2060.

[176] Olson E. The rationalization and persistence of organic food beliefs in the face of contrary evidence [J]. Journal of Cleaner Production, 2017, 140: 1007-1013.

[177] Pandey S, Khare A. The role of retailer trust and word of mouth in buying organic foods in an emerging market [J]. Journal of Food Products Marketing, 2017, 23 (8): 926-938.

[178] Pansari A, Kumar V. Customer engagement: the construct, antecedents, and consequences [J]. Journal of the Academy of Marketing Science, 2017, 45 (5): 294-311.

[179] Papista E, Krystallis A. Investigating the types of value and cost of green brands: Proposition of a conceptual framework [J]. Journal of Business Ethics, 2013, 115 (6): 75-92.

[180] Papista E, Chrysochou P, Krystallis A. Types of value and cost in consumer-green brands relationship and loyalty behaviour [J]. Journal of Consumer Behaviour, 2018, 17: e101-e113.

[181] Parasuraman A, Grewal D. The impact of technology on the quality-value-loyalty chain: a research agenda [J]. Journal of the Academy of

Marketing Science, 2000, 28 (12): 168−174.

[182] Paul J, Rana J. Consumer behavior and purchase intention for organic food [J]. Journal of Consumer Marketing, 2012, 29 (6): 412−422.

[183] Prahalad C K, Ramaswamy V. Co-opting customer competence [J]. Harvard Business Review, 2000, 78 (1): 79−90.

[184] Prahalad C K, Ramaswamy V. Co-creation Experiences: The Next Practice in Value Creation [J]. Journal of Interactive Marketing, 2004, 18 (3): 5−14.

[185] Preacher K J, Hayes A F. SPSS and SAS procedures for estimating indirect effects in simple mediation models [J]. Behavior Research Methods Instruments and Computer, 2004, 36 (4): 717−731.

[186] Ramaswamy V, Ozcan K. Brand value co-creation in a digitalized world: An integrative framework and research implications [J]. International Journal of Research in Marketing, 2015, 33 (1): 93−106.

[187] Rana J, Paul J. Consumer behavior and purchase intention for organic food: A review and research agenda [J]. Journal of Retailing and Consumer Services, 2017, 38 (9): 157−165.

[188] Richetin J, Mattavelli S, Perugini M. Increasing implicit and explicit attitudes toward an organic food brand by referencing to oneself [J]. Journal of Economic Psychology, 2016, 55 (8): 96−108.

[189] Rousseau D M. The 'problem' of the psychological contract considered [J]. Journal of Organizational Behavior, 1998, 19 (S1): 665−671.

[190] Roy S K, Balaji M S, Soutar G, et al. Customer engagement behavior in individualistic and collectivistic markets [J]. Journal of Business Research, 2018, 86 (5): 281−290.

[191] Ryan J, Casidy R. The role of brand reputation in organic food consumption: A behavioral reasoning perspective [J]. Journal of Retailing and Consumer Services, 2018, 41 (3): 239−247.

[192] Ryu G, Feick L. A penny for your thoughts: Referral reward programs and referral likelihood [J]. Journal of Marketing, 2007, 71 (1): 84−94.

[193] Sarvari P A, Ustundag A, Takci H. Performance evaluation of

different customer segmentation approaches based on RFM and demographics analysis [J]. Kybernetes: The International Journal of Systems & Cybernetics, 2016, 45 (7): 1129−1157.

[194] Shaharudin M R, Pani J J, Mansor S W, et al. Purchase intention of organic food in malaysia: A religious overview [J]. International Journal of Marketing Studies, 2010, 2 (1): 96−103.

[195] Sheth J N, Newman B I, Gross B L. Why we buy what we buy: A theory of consumption values [J]. Journal of Business Research, 1991, 22 (2): 159−170.

[196] Sweeney J C, Soutar G N. Consumer perceived value: The development of a multiple item scale [J]. Journal of Retailing, 2001, 77 (2): 203−220.

[197] Szabo S, Webster J. PerceivedGreenwashing: The effects of green marketing on environmental and product perceptions [J]. Journal of Business Ethics, 2021, 171 (7): 719−739.

[198] Van Doorn J, Lemon K N, Mittal V, et al. Customer engagement behavior: Theoretical foundations and research directions [J]. Journal of Service Research, 2010, 13 (3): 253−266.

[199] Vargo S L, Lusch R F. Evolving to a new dominant logic for marketing [J]. Journal of Marketing, 2004, 68 (1): 1−17.

[200] Verhoef P C, Franses P H, Hoekstra J C. The impact of satisfaction and payment equity on cross−buying: A dynamic model for a multi−service provider [J]. Journal of Retailing, 2001, 77 (3): 359−378.

[201] Vivek S D, Beatty S E, Morgan R M. Consumer engagement: Exploring customer relationships beyond purchase [J]. Journal of Marketing Theory and Practice, 2012, 20 (2): 122−146.

[202] Voss G B, Parasuraman A, Grewal D. The roles of price, performance, and expectations in determining satisfaction in service exchanges [J]. Journal of Marketing, 1998, 62 (4): 46−61.

[203] Wang Y G, Lo H P, Chi R Y, et al. An integrated framework for customer value and customer−relationship−management performance: A customer − based perspective from China [J]. Journal of Service Theory & Practice, 2004, 14 (2/3): 169−182.

[204] Watanabe E, Alfinito S, Curvelo I, et al. Perceived value, trust and purchase intention of organic food: A study with Brazilian consumers [J]. British Food Journal, 2020, 122 (4): 1170-1184.

[205] Westaby J D. Behavioral reasoning theory: Identifying new linkages underlying intentions and behavior [J]. Organizational Behavior and Human Decision Processes, 2005, 98 (2): 97-120.

[206] Westaby J D, Probst T M, Lee B C. Leadership decision-making: A behavioral reasoning theory analysis [J]. The Leadership Quarterly, 2010 (3): 481-495.

[207] Winterich K P, Mittal V, Ross W T. Donation behavior toward in-groups and out-groups: The role of gender and moral identity [J]. Social Science Electronic Publishing, 2009, 36 (2): 277-291.

[208] Wongkitrungrueng A, Assarut N, Woodside A G. The role of live streaming in building consumer trust and engagement with social commerce sellers [J]. Journal of Business Research, 2020, 117 (9): 543-556.

[209] Woodruff Robert B. Customer value: The next source for competitive advantage [J]. Journal of the Academy of Marketing Science, 1997, 25 (3): 139-153.

[210] Wu B, Jin C, Monfort A, et al. Generous charity to preserve green image? Exploring linkage between strategic donations and environmental misconduct [J]. Journal of Business Research, 2021, 131 (7): 839-850.

[211] Xie Y. The effects of corporate ability and corporate social responsibility on winning customer support: An integrative examination of the roles of satisfaction, trust and identification [J]. Global Economic Review, 2014 (1): 73-92.

[212] Yim C K, Chan K W, Lam A S S K. Do customers and employees enjoy service participation? synergistic effects of self- and other-efficacy [J]. Journal of Marketing, 2012, 76 (6): 121-140.

[213] Zanoli R, Naspetti S. Consumer motivations in the purchase of organic food: A means-end approach [J]. Mpra Paper, 2002, 104 (8): 643-653.

[214] Zeithaml V A. Consumer perceptions of price, quality, and value: A means-end model and synthesis of evidence [J]. Journal of Marketing, 1988, 52 (3): 2-22.

[215] Zeithaml V A, Berry L L, Parasuraman A. The behavioral consequences of service quality [J]. Journal of Marketing, 1996, 60 (2): 31-46.

[216] Zepeda L, Deal D. Organic and local food consumer behaviour: Alphabet Theory [J]. International Journal of Consumer Studies, 2010, 33: 697-705.

[217] Zhao X, Lynch J, Chen Q. Reconsidering baron and kenny: Myths and truths about mediation analysis [J]. Journal of Consumer Research, 2010 (37): 197-206.

[218] Zhu W, Newman A, Miao Q, et al. Revisiting the mediating role of trust in transformational leadership effects: Do different types of trust make a difference? [J]. The Leadership Quarterly, 2013, 24 (1): 94-105.

附　录

附录1　"有机食品顾客融入意愿的内容分析与模型构建"访谈提纲

尊敬的女士/先生：

您好！我们是有机食品消费者行为研究小组的成员，感谢您参与本次访谈。访谈预计耗时 30~50 分钟。所讨论的问题没有标准答案和对错之分，期待您结合亲身经历详细回答。访谈涉及的信息将会严格保密，仅用于学术研究。为了确保访谈记录完整和准确，我们需要对访谈过程录音，获得您的同意后我们就正式开始。

1　人口统计信息

请您简要介绍姓名、年龄、家庭结构等基本信息（非会员顾客补充询问印象最深的有机食品品牌）。

2　顾客购买行为特征（RFM 模型）

请您回忆有机食品的最近购买时间、年度购买频率和年度购买金额（核对受访者所属的顾客类型）。

2.1　最近购买时间：您最近一次购买有机食品是什么时候？

2.2　年度购买频率：您在一年中购买有机食品的频率如何？

2.3　年度购买金额：您在一年中购买有机食品的总金额大约为多少？

3　有机食品顾客的直接贡献意愿

3.1　解释品牌感知价值的定义：顾客在购买特定品牌有机食品的过程中

对比感知获得的收益和感知付出的代价，进而对产品或服务做出的总体评价，我们称之为品牌感知价值。

3.2 讨论变化过程：您的直接贡献意愿，也就是购买意愿是怎样变化的？

3.3 讨论影响因素：从品牌感知价值的角度考虑，哪些价值维度影响了您的直接贡献意愿，例如产品质量、情感体验、价格感受、社会交往等？为什么该价值维度会影响您的直接贡献意愿？还有其他的影响因素吗？

4 有机食品顾客的间接贡献意愿

4.1 解释间接贡献意愿的定义：顾客除了购买企业产品，还可能出于多种动机，对品牌或者企业发生超越购买的行为，我们将顾客实施此类行为的意愿称为间接贡献意愿。间接贡献行为包括在线上或线下推荐企业产品的影响行为，在社交媒体上支持企业产品的增强行为，为企业提供新产品思路的协同行为以及帮助其他顾客购买产品的动员行为。

4.2 讨论产生过程：您是否有过间接贡献意愿？这些意愿是怎样产生的？

4.3 讨论影响因素：从品牌感知价值的角度考虑，哪些价值维度影响了您的间接贡献意愿？为什么该价值维度会影响您的间接贡献意愿？还有其他的影响因素吗？

5 致谢

本次访谈到此全部结束，向您的大力支持表示衷心感谢！

附录2 "品牌感知价值对有机食品顾客直接贡献意愿的影响与机理"调查问卷

尊敬的女士/先生：

您好！

我们正在进行一项与有机食品顾客融入意愿相关的学术研究，有幸邀请您参与问卷调查。本调查不署名、不留联系方式、不涉及个人隐私，调查结果仅用于学术研究。问卷没有标准答案，调查也未受任何企业委托，请您按照真实的想法填写，这对我们的研究意义重大。

衷心感谢您的参与！

有机食品消费者行为研究小组
2018年9月

问卷填写提示：请按照题目提示完整填写，更改填写顺序、漏题和所有题目评分相同等情况都会使问卷失效。

1. 请问您过去或现在是否经常性购买有机食品，例如有机蔬菜、肉类、牛奶、鸡蛋、大米或杂粮等？
   □是（请继续回答下方问题）　　□否（本次调查结束，感谢您的参与）

2. 请问您过去或现在是否是任何综合品类有机食品企业或品牌的会员？
   □是　　　　　　　　　　　　　□否

3. 请您根据过去或现在最常购买的有机食品品牌的情况，选择对下方观点的同意程度：

编号	题项	非常不同意	比较不同意	不确定	比较同意	非常同意
1	该品牌的有机食品质量安全	1	2	3	4	5
2	该品牌的有机食品营养健康	1	2	3	4	5
3	该品牌有机食品的质量标准是合格的	1	2	3	4	5
4	该品牌有机食品的质量保持稳定	1	2	3	4	5
5	我喜欢这个有机食品品牌	1	2	3	4	5

续表

编号	题项	非常不同意	比较不同意	不确定	比较同意	非常同意
6	该品牌有机食品引发我的购买欲望	1	2	3	4	5
7	我购买该品牌的有机食品时感到很放松	1	2	3	4	5
8	购买该品牌的有机食品让我感觉很好	1	2	3	4	5
9	该品牌的有机食品定价合理	1	2	3	4	5
10	该品牌的有机食品物有所值	1	2	3	4	5
11	该品牌的有机食品物美价廉	1	2	3	4	5
12	购买该品牌有机食品使我更为他人所接受	1	2	3	4	5
13	购买该品牌有机食品能改善他人对我的看法	1	2	3	4	5
14	购买该品牌有机食品会给他人留下好印象	1	2	3	4	5
15	购买该品牌有机食品为我赢得社会的认可	1	2	3	4	5

4. 请您根据对该有机食品品牌的了解，选择对下方观点的同意程度：

编号	题项	非常不同意	比较不同意	不确定	比较同意	非常同意
16	我相信该品牌会考虑各项措施对顾客的影响	1	2	3	4	5
17	如果我遇到问题，该品牌乐为我提供帮助	1	2	3	4	5
18	该品牌在制定政策时很关心像我这样的顾客	1	2	3	4	5
19	我相信该品牌在沟通的过程中是真诚的	1	2	3	4	5
20	即使该品牌解释不太合理，我仍然愿意相信	1	2	3	4	5

5. 请您根据对该有机食品品牌的意愿，选择对下方观点的同意程度：

编号	题项	非常不同意	比较不同意	不确定	比较同意	非常同意
21	我会优先考虑购买该品牌的有机食品	1	2	3	4	5
22	我会在该品牌购买大部分的有机食品	1	2	3	4	5
23	我会继续购买该品牌的有机食品	1	2	3	4	5

6. 个人信息：

6.1 您的性别：□男　□女

6.2 您的年龄：□30 岁及以下　□31～40 岁　□41～50 岁　□51 岁及以上

6.3 您的学历：□高中及高中以下　□大专　□本科　□硕士及硕士以上

6.4 您的家庭年收入：

□5 万元及以下　□6 万～10 万元　□11 万～35 万元　□36 万～50 万元　□51 万～80 万元　□81 万元及以上

非常感谢您的配合！

祝愿您和家人身体健康、生活幸福！

附录 3 "品牌感知价值对有机食品顾客间接贡献意愿的影响与机理"调查问卷

尊敬的女士/先生：

您好！

我们正在进行一项与有机食品顾客融入意愿相关的学术研究，有幸邀请您参与问卷调查。本调查不署名、不留联系方式、不涉及个人隐私，调查结果仅用于学术研究。问卷没有标准答案，调查也未受任何企业委托，请您按照真实的想法填写，这对我们的研究意义重大。

衷心感谢您的参与！

有机食品消费者行为研究小组
2018 年 10 月

问卷填写提示：请按照题目提示完整填写，更改填写顺序、漏题和所有题目评分相同等情况都会使问卷失效。

1. 请问您过去或现在是否是任何综合品类有机食品企业或品牌的会员？
   □是（请继续回答下方问题）   □否（本次调查结束，感谢您的参与）
2. 请您根据过去或现在经常购买的有机食品品牌的情况，选择对下方观点的同意程度：

编号	题项	非常不同意	比较不同意	不确定	比较同意	非常同意
1	该品牌的有机食品质量安全	1	2	3	4	5
2	该品牌的有机食品营养健康	1	2	3	4	5
3	该品牌有机食品的质量标准是合格的	1	2	3	4	5
4	该品牌有机食品的质量保持稳定	1	2	3	4	5
5	我喜欢这个有机食品品牌	1	2	3	4	5
6	该品牌有机食品引发我的购买欲望	1	2	3	4	5
7	我购买该品牌的有机食品时感到很放松	1	2	3	4	5

续表

编号	题项	非常不同意	比较不同意	不确定	比较同意	非常同意
8	购买该品牌的有机食品让我感觉很好	1	2	3	4	5
9	该品牌的有机食品定价合理	1	2	3	4	5
10	该品牌的有机食品物有所值	1	2	3	4	5
11	该品牌的有机食品物美价廉	1	2	3	4	5
12	购买该品牌有机食品使我更为他人所接受	1	2	3	4	5
13	购买该品牌有机食品能改善他人对我的看法	1	2	3	4	5
14	购买该品牌有机食品会给他人留下好印象	1	2	3	4	5
15	购买该品牌有机食品为我赢得社会的认可	1	2	3	4	5

3. 请您根据对该有机食品品牌的了解,选择对下方观点的同意程度:

编号	题项	非常不同意	比较不同意	不确定	比较同意	非常同意
16	我相信该品牌会考虑各项措施对顾客的影响	1	2	3	4	5
17	如果我遇到问题,该品牌乐意为我提供帮助	1	2	3	4	5
18	该品牌在制定政策时很关心像我这样的顾客	1	2	3	4	5
19	我相信该品牌在沟通的过程中是真诚的	1	2	3	4	5
20	即使该品牌解释不太合理,我仍然愿意相信	1	2	3	4	5

4. 请您根据对该有机食品企业的了解,选择对下方观点的同意程度:

编号	题项	非常不同意	比较不同意	不确定	比较同意	非常同意
21	该企业有助于减少环境污染	1	2	3	4	5
22	该企业有助于改善生态环境	1	2	3	4	5
23	该企业有利于可持续发展	1	2	3	4	5

5. 请您根据对该有机食品品牌的意愿，选择对下方观点的同意程度：

编号	题项	非常不同意	比较不同意	不确定	比较同意	非常同意
24	我会把与该品牌有关的积极事件告诉他人	1	2	3	4	5
25	我会向他人推荐该品牌及企业服务人员	1	2	3	4	5
26	我鼓励亲戚朋友购买该品牌的有机食品	1	2	3	4	5
27	我会在社交媒体上晒该品牌或产品的照片	1	2	3	4	5
28	我会把在该品牌的积极体验发布在社交媒体	1	2	3	4	5
29	我会利用企业创造的机会在社交媒体分享	1	2	3	4	5
30	我会将该品牌的促销活动转发给他人	1	2	3	4	5
31	我会主动与该品牌沟通潜在的问题	1	2	3	4	5
32	我会为该品牌如何改进提出建设性的建议	1	2	3	4	5
33	我会告知该品牌更好地满足我需求的方法	1	2	3	4	5
34	如果其他顾客需要帮助，我会帮助他们	1	2	3	4	5
35	我会就该品牌给其他顾客提建议	1	2	3	4	5
36	我会教其他顾客正确使用该品牌的服务	1	2	3	4	5
37	我会维护该品牌的声誉	1	2	3	4	5
38	我会澄清其他顾客或外界对该品牌的误解	1	2	3	4	5

6. 个人信息：

6.1 您的性别：□男 □女

6.2 您的年龄：□30岁及以下 □31～40岁 □41～50岁 □51岁及以上

6.3 您的学历：□高中及高中以下 □大专 □本科 □硕士及硕士以上

6.4 您的家庭年收入：

□5万元及以下 □6万～10万元 □11万～35万元 □36万～50万元 □51万～80万元 □81万元及以上

非常感谢您的配合！

祝愿您和家人身体健康、生活幸福！